孙冶方文集

第1卷

(1925—1936年)

孙冶方 ◎ 著

知识产权出版社
全国百佳图书出版单位

图书在版编目（CIP）数据

孙冶方文集. 第1卷/孙冶方著. —北京：知识产权出版社，2018.1
ISBN 978 – 7 – 5130 – 5210 – 8

Ⅰ. ①孙⋯　Ⅱ. ①孙⋯　Ⅲ. ①经济学—文集　Ⅳ. ①F0 – 53

中国版本图书馆CIP数据核字（2017）第257212号

内容提要

《孙冶方文集》（10卷本）收集孙冶方1925年至1983年间的各类作品356篇（部）。他的作品有着鲜明的时代特点，真实地反映了作者尊重规律、追求真理的研究轨迹，也真实地反映了他一以贯之的执着精神和宁折不弯的人格魅力。

读者可以从《孙冶方文集》中看到我国经济学界一代宗师孙冶方屡经磨难的艰苦历程，了解孙冶方的学术观点和理论勇气，了解我国社会主义政治经济学各个历史阶段的发展印迹，并从中受到启迪。

项目负责：蔡　虹　　　　　　　　　　　本卷责编：石红华
套书责编：石红华　蔡　虹　　　　　　　责任出版：刘译文

孙冶方文集（第1卷）

孙冶方　著

出版发行：	知识产权出版社 有限责任公司	网　　址：	http：//www.ipph.cn
社　　址：	北京市海淀区气象路50号院	邮　　编：	100081
责编电话：	010 – 82000860 转 8324	责编邮箱：	caihongbj@163.com
发行电话：	010 – 82000860 转 8101/8102	发行传真：	010 – 82000893/82005070/82000270
印　　刷：	三河市国英印务有限公司	经　　销：	各大网上书店、新华书店及相关专业书店
开　　本：	720mm×1000mm　1/16	印　　张：	20.75
版　　次：	2018年1月第1版	印　　次：	2018年1月第1次印刷
字　　数：	260千字	总 定 价：	1680.00元（全套共10卷）

ISBN 978 – 7 – 5130 – 5210 – 8

出版权专有　侵权必究
如有印装质量问题，本社负责调换。

《孙冶方文集》 编辑委员会名单

主　　任：张卓元
成　　员：（以姓氏笔画为序）
　　　　　王迎新　吕民生　李　昭　旷建伟
　　　　　沈国弟　张建清　武克钢　范世涛
　　　　　周　济　冒天启　薛小和

孙冶方(1908—1983)

1925—1930年莫斯科中山大学时期的孙冶方

1935—1936年孙冶方在上海

（以上照片由孙冶方亲属提供）

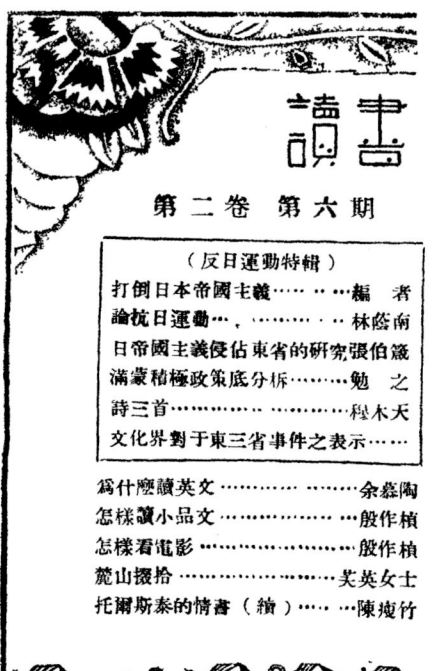

1931年孙冶方以笔名勉之在《读书月刊》第2卷第6期发表《"满蒙积极政策"的分析》

讀書月刊
第三卷 第一二期 目次

編者的話…………………………編　者
致青年書
　　1，鄭伯奇2，趙景深3，王獨清4，劉吶5，冰瑩

各科研究入門	哲學研究入門…………………方覺圃
	社會科學研究入門……………方礮圖
	文藝研究入門…………………陳鼎操
	小說研究入門…………………柳　赫
	戲劇研究入門…………………殷作楨
	詩歌研究入門…………………張澤厚
	經濟史研究入門………………王　惰
	繪畫研究入門…………………龐文燻

婦女世界	婦女世界的發端………………冰　瑩
	解放了的俄國婦女……………森堡譯
	窪川綺呢子訪問記……………森　堡
	祈禱（窪川綺呢子作）………華　蒂
	介紹新女性十本文學書………問　鵑

讀書論……………………………少　軒
怎樣讀文學作品…………………賀玉波
國際一月間………………………勉　之
文壇一月間………………………凌　美

| 作家印象 | 郭沫若印象記…………………美　蒂 |
| | 周作人印象記…………………碧　雲 |

一封討論新體詩的通信…………柳亞子
讀毀滅（書報介紹）……………劉撲同

文藝通信	日本新興文化之劃期的發展…華　蒂
	上海文壇簡報
	各地文化通訊（畫蜀）

編輯後記…………………………編　者

國際一月間

勉　之

　　前數日"讀書月刊"底編者以該刊第三卷的改革計劃告我，並托我按期寫一些國際間底經濟及政治的消息，限我在三日內將本期底卷子交出，在這年頭對於"自己的"事情"無"話可說，然而我們同妨借借——也誠却稍稍——談談"別人家"的事情。反正"天下老鴉都是一般地黑"，認識了西天的老鴉，不會不認識東天的老鴉的，何況我們對於'別人家的'——國際間的——事情知道的本來亦太少了。所以我就答應編者把這工作担負起，以後按期對向讀者報告些國際間的新消息，定名曰"國際一月間"，不過這次因爲是第一次，所以未免牽率涉到一月前的事情；消息雖舊，却很重要，讀者或許不至說是舊事重提吧。就此開場：

　　——世界經濟危機本加深——帝國主義者底相互

1931年孙冶方以笔名勉之在《读书月刊》第3卷第1、2合期撰写"国际一月间"栏目
（以上资料照片由浙江财经大学孙冶方经济科学奖文献馆提供）

编者说明

孙冶方是我国著名经济学家，15岁起就从事革命活动，在长达60年的革命生涯中，为宣传马克思主义政治经济学呕心沥血、奋斗终生，在经济学界和社会大众中享有崇高声誉。

2018年是孙冶方诞辰110周年。为缅怀先贤足迹，激励后人理论创新，2016年年初，孙冶方经济科学基金会与知识产权出版社相约，共同编辑出版《孙冶方文集》（以下简称《文集》），是为纪念。

孙冶方一生勤于思考，治学严谨。纵观现存的各类作品，字里行间无不充满了理论探索与实践创新。1979年人民出版社出版《社会主义经济的若干理论问题》；1982年出版《社会主义经济的若干理论问题》续集；1984年山西人民出版社出版《孙冶方选集》，中国展望出版社出版《孙冶方社会主义流通论》；1985年人民出版社出版《社会主义经济论稿》，中国社会科学出版社出版《关于中国社会及其革命性质的若干理论问题》。1998年为了纪念孙冶方诞辰90周年，孙冶方经济科学基金会委托山西经济出版社在上述作品基础上，出版了5卷本《孙冶方全集》（以下简称《全集》）。2008年，孙冶方经济科学基金会与无锡市玉祁镇孙冶方纪念馆合作，将在整理孙冶方文献资料时新发现的多篇文章、译著合并，内部出版了《全集（补遗）》。

如今呈现在读者面前的《文集》（10卷本），是在《全集》和《全集（补遗）》基础上再次整理编辑而成，是两年来紧张工作的成果，也是改革开放以来孙冶方作品收集整理工作的继续。

《文集》能够顺利出版，得益于多方面的共同努力。一是浙江财经大学孙冶方经济科学奖文献馆利用文献数据库及全国的图书馆网络检索文献（特别是1949年以前公开发表或出版的作品）获得资料。二是孙冶方亲属较为全面地整理了20世纪80年代保存至今的孙冶方文稿原件、打印件、书信及手稿等。三是《文集》编辑委员会在孙冶方曾经生活并工作过的上海、江苏、浙江和无锡等地，以及国家统计局、中国科学院哲学社会科学部（现中国社会科学院）、中国社会科学院经济研究所等单位寻访时获得了十分宝贵的文献、书信和报告若干。四是《文集》编辑委员会成员个人提供报告、书信等重要资料。

有关《文集》编辑整理时遵循的原则以及不同情况的处理作如下说明。

一、《全集》和《全集（补遗）》收录作品分别为111篇（部）和24篇。《文集》增加新近收集到作者1925年至1983年间的作品221篇，计有理论文章59篇、译作11篇、报告65篇、书信86封，其中148篇是首次公开出版。

二、《文集》编辑过程中，发现《全集》和《全集（补遗）》存在一些差错，主要是有的作品标题中的个别用字以及发表的时间、刊登的期刊、卷次和脚注等有误或不完善，一并予以修改和补充。

三、《文集》每卷卷首增加了该卷相应时间段作者的照片及作品影印件。《社会主义经济论稿》《社会主义经济论大纲》及《孙冶方大事记》（补充修订后）仍置于《文集》最后两卷。

四、孙冶方（薛萼果）因为工作和生活的需要，有过多个曾用名和笔名。经考证确认的就有孙勉之、孙一洲、孙宝山、孙宜（毅）刚、叶非木、勉之、叶舟、亨利、宋亮、席矩、倪江、方青等。新出现的笔名"席矩"是根据冯和法的回忆文章，及在不同刊物发表文章的考证确认;"倪江"则根据作者相关记录和文章内容确定。文献检索发现,个别笔名可能和他人同名,为避免误收同名作者作品,需要经过编委会集体讨论、仔细甄别、慎重确认后方予收入。其他笔名文章参照《全集》和《全集(补遗)》所用笔名,由编委会认真讨论后收入。

20世纪30年代发表于《中国农村》《中国农村经济研究会会报》上的少数文章,虽无作者署名,经反复考证后确认系孙冶方执笔,在注释中已予以说明,有关考证将另文发表,不在此赘述。

五、《文集》作品以发表、出版或写作的时间为序。对于没有标明详细时间的作品,如缺少月份,则按照通行的做法,置于全年的最后。这样编排,目的是客观地反映孙冶方在各个年代工作和生活时的原貌。

六、对于新收录的作品,尽可能保持原有作品的风貌,仅对个别之处进行了删减或修订;一些书信、报告,原件中没有标题,编辑时增加了现在的标题;个别文献原件页码不全;有的字迹缺失或无法辨认时以空格表示,这些情况在注释中都分别进行了说明。

七、一些早年作品经不同出版社再次出版时,由作者重新审阅并增加了当时新版本的参考文献,因此出现30年代写的文章,参考了70年代出版的文献的情况,现统一注释为"参见……"。

八、根据作者的日记和工作笔记等线索查找,许多文章、书信、报告、谈话等至今仍没有收集到;一些笔名文章虽已找到,但由于可参考查证的资料十分有限,目前无法确认作者而暂不能收入。

综上所述,新出版的《文集》中仍然可能有某些不足甚或错误之处,敬请读者批评指正。

最后,我们要特别感谢在《文集》编辑出版过程中,提供了支持与帮助的单位和个人。可以说,没有这些单位和个人的无私支持和鼎力相助,《文集》以全新的面貌如期出版也就没有可能。这些单位是:中国社会科学院办公厅档案处,中国社会科学院经济研究所及经济史研究室、图书馆,国家统计局资料中心编研处,无锡市档案馆,无锡市博物院,无锡市史志办公室,无锡市玉祁镇孙冶方纪念馆,上海市档案馆,中共上海市委党史研究室,江苏省档案馆,中共江苏省委党史研究室,浙江省档案馆,浙江财经大学孙冶方经济科学奖文献馆,等等。个人有:中国社会科学院副院长蔡昉、中国社会科学院经济研究所所长高培勇、国家统计局办公室主任曾玉平、上海市现代管理研究中心主任陈加英、南京大学商学院院长沈坤荣,以及沙尚之、汪静、沈树正、马骏、崔建华、李晶、刘胜文、王大庆、郑泽清、谢黎萍、陈晓明、吴斌、徐洁、江剑萍、周建军、陈彤光、吴佳佳、殷语、朱昱鹏、谈菁、杜松等。此外,知识产权出版社的蔡虹、石红华及各位编辑,孙冶方经济科学基金会办公室的周小和、王昊、李建、王莉4位同志,为《文集》的最终出版付出了辛勤的劳动和大量的心血,在此一并致以感谢!

《孙冶方文集》编辑委员会
2017 年 10 月 30 日

序

张卓元

孙冶方是我国当代卓越的马克思主义经济学家。他一生论述甚丰，20世纪五六十年代因提出把计划和统计放在价值规律基础上、千规律万规律价值规律第一条等，在经济学界起到振聋发聩的作用，产生了很大的社会影响。1998年，应山西经济出版社之约，我们编辑出版了《孙冶方全集》5卷本，主要收集中华人民共和国成立后孙冶方撰写的文章、研究报告、调查报告、政策建议等。此后，通过孙冶方亲属阅读整理他的日记、手稿、旧作等，发现有相当数量的文稿没有收入全集。为纪念我们敬仰的孙冶方诞辰110周年，我们又对孙冶方一生的作品，主要是经济学作品，进行查找和核实，以《孙冶方全集》为基础，把大量新发现的孙冶方遗作补充进去，按时序排列，形成现在的《孙冶方文集》10卷本，由知识产权出版社2018年年初出版。

重新出版《孙冶方文集》10卷本，不只是为了纪念孙冶方诞辰110周年，对于更好地了解孙冶方对马克思主义经济学的贡献，对于深入研究当代中国经济学思想史，对于认真吸收中国老一辈经济学家的理论精华，更好地构建中国特色社会主义政治经济学，都是很有意义的。

在《孙冶方文集》出版之际，我作为孙冶方经济理论的追随者和学生，作为文集编委会成员之一，在编辑过程中看到不少过去没有看到的文章、资料，学习到许多东西。下面拟就以下三个问题，简要谈谈个人的看法。

一、孙冶方是怎样治所的

孙冶方1957年年末到中国科学院经济研究所任所长，1964年年底接受批判被剥夺领导职务。他一到所，特别重视和强调经济理论研究要很好地联系实际，要从实际出发寻找研究课题，深入实际调查研究。他专门写报告要求对经济所实行双重领导，即由中国科学院和国家计委领导。后经周恩来总理和李富春副总理批准实行双重领导，他本人列席国家计委党组会议，接受国家计委分派的任务。为了便于研究人员到经济部门做调查研究，他把经济所从海淀区中关村搬到财经部门集中的西城区三里河。他接受李先念等领导同志交办的任务，亲自率领一批研究人员到上海第一机床厂等企业进行调查。他关于固定资产管理体制改革（反对复制古董）和加强经济核算包括资金核算的研究报告，就是深入调查研究后写出的。他在调查过程中，还同李立三、李人俊、汪道涵、马天水、顾树桢等中央经济部门和地方工作的同志多次深谈，征求他们的意见。在孙冶方的带动下，在经济所逐渐形成了调查研究的风气。还有，从上个世纪50年代末到60年代初，孙冶方和薛暮桥、于光远一块发起，针对农村"一平二调"和"大跃进"带来的国民经济断崖式下滑和比例失调等问题，组织经济理论工作者和实际工作者，讨论了社会主义商品生产、价值规律、按劳分配、社会主义再生产、经济核算、经济效果等问题，对全国的经济理论研究工作起到了引航的作用。

其次，大力倡导标新立异，向传统的经济理论挑战，扭转从书本到书本、从概念到概念、搞规律排队和只限于解释当前政策的教条主义学风。他自己带头创新理论（后面有专门论述），给经济所带来一股清新的研究风气。他还邀请当时苏联的统计局综合平衡司司长索包里作报告，他对传统的社会主义经济理论和体制持批评态度，主张生产价格论、强调资金核算的重要性等，使我们这些听众大开眼界。与此同时，他对当时广为流行的苏联科学院院士斯特鲁米林关于没有价格与价值的背离就没有价格政策的观点（上个世纪五六十年代国内有从事实际工作的同志很欣赏这一观点），不以为然，认为正确的价格政策恰恰是力求使价格与价值一致，只有这样，才是真正尊重价值规律。

再次，以任务带学科带队伍。孙冶方于1960年年初起，接受中宣部布置的写社会主义政治经济学的任务（薛暮桥、于光远也各负责写一本），于是组织全所研究现实经济问题的骨干力量，写《社会主义经济论》，他本人提出与众不同的按马克思《资本论》过程法（即资本的生产过程、资本的流通过程、资本主义生产的总过程，把资本和资本主义改为社会主义即可）展开，以最小的劳动消耗取得最大的有用效果为红线进行写作。在这个过程中，带出了一批年轻的经济学家，他们在中国改革开放后分别成为一些科研单位的骨干。

二、孙冶方治学是如何标新立异的

孙冶方提倡标新立异，他是以身作则的。他发表在《经济研究》1956年第6期的《把计划和统计放在价值规律基础上》一文，就是真正的标新立异，在经济学界引起轰动。他到经济研究所后，提出了一系列崭新的观点和主张，包括：恩格斯1844年在《德法年鉴》上提出的"价值是生产费用对效用的关系"并不是错误的、后来被恩格斯本人抛弃的观点，而是正确的、对准确理解马克思劳动价值论有重要意义的观点；主张以生产价格作为社会主义国家定价的基础；流通部门是很敏感的，国民经济中许多问题，都会在流通过程中首先表现出来，批判部分学界鼓吹的"无流通论"；财经体制的核心问题是作为独立核算单位的企业的权力、责任和它们同国家的关系问题,而不是有人常说的中央和地方的关系问题;凡是在原有资金价值量范围内的生产,是简单再生产,是属于企业(指国有企业)可以自主决定的权利,因此折旧基金应留给企业支配使用,而现实中要求折旧基金上缴的固定资产管理体制会导致出现复制古董的怪异现象;利润是反映企业技术水平高低、经营管理好坏的综合指标,高于社会平均资金利润率的是先进企业,低于社会平均资金利润率的是落后企业;用最小的劳动消耗取得最大的有用效果应作为社会主义政治经济学的红线贯穿始终;千规律,万规律,价值规律第一条;等等。

孙冶方在经济理论上标新立异,不是偶而突发的奇思异想,而是经过长时期调查研究深思熟虑后得出的。关于固定资产管理体制和重视利润的主张,就是经过大量实地调查研究和总结国内外经验教训后提出的。关于价值理论则除了调查研究、实际工作体会外,还大量引经据典,与不同观点商榷。他在1959年第9期《经济研究》发表的《论价值》一文,长达三万多字,系统地表达了他对价值和价值规律的独特观点。还有,我们常常看到孙冶方特别喜欢引用马克思在《资本论》第三卷中的一段话,马克思说,"在资本主义生产方式消灭以后,但社会生产依然存在的情况下,价值决定仍会在下述意义上起支配作用:劳动时间的调节和社会劳动在各类不同生产之间的分配,最后,与此有关的簿记,将比以前任何时候都更重要。"(《马克思恩格斯全集》第25卷,北京,人民出版社,1974年,第963页)据我体会,马克思这段话说的价值决定,正是价值规律的核心,也是孙冶方反复强调的价值规律的内涵。因此他坚信价值规律在资本主义生产方式消灭以后,在社会主义社会经济活动中,仍然起支配作用。

三、孙冶方经济理论的现实意义

孙冶方经济理论的核心，如果用一句话来概括，就是千规律，万规律，价值规律第一条。这是在一次批判他的座谈会上，当批判他的人质问他国民经济综合平衡依据的是什么规律时他脱口而出的，他在1978年10月还专门以此为题写了一篇文章，发表在《光明日报》上。孙冶方在文中写道，"我这句话虽然是在激动中脱口而出的，然而这是符合我多少年来长期坚持的思想的。"我认为，这就是孙冶方的主要经济理论观点。孙冶方一辈子强调价值规律，并不是有人想象的那样现在已经过时了，恰恰相反，在我们努力发展社会主义市场经济的今天，仍然具有重要现实意义。

第一，马克思主义经济学原理历来认为，价值规律是商品经济和市场经济的基本规律，是支配市场经济活动的最根本的法则。现在我们正在社会主义条件下发展市场经济，就要按市场经济规律办事，就是要按价值规律办事。如果我们在经济活动中违背价值规律，必然会受到这样那样的惩罚，如效率低下、竞争力下降甚至亏损破产等。相反，如果我们在经济活动中尊重价值规律，按价值规律办事，努力降低个别社会劳动消耗，提高产品技术含量和品质，就能在市场竞争中处于强势，不断发展壮大自己。当然，我们也要看到，孙冶方对价值规律如何调节社会生产和流通，它的机理是什么，并没有作出有说服力的说明，而这是在中国改革开放中，通过市场机制即放开市场和价格才实现这种调节的。

第二，在孙冶方的论述中，价值由社会必要劳动时间决定的规律，其含义是比较广泛的，既包括个别商品的价值由社会必要劳动时间决定，也包括在社会总劳动时间中，要把必要的比例量用在不同各类的商品上，也就是我们今天常说的，在资源配置中起决定性作用。孙冶方常常引述马克思关于价值决定在未来社会对社会劳动在不同各类生产之间的分配仍起支配作用，也是这个意思。当前我国深化经济体制改革，就是要紧紧围绕使市场在资源配置中起决定性作用来进行，实质上正是要更好地让价值规律调节资源的配置。

第三，价格政策应很好地尊重价值规律。孙冶方一贯反对实行价格与价值背离的政策，要求不断缩小工农产品价格剪刀差，国家定价应以价值和价值的转化形态生产价格为基础，否则难以正确评价经济活动的效果，难以评价企业的真实业绩。这点至今仍有现实意义。现在占全社会商品和服务97%的价格已放开由市场调节，也就是价值规律调节，在公平竞争的市场环境不断完善的条件下，价格将越来越贴近价值而波动。剩下的3%由政府定价，主要限定在重要公用事业、公益性服务、网络型自然垄断环节，也要尊重价值规律，但不是由价值规律自发调节。这说明，孙冶方当年的设想，在社会主义市场经济条件下正在逐步成为现实。

第四，从政治经济学发展史来看，改革开放前，经济学家们在创建社会主义政治经济学体系时，总离不开规律排队，而且总是把社会主义基本经济规律、有计划发展规律放在首位，贬低和排斥价值规律的作用。1982年，还有一些经济学家拿社会主义基本经济规律和有计划发展规律起主要作用来反对社会主义经济也是一种商品经济。可是，在半个多世纪前，孙冶方就已经提出，无论在国民经济中，还是在社会主义政治经济学中，价值规律是首要规律。他关于撰写《社会主义经济论》要以最小的劳动消耗取得最大的有用效果作为红线，也是他关于千规律万规律价值规律第一条在构建社会主义政治经济学中的具体应用。因为在孙冶方看来，价值由社会必要劳动时间决定的规律，体现的正是生产费用对效用的关系，如果生产没有社会使用价值的东西，其劳动消耗是白费的，不是社会必要的，不能形成价值，所以他一直认为恩格斯关于价值是生产费用对效用的关系是完全正确的命题。因此我认为，孙冶方经济理论的核心——价值理论，对于今天构建中国特色社会主义政治经济学，是值得大家重视的。这也是孙冶方经济理论重要现实意义之所在。

2017年10月

孙冶方：以自己的生命敲击改革开放大门的先驱

——《孙冶方文集》序

冒天启

孙冶方（1908—1983），江苏无锡人，是中国经济学界几代人都敬仰的一位颇具盛名的马克思主义经济学家。在他长达半个多世纪的经济学理论研究活动中，始终坚持立足中国国情，独立思考，按照价值规律内因论和商品生产外因论的经济学思想，是中国经济学界对自然经济论进行批判的先行者，是对传统经济体制实行改革的最早倡导者，是创建社会主义经济学新体系的积极探索者。

孙冶方在上个世纪20年代初，去莫斯科中山大学学习，毕业后在莫斯科东方劳动者共产主义大学担任政治经济学讲课翻译，在那里学习、工作了四年零九个月；回国后长期从事经济理论研究、宣传和教学，并担任实际经济工作的领导。生前曾任中国社会科学院顾问，经济研究所所长、名誉所长，国务院经济研究中心顾问，国务院学位评议组成员，政协第五届全国委员会委员，中共中央顾问委员会委员等职。孙冶方病逝前，为表彰他对马克思主义经济学的重大贡献，中国社会科学院党委授予他为模范共产党员；学界老一辈经济学家也在1983年6月13日联合发起成立了孙冶方经济科学奖励基金委员会，以纪念这位经济学界的泰斗。媒体公认，孙冶方经济学思想，对中国的改革开放具有"破茧"的功能，他以自己的生命在敲击着改革开放的大门，2008年12月7日，被媒体评选为中国"30年最具贡献的十位经济学家"。

孙冶方一生治学严谨、惜字如金，在同辈的经济学家中，其著述不算最多，甚至没有过专著，但他的文章却篇篇都针砭时弊，影响深远。1984年，山西人民出版社根据他在病逝前亲自审定的篇目，出版过一部《孙冶方选集》；1998年，为了纪念他诞辰90周年，孙冶方经济科学基金会委托山西经济出版社出版了5卷本《孙冶方全集》；2008年，孙冶方经济科学基金会与无锡市玉祁孙冶方纪念馆在整理孙冶方文献资料时，发现《孙冶方全集》漏选了孙冶方的不少文章、译著，因此，内部出版了《孙冶方全集（补遗）》。2016年，应知识产权出版社邀约，经多方反复彻查文献、严格审定，以一部全新的10卷本《孙冶方文集》典籍问世。

孙冶方：以自己的生命敲击改革开放大门的先驱

孙冶方是老一辈的马克思主义经济学家，社会在变迁、知识在更新，为让新一代学子对孙冶方的经济学思想有个初步的了解，我们在这里简述他的成长经历、理论贡献以作为《孙冶方文集》新版之序。

一、成长经历

孙冶方，1908年10月24日出生在江苏省无锡县玉祁镇。原名薛萼果，字勉之，党内用名宋亮。从小家境贫穷，父亲背债做过纱厂的小职员。1921年秋，13岁的孙冶方才进无锡县立第一高小做寄宿生。孙冶方在校时，接受进步思想，1923年年初加入社会主义青年团，1924年经中共上海区委批准正式转为中共党员。不久，无锡地下党组织成立，孙冶方被选举为第一任中共无锡党支部书记，同年加入国民党。1925年11月，按照上级组织的安排，他去莫斯科中山大学学习，同去的有60多人，其中有张闻天、杨尚昆、乌兰夫，还有王明、蒋经国等。在那里经过两年比较系统的马克思列宁主义学习，1927年夏毕业，分配到莫斯科东方劳动者共产主义大学担任政治经济学讲课翻译。1927年11月，东大中国留学生合并到中大，孙冶方也随之返回中大继续担任讲课翻译。这一时期，有两件事对他影响较大，一是王明的宗派斗争。20年代赴苏的中国留学生中，既有后来成为党和国家卓越领导人的邓小平、叶剑英、杨尚昆等同志；也有后来堕落判逃的王明、张国焘等人。当时，王明在共产国际的支持下，把持了对中国留学生的领导权，大肆进行宗派主义活动，对不赞成他们意见的同志搞残酷斗争，捏造各种罪名进行打击。1927年夏，在一次讨论中大学期工作总结报告并对报告的决议案投票表决时，支持王明的共有28人，1人弃权，绝大多数同志都表示反对，其中有孙冶方的入党介绍人董亦湘。孙冶方没有参加这次会议，但平时与董亦湘及投反对票的同志来往较多。那时，由于孙冶方已担任了讲课翻译，经济收入较高，大家让他掏钱请客聚餐，王明根据这次"聚餐"，凭空捏造了"江浙同乡会"的案件，把他们作为反革命分子进行斗争。1928年，尽管经过由周恩来参加的中央专案组的重新审查，宣布"江浙同乡会"是莫须有的罪名，但王明却又利用联共清党，给反对他的同志扣上"托派"的罪名继续加以迫害，他们断定孙冶方也有"托派"嫌疑，无端地给了他"严重警告"处分。这件冤假错案，给孙冶方后来的党内生活带来不小影响。二是布哈林对列宁新经济政策的理论解释，给孙冶方后来从事社会主义经济理论研究，认识不发达国家社会主义建设道路，产生了潜移默化的影响。

1930年9月，孙冶方回国。在上海从事党的地下工作，先任上海人力车夫罢工委员会主席，后又任人力车夫总工会筹委会主席，年底，调任沪东区工商联筹委会主席。1931年年初，孙冶方在英租界被捕，但敌人没有任何证据断定他是共产党员，以为是"乡下佬"，因此在捕房里关了七天就释放了。出狱后，孙冶方向党中央递交书面报告，希望恢复组织关系，同时还积极参加抗日救亡活动。但王明宗派集团把持着中央领导权，对孙冶方的"书面报告"置之不理，孙冶方被排斥在党外7年之久。这期间，孙冶方在逆境中一直坚持斗争，以他对马克思主义理论和党的土地革命路线的透彻理解，与陈翰笙、薛暮桥、钱俊瑞等发起成立中国农村经济研究会，开设新知书店、中国经济资料室，发行《中国农村》月刊，深入工厂、农村，以大量的调查材料，论证中国社会的半封建半殖民地性质，批判王明和"托派"夸大中国社会资本主义性质，反对党的土地革命路线的"左"倾观点。1934年6月，面对国民党反动派的迫害，孙冶方不得不绕道香港去了日本，在东京替商务印书馆翻译卢森贝的《政治经济学思想史》。1935年9月回国，继续从事《中国农村》的编辑工作。

孙冶方：以自己的生命敲击改革开放大门的先驱

1937年5月，孙冶方恢复了党籍，调任中共江苏省文化工作委员会书记。1940年9月，孙冶方根据组织决定去延安，途经重庆时，向周恩来汇报了工作，周恩来根据当时形势，指示他去苏北新四军或华中局工作。1941年6月，孙冶方到了苏北根据地，先在华中局宣传部任宣教科科长，后又去华中局党校教学并兼任教育科科长。临去党校前，刘少奇找他谈话指出：党校教学要理论联系实际。7月13日，孙冶方以"宋亮"为笔名给刘少奇写信，请教如何看待党内存在的轻视理论的倾向。当天，刘少奇回信，就党内轻视理论的倾向作了分析，这就是"文化大革命"中曾一度成为"众矢之的"的《答宋亮同志》的信。1942年华中局党校成立校委会，孙冶方为校委员会委员，仍兼教育科长。1943年4月，新四军军部转移到淮南以后，孙冶方即被派到淮南路西地委任宣传部长。1947年5、6月间，孙冶方奉命到胶东向华东财办领导汇报工作，时值国民党军队正向滨海地区进攻，因此上级决定"驻鲁办事处"撤销,干部撤退到胶东,孙冶方被留在华东财办工作,11月任华东财办秘书长兼山东省政府实业厅副厅长,直到解放战争胜利结束。

1949年江南解放后,孙冶方随三野进上海,任上海市军管会重工业处处长,并负责接管了国民党政府的资源委员会,后任华东工业部副部长兼任上海财经学院院长。1955年年初,孙冶方调北京任国家统计局副局长,主要负责国民经济平衡统计表的编制,还有关于国民收入计算、计划统计指标体系、方法等工作。1956年7、8月间,他去苏联统计局考察,联系中国经济建设中已经出现的问题,深感我国经济管理体制和一些经济政策存在着严重的弊病,1956年11月,他写了著名的论文《把计划和统计放在价值规律的基础上》,批评斯大林把价值规律和国民经济计划管理对立起来的观点,指出:国民经济有计划按比例发展必须建立在价值规律的基础上才能实现。同期,他还写了另一篇有名的文章——《从总产值谈起》,批判总产值指标妨碍对企业进行科学管理,指出:利润指标是考核企业经营管理好坏的综合指标。

孙冶方于1957年底被调至中国科学院经济研究所任代所长。1958年6月21日,中央工业部电话通知孙冶方:中央监委已经批准了中央工业部对他有关历史问题的审查结论,同时恢复了1931年到1937年这一段党龄。这令孙冶方极为振奋。孙冶方虽然弃官从文,但在新的岗位上,仍以高度的敬业精神,花很大的力气疏通经济理论研究和实际工作结合的渠道,力主由国家实际经济部门主管经济研究所的研究工作。孙冶方大力组织研究人员认真读书,并引导人们把实践中存在的、有待于解决的问题提高到理论上加以研究。他身体力行,多次深入农村、工厂,写了大量的研究报告和文章,探讨社会主义经济理论,并逐步形成了以自然经济论为批判对象,以价值规律内因论和商品生产外因论为基础的理论体系，积极倡导经济体制改革。1959年7、8月，他在青岛撰写了《论价值》一文，发表在《经济研究》1959年第9期，系统陈述了自己的理论和改革主张。从1960年年底开始，他组织经济研究所的一些同志，着手编写《社会主义经济论》，系统清算阻碍社会主义经济理论发展的各种有害倾向。由于众所周知的原因，1964年开始，他在经济学界受到了围攻。1966年6月，《红旗》杂志公开点名在全国范围内开展了对孙冶方的大批判。从1968年4月5日被捕入狱，直到1975年4月10日出狱，孙冶方在特殊的环境中，用默记的方法，对《社会主义经济论》22章183节在脑海中过了85遍，坚持每月一次。1972年2月，他以给"外调"人员写材料为名，写了长篇文章《我与经济学界一些人的争论》，驳斥了康生、陈伯达一伙反马克思主义的谬论。1975年4月10日踏出狱门对工宣队的第一句话就是：我是一不改志、二不改行、三不改变自己的观点！回家后即着手《社会主义经济论》的写作。打倒"四人帮"后，孙冶方极为昂奋地参加了揭批"四人帮"的理论斗争以及考察出国访问。那时，国内各个部门都组团去东欧国家学习，曾有团组去匈牙利，接待方坦然地说，我们是按照你们国家孙冶方的经济学思想改革的！1979年8月，孙冶方肝癌已到晚期。在这种情况下，经济研究所加强了写作组的力量，为抢救学术遗产，由孙冶方在病床上口授录音，然后由写作组整理，前后约一年时间，完成了《社会主义经济论》大纲20余章。从这以后，孙冶方更拼命工作，3年时间，先后写出了22篇论文，对经济建设和改革中的紧迫问题，系统发表了自己的观点，同时还参加文艺、历史等方面的社会活动。1982年9月，孙冶方参加了党的十二大，并当选为中共中央顾问委员会委员。1983年2月22日下午5时，这位拼搏了一生的老布尔什维克，带着铮铮铁骨，离开了我们，时年75岁。

孙冶方：以自己的生命敲击改革开放大门的先驱

二、理论贡献

在中华人民共和国成立前的30至40年代，孙冶方发表过的论文，主要是联系中国实际，以大量第一手调查材料，论证中国社会的半封建半殖民地性质，但他的经济思想最有历史学术价值的部分是在共和国成立后的50年代中期到70年代末80年代初期形成的。在左的路线统治全党和社会的环境下，孙冶方大胆探索符合中国国情的社会主义经济理论新体系，勇敢倡导改革集权的计划经济模式。他的经济学思想可以归纳为一句话：价值规律内因论和商品生产外因论，在这个大题目下，他经常论述的经济思想主要是：

（1）用最小的劳动消耗取得最大的有用效果即"最小最大"。孙冶方自50年代中期以来，联系社会主义经济建设中的弊端，反复论述"最小最大"，并由此付出了血的代价。但"最小最大"的发明者，从经济思想发展史上看，实际上并不是孙冶方。早在1817年，李嘉图的《政治经济学及赋税原理》出版，1821年，这部书的第三版广为流行，书中写道：国家财富的增加可以通过两种方式：一种是用更多的投入来维持生产性的劳动……；另一种是不增加任何劳动量，而使等量劳动的生产效率增大……这两种增加财富的方法中，第二种方法自然是更可取的。当时，有一位匿名作者按照李嘉图的这个思想写了《国民困难的原因及其解决办法》的小册子，其中说道：一个国家只有在劳动6小时而不是劳动12小时的时候，才是真正富裕的，财富就是可以自由支配的时间。马克思对这个思想极为赞赏，说："这不失为一个精彩的命题。"同时还把李嘉图的上述说法概括为：在尽量少的劳动时间里创造出尽量丰富的物质财富。同时还强调：这在一切社会形态中都是适用的。但时间过了100多年，孙冶方把这个朴素的思想用中国化了的经济学语言，作了广泛宣传。他在多篇文章中都讲：要用最小的劳动消耗去取得最大的有用效果，这是一切经济问题的秘密，人类生活的好坏，从根本上说取决于劳动效率的高低，要以更少的劳动投入获得更多的有用产品；或者说，要减少生产每一单位产品所需要的劳动量。研究一定的劳动时间内生产了多少产品，是劳动生产率范畴问题；研究单位产品中包含有多少劳动时间即劳动耗费，是价值范畴问题。用最小的劳动耗费取得最大的有用效果，就是一个把个别的、局部的劳动还原为大多数的、社会平均必要的劳动耗费的复杂经济运行过程。孙冶方指出：在社会主义条件下，商品的内在矛盾即商品二重性和生产商品劳动二重性仍然存在，经济学要以"最小最大"为红线，去研究解决这些矛盾的途径，提高劳动生产率，发展社会主义经济。

孙冶方：以自己的生命敲击改革开放大门的先驱

孙冶方用"最小最大"总结社会主义建设的教训，批评在"政治挂帅"下高消耗、低效益的顽症；用"最小最大"判断社会主义公有制，批评自然经济论和"大锅饭"的体制；用"最小最大"批评"权力经济学"，重新编写中国的理论经济学，因而使这个古老而朴素的经济学常识在新的历史条件下放出了新的理论光彩。实践证明，孙冶方的"最小最大"理论中所包含的一切思想都是正确的，因此，经济学界公认："最小最大"是孙冶方公式。

（2）价值理论。孙冶方在这个重大理论问题上与众不同，他坦诚地承认：我的价值论源自恩格斯，但有自己独立的"逻辑上的一贯性和系统性"。1843年，恩格斯在《政治经济学批判大纲》中说："价值是生产费用对效用的关系。价值首先是用来解决某种物品是否应该生产的问题，即这种物品的效用是否能抵偿生产费用的问题。只有这个问题解决之后才谈得上运用价值来交换的问题。如果两种物品的生产费用相等，那么效用就是确定它们的比较价值的决定因素。"恩格斯接着还说：在未来社会中，"价值这个概念实际上就会愈来愈只用于解决生产的问题，而这也是它真正的活动范围"。马克思对恩格斯的这个理论十分赞赏。1868年1月8日，他给恩格斯的信中说：由于我采取了抽象的研究方法，直接的价值规定，在现实社会中，实际作用是很小的，甚至是找不到的。（价值）"通过价格的变动来实现，那么事情就始终像你在《德法年鉴》中已经十分正确地说过的那样。"所谓"十分正确地说过"，就是指恩格斯发表在《德法年鉴》上的《政治经济学批判大纲》中"价值是生产费用对效用的关系"的说法。恩格斯在1895年逝世前半年再版《反杜林论》时，将这一观点与《资本论》一、二、三卷联系起来，重申（价值是生产费用对效用的关系）观点，"我在1844年已经说过了。但是，可以看到，这一见解的科学论证，只是由于马克思的《资本论》方才成为可能。"恩格斯在病逝前重申自己对价值概念的论述，足见这一思想的极端重要性。后来，恩格斯的这一理论，在欧洲工人运动中得到了广泛传播！孙冶方联系中国经济建设的实践，对恩格斯的价值理论做了充分的发挥，坚持认为：价值是生产费用对效用的关系，并由此形成了自己一套严密的价值理论体系，他曾对批判者戏言说：你们如果击破了我的要害——价值论，那么我的这个理论体系就摧枯拉朽了！他认为，价值规律是任何社会化大生产都不能取消的自然规律。他一再强调，价值并不仅仅是商品经济所特有的范畴，它是社会化大生产的产物，反映着社会化生产过程中的各种社会经济关系，就这一点来说，它对资本主义和共产主义都是共同的。但是在资本主义条件下，价值是通过交换价值表现出来的；而在共产主义条件下（包括社会主义全民所有制内部），价值却可以通过统计、会计具体地捉摸到。因而在量的意义上，价值就是物化在产品中的社会必要劳动。价值和交换价值是完全不同的两个范畴。价值由包含在商品或产品中的劳动量决定。但是，在商品经济特别是资本主义商品经济条件下，供求却始终是不平衡的。尽管每一物品或每一定量某种商品中包含着生产它所必需的社会劳动，但如果它的产量供应超过了当时的社会需要，那么一部分社会劳动还是会浪费掉的。因此，效用通过社会必要劳动的形成来最终影响价值的变化，离开了一定使用价值的质和量，就无从谈论"必要"还是"不必要"。社会主义建设效益差、浪费大，就是因为我们缺乏价值观念，不对生产费用和效用进行比较造成的。孙冶方认为，价值规律是价值存在和运动的规律，它是任何社会化大生产都不能取消的自然规律，社会主义经济作为社会化生产，它同样也存在着价值规律发生作用的机制。因此，孙冶方是价值规律内因论者，它反对斯大林的价值规律外因论，对斯大林的自然经济论和"大锅饭"体制，进行了尖锐而辛辣的批评。

孙冶方：以自己的生命敲击改革开放大门的先驱

（3）企业扩权理论。孙冶方强调，企业是独立的经济核算单位，要正确处理国家集中领导和企业独立经营的关系。孙冶方在我国最早提出了在全民所有制条件下，国家所有权和企业经营权分离的理论，他认为，在私有制条件下，谁具有生产资料的占有、使用和支配的权力，谁就是事实上的所有者。然而"在全民所有制之下，占有、使用和支配是一个主体，而所有权是另一个主体。国营企业，只是根据它们的活动目的和财产的用途对固定给他们的国家财产行使占有、使用和支配之权。而这些财产的所有者是国家。社会主义国家和企业的关系，并不像自然经济论所认为的那样，是上层建筑、法律关系，而是一种非常重要的经济关系。孙冶方在特定历史条件下针对集权计划经济，独创地提出了划分国家和企业权限的"杠杠"，他认为，经营管理体制中"大权"和"小权""死"和"活"的界限是简单再生产和扩大再生产的界限，属于简单再生产范围以内的事是企业应该自己管的"小权"，国家多加干涉，就会管死，束缚企业从事生产经营的积极性和主动性；属于扩大再生产范围以内的事是国家应该抓的"大权"，国家必须严格行使权力，不管或管而不严，就会大乱。而区分简单再生产和扩大再生产的唯一界限是企业资金价值量，凡是不要求国家追加投资的，在原有资金价值量范围以内的生产，都是简单再生产；而要求追加新投资，这超出了企业原有资金价值量范围，因而是扩大再生产。孙冶方按照上述"杠杠"，激烈地批评了固定资产管理体制，要求把折旧基金原则上全部交给企业，由企业自主去搞挖潜、革新和改造。

（4）利润理论。孙冶方认为，利润是考核企业经营好坏的综合指标。利润是物质生产部门职工为社会扩大再生产和社会公共需要而创造的一部分物质财富，无论是社会总产品，还是个别企业总产品，$c+v$即成本越低越好，与此相应，m即剩余劳动就会增多。在价格合理的条件下，降低成本和增加利润完全是同义语，它们都是企业技术水平高低、经营管理好坏的综合指标，抓住了利润指标，就如同抓住了"牛鼻子"一样，许多问题就会迎刃而解。孙冶方认为，价格不合理，就会扭曲利润的作用，比如工农产品的"剪刀差"，如果国家对农产品收购价格压得过低，按价格计算的国民收入实际上就把农民所创造的价值，算在了工业品价格上。孙冶方尖锐批评了斯大林通过"剪刀差"、向农民筹集国家工业化资金的超经济剥夺。不合理的价格，成了价值的"哈哈镜"，使得计划、投资和分配，失去了判断尺度，因此，他极力主张按资金利润率调整不合理的价格。

（5）流通理论。孙冶方认为，流通是社会再生产的物质代谢过程，社会分工使生产实现了专业化，但要使各个生产部门的再生产能正常进行下去，他们必须以产品交换为媒介发生经济联系，实现生产的物质补偿和替换。因此，流通是社会化大生产不可缺少的环节。孙冶方还认为，在社会主义条件下，由于全民所有制外部还存在着商品生产和交换，因此，全民所有制企业之间的产品流通和不同所有制性质企业之间的商品流通同时并存。要使社会主义流通（产品、商品）成为有计划的经济过程，孙冶方认为，我们必须研究流通中的各种具体问题，包括：流通渠道、购销形式、网点设置等。孙冶方一再强调，马克思《资本论》第二卷中所论述的许多问题，比如加速资金周转等，只要剔除资本主义的特殊属性，作为社会化生产的规定，对社会主义经济依然适用，因此，他在提出生产中的"最小最大"的同时，亦主张流通中也要研究以最少的垫支资金取得最大的有用效果的问题，因为等量资金的周转速度不同，获得的有用效果也是不等的。

（6）70年代末，孙冶方把批判的矛头直接指向了斯大林和《苏联社会主义经济问题》。

他批判斯大林对生产关系的定义，认为在生产关系之外去孤立地研究所有制是有害的。所有制是一种财产关系亦即法律用语，经济学在研究特定社会进行生产和交换并相应进行产品分配的条件和形式时，应该讲清楚：第一，用哪个阶级所有的生产资料来进行生产，生产出来的产品又归哪个阶级占有；第二，交换的产品是哪个阶级生产的，又为哪个阶级占有；第三，被分配的产品是哪个阶级生产，又归哪个阶级所占有，从而用什么形式按什么比例分配。我们在所有制上曾经搞"穷过渡"的做法，其理论根源就是斯大林把所有制形式从生产关系中独立出来简单地看作是一种"归属"关系，用政治运动来不断调整财产归属，结果把基于经济的所有制，变成了基于权利的所有制。实践证明，实现了国家"占有"，未必就是实现了社会主义的公有制，腐败官员在这个所谓的"公有制"经济中攫取"公款"和"公物"，可能比资本家在自己开设的商号里支取款项还随便。这样的公有制，"实质上是一种挂着社会主义公有制招牌的封建主义的特权所有制"。所以，所有制只能从财产的现实形态即生产关系的总和上来把握，从生产、交换、分配的各个环节来进行具体分析，

孙冶方：以自己的生命敲击改革开放大门的先驱

而不能将它看作是一种简单的、孤立的财产归属!

他批判斯大林对生产力的定义,认为把劳动对象从生产力因素中排除掉也是有害的。

孙冶方是我国经济学界对自然经济论的最早批判者。自然经济论渊源甚深,毒害甚广,它依附在马克思主义的名义下,把社会主义和商品货币关系对立起来,把计划经济和实物经济混同起来,使社会主义制度的优越性难以发挥出来。孙冶方几十年来,以反自然经济论为大旗,揭露了自然经济论对实际工作的影响,他指出:自然经济论没有经济效益观点,借口政治账掩盖经济建设中的高消耗;没有生产经营观点,企业按上级定下来的指标进行生产,造成产销脱节;没有等价交换观点,把价值看作是使用价值的计量单位,用"剪刀差"向农民征收"贡税";没有流通观点,不准生产资料进入流通,用调拨代替了交换;没有资金核算观点,实行资金供给制,培植了败家子作风;没有固定资产的磨损观点,人为压低折旧率,迫使企业搞"古董复制",冻结了技术进步。孙冶方指出:按照自然经济论办事,就像原始公社首脑指挥生产一样,企业的一切活动都由集中的计划统一支配,生产什么,生产多少,生产者和消费者相互供应什么,都统一按实物计划规定。在我国经济理论界,就一个、两个或者更多一些的观点,就个别的、局部的观点去批判自然经济论,并不乏其人;但是,还没有哪位经济学家能像孙冶方这样全面、深入、系统地对自然经济论进行批判。

孙冶方是我国经济学界对传统经济体制实行改革的最早倡导者。我国从苏联移植过来的斯大林模式,实际上是以自然经济论为基础,由国家对社会的全部经济活动实行高度的集权管理,物资被统调统拨、资金被统收统支、人力被统包统配、产品被统购统销、计划被层层下达、干部被层层任免。60年代后,一些社会主义国家开始对集权计划经济体制进行"改革",就连苏联也进行了所谓的"完善"工作。但在我国，却在反对修正主义的口号下把斯大林以自然经济论为基础的集权模式看作是唯一的社会主义固定模式，对改革观点进行批判。孙冶方从50年代中期开始，逆潮流而进，以价值规律内因论为基础，以扩大企业经营管理权为突破口，要求正确处理国家和企业的经济关系，改革计划管理体制，改革物资流通体制，改革企业固定资产管理体制以及对价格、利润、统计等各方面进行改革。孙冶方为倡导体制改革而付出的努力，将永远激励着后继者。

孙冶方是我国经济学界创建社会主义经济学新体系的积极探索者。50年代中期，孙冶方就认为：从苏联舶来的经济理论不符合中国国情，它充满着唯意志论和形而上学。他在50年代末着手编写的《社会主义经济论》，就是为着取代那些陈腐的老框框。当然，社会主义还在实践，还不能产生出成熟的经济学体系，但是，孙冶方坚持联系生产力来研究社会主义生产关系，运用马克思主义的抽象法，以社会主义全民所有制的产品为出发点，把以最少的社会劳动消耗有计划地生产最多的满足社会需要的产品为贯穿整个体系的红线，把对价值范畴的分析贯穿于各章，分析生产过程、流通过程、社会再生产过程，从而揭示社会主义经济发展的内在规律，对这种旨在把社会主义经济学从唯意志论的毒害下解救出来的新体系，不能不看作是社会主义政治经济学发展中的一次大胆尝试和探索。同时，孙冶方在撰写《社会主义经济论》时，既坚持独立思考，又提倡集思广益，为我国经济学界培养出了一支具有深厚经济学理论功底的经济学家队伍，成为改革开放中的一支生力军！

孙冶方是我国学术思想界坚持理论联系实际，为真理而勇于献身的光辉典范。在他从事理论工作的60个春秋里，非常重视实践，经常深入工厂、农村做国情、田地调查，从中提出重大的研究课题，并寻求解决问题的答案。但他绝不把实践中的材料按政

孙冶方：以自己的生命敲击改革开放大门的先驱

治气候和政策要求简单地加以堆砌和描述，而是力求准确完整地按照马克思经济理论基本方法加以研究，掌握社会主义经济的客观规律；同时他也非常重视理论，他深知中国革命和建设的理论准备不足，因此下大力气研究马克思主义经济理论，敢于从"俄文版的马克思主义"中剔出假货，剔出不符合中国国情的"条条"，按中国国情去检验、评审"舶来品"的真伪和适用性，在批判和独立思考中形成自己的经济思想体系。他非常憎恨文化专制主义，同时也非常讨厌那种摸风向、探气候的风派理论工作者。孙冶方无论是从政做官，还是弃官从文，都有着一种强烈的专业精神，不为权、不畏权，独立思考，探求真理，始终表现出一个科学工作者的铮铮铁骨。但是，孙冶方在学术讨论中，却平等待人，虚怀若谷，热情欢迎来自各方面的批评和商榷意见，公开检讨并放弃那些被实践证明是错误的或自己认为应该补正的学术观点。孙冶方这种强烈的人文关怀精神，开放求是、吸纳灼见的治学态度，坚持来自实践而被认准的观点且又坦然放弃被实践证明不大适宜的观点，在学界表现出的铮铮风骨，是经济科学发展的宝贵财富。

三、理论的历史局限性

按照历史唯物主义的观点，人总是环境的产物。因此，我们坦诚地认为，孙冶方的经济理论体系中也还存在着某些历史的局限性，这主要指他的商品生产外因论。孙冶方依照马克思关于"只有独立的互不依赖的私人劳动的产品，才作为商品互相对立"的论述，指出：等价交换基础上所有权的转移，是商品交换的本质。他由此推论说：（社会主义）国营企业之间的经济往来在本质上已经不是商品交换的性质了，……因为国营企业都属于一个所有者，属于全体人民，属于全社会，它们之间的交换并不引起所有权的转移问题，而只有核算问题。但由于国营企业还要与集体经济发生往来，个人消费品也作为商品存在，这作为一种外在的因素，使国营企业之间的往来不得不带有一定的商品性。孙冶方的这种商品生产外因论，基本上延续了斯大林在《苏联社会主义经济问题》一书中的观点，即由两种所有制的存在来看待商品生产。孙冶方在上个世纪60年代曾批评说：现在有一种我认为不正确的经济学思想，那就是把商品货币关系引进全民所有制内部关系中来，以市场竞争规律，以交换价值规律来解释和指导社会主义计划经济。而在80年代初，他再一次批评说：经济学界的一些同志，在这个问题上是从一个极端走向另一个极端，先是根本否认价值规律在全民所有制内的调节作用，尔后承认了这种作用，但却又把商品货币关系也引进了全民所有制，由此派生出，在企业管理体制上，尽管主张所有权和经营权分离，扩大企业权限，但所有制/产权改革，却没有进入孙冶方的研究视野；在计划管理体制上，尽管孙冶方主张旧的计划体制要推倒重建，但他要把计划建立在对价值、对社会必要劳动进行计算的基础上，实践证明，这是很难做到的。这说明，孙冶方用价值规律内因论批判斯大林的价值规律外因论时，却依然受着斯大林商品生产外因论的困扰。孙冶方经济思想的进步性和局限性兼容在他的总体理论框架中，这真实地反映了一位真诚的经济学家对历史的抗争和历史对他的束缚。

孙冶方：以自己的生命敲击改革开放大门的先驱

进入90年代，我们党明确了社会经济转型的目标是建立社会主义市场经济体制。在市场化改革日益深入的大背景下，我们静下心来重温孙冶方经济思想，心情非常复杂。对照当今在发展着的市场化改革中出现的各种新问题，对照当今变化着的经济理论界和不断提出的新观点，对照我们的新宪法和党的各种文件，其所蕴含的经济理论、经济思想都远远超出了孙冶方经济理论的基本框架。但是，联系当今经济建设的实践，我们仍然能看到孙冶方某些经济思想所闪烁的光辉和科学预见，比如，价格体制的改革、国有经济及国有资产的管理等。

孙冶方经济思想和改革主张，是在上个世纪 50 年代中期至 70 年代末期形成的，那是一个令中国知识界心悸而沉郁的年代，孙冶方独树一帜，为在中国宣传和发展马克思主义经济学进行了艰苦的斗争，他的许多理论活动在当时的历史和社会背景下都具有开拓性，从而在中国社会主义经济学思想发展史上写下了光辉的一篇。孙冶方以自己创造性的经济学理论研究，为学界开辟了一条经济学发展的道路；以崇高的人德，为经济学人树立了光辉的榜样。

我们仅以《孙冶方文集》的出版，纪念中国经济学界的这位泰斗！

2017 年 6 月 29 日定稿

目录

关于无锡团、党支部工作报告　1
　　团无锡支部关于援沪游行情况的报告及团中央的批复　1
　　团无锡支部关于援沪五卅运动情况及无锡各要人所抱态度　2
　　团无锡支部给"容兄"的信
　　　　——请求派干部来锡　3
　　团无锡支部关于团组织成员情况介绍　4
高尔基的《我的童年》　6
谜样的日本　12
今日的电影艺术　30
"满蒙积极政策"的分析　34
国际一月间（一）　47
上海纺织厂中的包身制工人（上）　57
上海纺织厂中的包身制工人（下）　60
国际一月间（二）　66
计划经济和市场经济
　　——两种相互排斥的经济原则　75
商业资本的本质问题　85

封建制度的本质问题　97

农奴制度的本质问题　111

帝国主义铁蹄下的阿比西尼亚　126

　　译者序　126

　　序　131

　　第一章　全国形势鸟瞰　137

　　第二章　帝国主义侵入阿比西尼亚的历史　145

　　第三章　阿比西尼亚的各社会集团及其相互斗争　165

　　附一　阿比西尼亚的风俗文化　201

　　附二　205

农村经济学的对象　208

论农村调查中农户分类方法　217

财政资本的统治与前资本主义的生产关系　226

一封讨论生产力和生产关系的来信　268

一九三六年度的苏俄文学出版计划

　　——包含中、日、菲等国革命文学作品　279

拥护不可分割的和平　284

关于无锡团、党支部工作报告

团无锡支部关于援沪游行情况的报告及团中央的批复

（1925年6月7日）⁽¹⁾

总教长：

今日（六·七）无锡各学校及市民团体，举行援沪游行示威，到者第三师范、县女师、代用女中及实中、辅仁、马可（上教会学校），辅西平民（本校所办），泰隆厂工人，五七团（店员），锡社（民校）……等共四千余人，由本校大中各学员及民校左派□□⁽²⁾指挥。一途高呼：打到帝国主义，打倒军阀，打倒买办阶级，援助上海工人等口号，民众俱表同情，现象很好。

本校大中学部所办之《青年评论》特刊，明天出版（因印刷所不及之故）。

今锡中同学会议：唐光明、薛萼果介绍唐光华入中学，通过。请核准。（光华是实业中学学生，本校同学光明之弟）

教安！

锡支手上
6月7日晚

---

* 作者担任无锡团、党支部书记时给上级的报告。原载《上海革命历史文件汇集》第294—301页。标题为编者后加。

（1）年代系整理档案时确定。

（2）原文此二字无法辨认。

〔团中央的批复〕

无锡：

　　援助沪案运动很好。现沪案尚未结束，应继续宣传援助，以博得最后胜利。光华准予入团。此复，并以后仍须尽力介绍新同学。

中⁽¹⁾

团无锡支部关于援沪五卅运动情况及无锡各要人所抱态度

（1925年6月）⁽²⁾

郑先生：

　　报馆通函，一星期前已发出，然未有发表，今已有第二次通函发出，并一面运动要求本邑有实力的团体发电援助。

　　本邑昨日下午二时，有五七团、锡社、无锡协会三团体开联席会议。议决分队出外演讲，发传单。

　　该三团体闭会后，即往辅仁中学校开会，到会者除该三团体外，共有十一个学校的代表，议决四出演讲发传单，每团体各捐费数元，商店学校暂不罢市罢课。当时举出执行委员七人，执行一切事件（五七团推出大学派来之周愚人为执行委员）。

　　本地各要人抱稳健态度，他们的意思是：一、此当国家无政府，军队自由行动，外人对我已失信用，人心浮动，若且激起风潮，恐国际交涉失败，对我国家有损无益。二、自江苏经两次战事后，商家精华已去大半，当此正在茧市，借可恢复一线生机，今自上海罢市后，金融不通，茧市大受损失，若本邑再起风潮，恐损失愈大。他们抱了此种主义，于发生风潮（上海）之初，曾

（1）原文如此。
（2）年月系根据文件内容判定。

召各要人开会并召到各报记者：瞩稳健言论。

本校校长即本邑市总董，并任省议员职，故对我同学（又稍能彻底者）⁽¹⁾ 很严紧的监视。

锡书记

团无锡支部给"容兄"的信
——请求派干部来锡
（1925年）⁽²⁾

容兄：

  寄来书一包，接到勿念。前上一函谅收到，如何至今未得复信，关于学生会事请即指示前途进行方针。

  大学特派周先生来此。弟已与彼接谈一过。关于贫民校事很难进行，因有初入大学之陈明肖等，时作非礼的语气，想排除周先生，再〔最〕好另外多派一个教员来，以协助进行，因锡地之真真同志不过二三人而已。今余固在校，不能出外，唐光明亦因任职于乡间，不得自由，且近来身体有病，不能多工作。能够帮助周先生的，只有徐萼芳（大学同人）一人，然而他也很忙的。如上海再派一人来，则做事可不至受人为难。此上即请

  大安！

锡弟
N. K. Suk

代英兄一函请转

（1）原文如此。

（2）年代系整理档案时确定。

团无锡支部关于团组织成员情况介绍

(1925 年)[1]

郑容先生：

我已来申，因手续未备，要到第二批去了（我因不认识路故托亦湘前来报到）。

今将无锡情形大略报告：锡地同学原来很少。唐光明身体不好，时常要病倒，不能做工作（担任文字方面的工作可以）。糜辉在乡间任教员亦不甚便利，其余的已转往他处。至于大学方面，尚有徐萼芳、陈汉亭、陈明㠯、杨锡类。徐因私事甚忙不能负完全责任，陈明㠯很诚实且勇敢，但受杨的应〔影〕响，将来倘有人去指导他，有给我们用的可能（须注意他的头脑很简单，很鲁莽的，须时时监视他）。陈汉亭是一个工人，头脑很清楚，很勇敢，活动甚有方法，是我们很好的同学，但时同杨接续〔触〕，很危险。

还有三师学生黄祥斌，现任该校学生会长，已加入我校，但未填入校书，故关于一切校中情形尚未同他谈过。这人很诚实，将来在锡地学界可做些工作。

但现在锡地已无负责的人。我听说校中派徐梅坤同志到锡上课。可同徐萼芳去接洽，关于工人方面同陈汉亭接洽，学生方面同黄接洽，一切不要给杨去商量为要。

锡地工人五卅后，渐有生气，将来很有希望。望校中派同学着力活动一下，不要放松。在本年中一定成绩可观。

锡，萼果上
即日

---

(1) 年代系整理档案时确定。

通信处：徐萼芳：无锡老北门外三里桥洪泰烛店

陈汉亭：无锡西门外迎龙桥茂新里二十六号

黄祥斌：城中学前街三师范

陈汉亭已介绍几个工人入校，我因急于来申未与谈话。

关于无锡团、党支部工作报告

高尔基的《我的童年》*

高尔基是世界闻名的文学大家,也是俄国革命后的唯一作家。在他35年文学生涯纪念时,由意大利回到俄国,他受到广大民众的热烈欢迎!高尔基的伟大,不是他作品中的语言特别优美,或是他的作品富于情趣,他的伟大,是在他能够代表一般被压迫阶级说话,他诉出了被压迫阶级心中的怨愤、欢喜、苦乐。高尔基是群众们的,高尔基是被压迫阶级的代言人。

近年来,高尔基在我们中国也渐渐有人认识他了,在一般前进青年的心中已经植下了深厚的基础。不过,关于他的作品翻译过来的还很少。在很久以前,民智书局出版了一本《高尔基小说集》,后来大江书铺出版了一部《母亲》,北新书局出版了他的《奸细》,还有许多零碎的短篇文章发表在各种杂志上而已。

现在,最能代表高尔基的精神的,在世界各国受广大群众的热烈欢迎的,他的伟大杰作《我的童年》已由光华书局出版了,在今日中国的文坛上,不可不说是一个伟大的收获。

关于《我的童年》,2年前已由李铁郎君做了一篇《读了高尔基的〈我的童年〉》的介绍文字,在这篇文字里,我觉得很可以表达出《我的童年》中的精神,所以现在转载在下面:

"但真理是比较怜悯更加有力量的,此外,我所要描写的并不是涉及我自己的事情,而是涉及那狭隘的,窒塞气息的范围内

---

* 本文署名勉之,原载《读书月刊》,1931,1(2)。

的不快的印象，在那里面居住着——啊，直至这个时候还是居住着——这个阶级的平均数的俄罗斯人。"

"当我记起我们的蛮野的俄罗斯生活的这些难堪的恐怖，我时常问着我自己究竟这是不是值得我费了时间去说起它们呢。于是，带着重新的坚信，我应答着我自己——这是值得费时间去说起，因为这是真实的、鄙贱的事实，那并未消灭，甚至于存在这些日子——一件事实那必须追踪到它的本源，并且必须从记忆上，人民的灵魂上，和从我们的狭隘的鄙贱的生活上连根地拔起的。"

"而且此外还有一个更重要的理由激动着我去描写着这些恐怖。虽然它们是这么讨厌，虽然它们压迫着我们并且把许多美丽的人们磨折，但这俄罗斯人民依然是这样强健和青春，在心里面，他能够而且的确会超出这些恐怖之上。因为在我们的这种骇异的生命上面不但我们的兽的方面繁荣而且发达，而且在这兽欲主义中成长了光明的、壮健的而且创造的——一种人道的记号，那激动我们向前地去看着我们的革新，到那时候我们全部将生活着，安乐地而又相亲相爱地。"

高尔基的《我的童年》

读了上面三段文字，不但可以使我们了解高尔基为什么要写这部《我的童年》，同时可以使我们更加深刻地了解高尔基的许多别的作品。他不是在写着他自己个人的遭际，而是在写着同他一样的被蹂躏的整个阶级。他不是想把这被蹂躏的阶级绘成一幅悲惨的图画去激动统治阶级的良心（其实，统治阶级并没有什么所谓良心），而是极力地写出被蹂躏者的灵魂的伟大。他们粗暴，但他们正直；他们时常互相鞭打，但他们仁慈；他们的衣服是破碎不整，言事是零乱芜杂的，但他们的性质是善良，他们的襟怀是磊落；他们的环境是黑暗，但他们的希望是新鲜；他们的生活是一种矿坑下的生活，但他们都是勇往直前的生命的战场上的战士。"很久以后，我切实地感觉到俄罗斯的人民，因为他们的生活是穷困而且污秽的，爱把他们自己带着的忧愁娱乐着——把那忧愁戏弄着就和孩子一般，而且他们很少对于他们的不幸感觉到羞惭。"

自然，《我的童年》里面所描写的许多人物不能概括地都说是代表这被蹂躏的阶级的积极的、向上的人物；但即使是一些比较坏些的人物也不至于有罪。"我的继母不曾爱我，我的父亲亦然。祖父也不曾爱我，为什么我应该和他们住在一块呢？故此我要问着祖母请她告诉我盗贼住在那儿，我将走到他们那儿去……那时你将明白我，你们全数……我们为什么不合在一块儿逃走呢。""盗贼并不被计算做了件罪孽在我们的村里；那已变成了一种风俗，而且实际的是唯一的方法，将近饿死的人们恃之以为生。"

高尔基不曾试着去描写一些抽象的或者是神异的 Hero 和 Saint，可是在没有教养而且被轻视、被糟蹋的人群中他发现了伟大无比的人物，他们都不免有了多少过失，但他们都比任何曾经被描写过的 Hero 和 Saint 值得称许些。为工作所磨损、直至瞎了眼睛到处求乞的 Gregory Ivanoitch，穷困得周身衣服发臭、一见便令人走开的 Boarder 混名 "Good business"，在一个雨夜被拾起、长成后被十字架压毙的 Tsiganok，被掷下冰洞里的 Maxin Savatyevitch，都是俄罗斯的人民中的最善良者——"The very best of her people"。他们都是真正的 Hero，如果说是有所谓 Hero 的说话。惯于谈说故事，"嗅了一撮鼻烟，她便会开始告诉我一些奇异的故事涉及好心肠的强盗，圣洁的人物，并且涉及全数的野兽和罪恶的鬼怪"。忙于治理家务，"祖母烹调、缝缀，忙碌地理着琐事在厨房里和花园上，旋转着理着这些和那些，尽了一日之长，像一个大陀螺受了不可看见的鞭而打转着……"敢于正视不幸，"噢，你这可怜的东西！你更怕起做乞丐来。呵，假定我们真的便变成乞丐？你所当做的只是坐在家中，让我到外面求吃好了……他们将拿东西给我，不要害怕！我们将有充足的东西，你能够把你的烦闷丢开"。而且有着一种广大的爱（Disinterested love for all creation）和一种不熄的、光耀的生命之火。"她的周围的各种事物都是黑暗的，但在里面她是照耀着一种不可熄灭的、愉悦的、热烈的火焰，那在她的眼睛里把它自己显露出来的。"祖母是不可比拟的 Saint。"她憎恨着欺骗，因为她根本上便不晓得欺骗这回事。她可以算得起和圣人并列，虽然她饮着酒和嗅着鼻烟……""你正像一个圣人……他们苦恼你，而又苦恼你，而你一点都不计较。"

《我的童年》是高尔基后期许多作品中重要的一部。它是有了目的意识的写实作品，为着"真理"同时为着"确实"。任何人都不能否认这里面所写的是正确的"事实"，任何人都不能否认这里所写的是无私的"真理"。这里面的重要的人物都是敬畏上帝、害怕官厅、安分守己的普通人物，而且都是 40 年前的人物。他们的政治意识是朦胧的，他们都生活在一种原始的、率直的、任性的状况中。祖父甚至于说："在许多观点上他们是好，但他们是更好地当他们在地主的统治之下。"祖母甚至于说："此外，我们为什么该记起坏人呢？上帝看察了他们！他明白他们所做的全部；让那魔鬼眷恋着他们吧。"Gregory 甚至于说："虽然，上帝是比我们谁都要聪明些。他仅于笑着而那最有智慧的人将闪着目像一个蠢货似的。"

这是一种真切的写真，可以代表着 40 年前俄罗斯被统治的平民一般的思想。这种思想自然是不对的，但这只是因为时代的关系。那时候还是在君主政权的压迫之下，人民没有过问政治的可能，政治意识自然是不能够普遍地发展的。

和政治意识一样，他们的阶级意识亦未尝怎样觉醒。祖父甚至于说，"他是一个坏人。他要向着全世界用兵，在用兵之后他要把我们弄成完全平等——没有法律，没有主人；每个人都是一样平等，没有阶级的分别，在同样统治之下，承认同一样宗教，因此人与人间的差别，只是他们的名字。自然，这些都是无稽之谈。只有大头鱼彼此间是不能分别的——鱼却是分门别类的。但鱼是不愿意和大头鱼交结的，而那鲛鱼将拒绝着去和青鱼做朋友……"

虽然上面所举的都是十分确实，40年前俄罗斯被压迫的平民的确是政治意识朦胧，阶级意识还未怎样觉醒，但他们到底是"人"，他们有了"人"的感情，因此有些地方，他们便不自觉地有了一些愤慨的表示："那些斯文人自然是该被诅咒的，因为他们是更加机警地去隐匿些他们的过失，但这不能说他们全数是这样，可是在他们里面很少的人数被证明着是好的。其他的人物——他们的大多数是和鼹鼠一样愚蠢；他们会把你所欢喜的东西私自拿去供给他们。我们有了许多的干果壳，但那些干果的仁已经没有了；只有干果壳，那些果仁都被吞食去了。在这些地方你可以得到一场教训，人！我们必须去学习着，我们的智慧必须尖锐化起米，现在，但我们仍然是不大锐敏哩。""我想假若他是富人而且穿得漂亮一些，我便一定不会怕他了；但他是穷困——一件污秽的衣领露出他的外衣之外，他的裤子是不洁而且是补缀着的，而他的赤足所践踏的一双拖鞋——这些贫人不见得可怕，也不见得便是危险人物……"

"……金钱是全没有意义的东西，我的小友……"

"我是和他们不同种类的——你可明白吗……那便是为什么会演成这个样子。我和他们并不相像——"

"你想我在鼓励他吗？不！我只是喜欢去玩弄着那些斯文人。"

"那是你的一个有趣的好意见，小朋友，"他耳语着。那正是那愚蠢的老羊所应得的责罚——被唾着口沫！第二次丢下一块石片在他腐败的头上！

"我们并不是斯文人。没有人肯费心来教养我们。我们必须为着我们自己去把各件事找寻出来。旁的人在著着书,在建设着学堂;但不肯荒废着他们的时间到我们的身上来。我们必须寻出我们自己的办法。"

从上面所引的几段,我们可以看出他们的伟大的品格和不可征服的倔强的态度。他们到底不是可怕的或者是危险的人物哩。他们大都能够坚强地建树着他们自己,不致轻易去做一点坏事情。"If we ordered to do something wrong our duty is to stand firm and be strong。"

只有他们才配称为 Hero,只有他们才配称为 Saint 啊。

换说一句,《我的童年》这部书的作用是在写出被压迫阶级的精神的伟大,他们是进化,是原动力,是未来的地上的乐园的建树者。

高尔基的《我的童年》

谜样的日本*

日本不是欧洲

当这清朗的春天的太阳开始向地平线下降的时候，我的同伴，在日本住了20年的德国教授很自信地指着前面，带了很不安的口气喊道：

"你看，那就是日出之国的日本了！"

在地平线上，隐隐约约地可以看出断续参差的、群山的海岸来。在这个深蓝色的、风平浪静的海中，在那由大洋中突然抬出头来的、遥远的陆地上，和在那船舷外的浪花的高处，好像有什么神奇魔怪的东西在呢。这位德国教授的音调和神气亦好像有种奇特的样子。但是，我对于这些事物都很少了解。我回转头来问我的同伴道：

"你好像有些心中不安似的？"

"心中不安吗？当然是有一些的！"教授带着一种捉摸不定的、战栗的口气回答我，"我在日本过了我最好的半生，我跑遍了日本各地，并且可以毫不夸大地说，在欧洲人中，很少有人像我这样熟悉日本情形。它（日本）好似完全在我手掌中一样……但是我总还不敢相信自己的智识。日本是一个特殊的、深奥的、

---

* 本文署名（俄）泰根（Taigen）著，勉之译，原载《读书月刊》，1931，1（2），秋。

不可思议的国家，它是熏染过西方文化的人们所永久不能了解的一个国家。当我在欧洲居留了几个月以后，再重新返回日本海岸的时候，我的这种感觉更加明确了。因我明白地知道：我是在与一个尚未揭开的神秘的谜语相周旋着，所以我的心中就感觉到十二分的不安。"

"然而到底是什么一回事呢？"我不自觉地喊道，"难道拥有自己的工厂、汽车及军舰的日本不与欧洲相同吗？"

"完全不同，"教授热烈地反对我的意见，"日本不是欧洲，它与欧洲完全不同，日本只是日本。如果你不想懂得这一点基本的道理，那么你对于日本就什么都不能了解。"

我莫明其妙地注视着他，但是他还是精神百倍地继续讲着：

"你要知道实际的例子吗？那是你要多少我就可以说多少……譬如以200万人口的日本工业中心——大阪市来说吧，这是一个宏大的、热闹的都市，这里有数百个冒着烟的大烟囱，有许多商店及写字间的高大洋房，有很宽大的沥青马路。这似乎完全是与欧洲相同了。但是倘使你更注意些去观察这许多很宽大的沥青马路，那么你可以看到：一方面在这马路上非常迅速地行驶着最优等的新式汽车，而另一方面，同在这些马路上有许多充作两足牛马的黄包车夫正在匆匆忙忙地奔走着，这是最普通的、中世纪式的车夫呀，他们是出了满身大汗，还在拉着那些肥胖蠢重的美国人。可以说这是现代日本的象征啊！新式的汽车与'人畜'的结合。

"这种情形差不多到处皆是。

"你若是跑到东京城的中心，你可以看到宽大华丽的街道，高大的、美国式的钢铁水泥洋房。灿烂夺目的大商店，流水般的汽车、电车、机器脚踏车等。似乎完全与欧洲相仿佛了。但是倘使你跑到偏僻的、纯粹日本式的街道中去，那么你可以看到完全不同的一幅景象：狭窄曲折的街道，差不多只能容纳两辆脚踏车

谜样的日本

的来往;矮小的、用木板纸张建成的住房真是与鸡腿差不多高低;数百间沿街的小店铺内,陈列满了无数莫名其妙的食品;密层层的、五花八门的行路人拖了木屐在污秽不堪的街道上逡巡着。于是你马上就可以感觉到:这不是欧洲而是亚洲。

"或者你在夜晚时,从高处去瞭望这一个东京市,你可以看到一片灯火的海洋,一片忽明忽暗的电灯光的海洋。从这里你望着日本帝国的首都,你会恍然大悟地领会到:为什么日本在世界电气事业中要占到第二个位置。这又好像是一个欧洲式的国家了。但是你们知道吗,与这景况相并行的是:200万人口的、灯光照耀的东京城到今日还没有新式的阴沟的建筑。当夏季时,有几个区域布满了令人作呕的臭气。这又是亚洲的风味了,并且这还是非常落后的亚洲风味。"

"然则到底日本的工业、技术、银行等,"我只开始说了半句话。

"就是这些东西不能把日本变为欧洲。"我的同伴很激烈地把我的话头打断了,"你是说工业吗?当然,这是不能否认的,在这方面,日本在最近数十年中,取得了伟大的成绩。但是,就是在这里亦存有一种使人惊奇的、现代与中世纪的汇合!下面就是一个值得注意的实例。在市中你可以找到好几十家规模极大的纺织厂,内部的设备是完全按照最新的技术装置的。到处都是英国或美国的最新的机器,最新式的生产方法。在朗加夏(Longshire)亦好,或德意志亦好,你不能再找到比这些更完善的机器。这里又有什么不与欧洲相同呢?但是你如果走进那些纺织工厂的任何车间中去,你可以见到一个特点,在这些厂里做工的全是12岁至20岁的青年女工,成年的女工差不多是没有的。为什么这样呢?事情很简单,原来日本的纺织女工完全是近代式的奴隶。她们大多数是农家的女儿。她们的父母同厂方订了一种合同,把自己的女儿于两三年之间整个卖给了厂方,受厂方的完全支配。年轻的女子脱离了她们的家庭，跨进城市中去服侍那些纺纱和织布的机器。她们就在工房中居住，在工厂食堂中饮食，必需的用品亦就在工厂的贩卖处购买。她们绝对不准跑出工厂的大门。父母们亦没有权利可以去看望他们的女儿。一切书信的来往都要受账房的检阅，工资差不多是沾不到女工们的手指的：因为工资的一部分直接由厂方经手寄给女工的父母去了，而另一部分则抵销了女工们在贩卖处及食堂等赊欠的账目，其余一些则存入女工的'储蓄金'中，作为出嫁时的嫁妆费。因为大多数女工跑进工厂去做工，为的是帮助家庭积蓄些'私房'以备出嫁时的用度。这些女子在工厂做了两三年的工以后，就跑回乡村去配择丈夫，然后又重新变为农妇。但是她们是经过了临时的卖身，经过了奴隶的生活才得到这点'幸福'的呀。事情甚至于到了这样田地：近几年来，在纺织工厂中曾发生了女工的罢工，罢工的要求中有'跑出厂门之准许''生病时可接见父母'及'自由出嫁'等条件。再要怎样呢？在我们面前的已经不是欧洲，而是亚洲，并且是中世纪式的亚洲。

谜样的日本

"然而银行呢？交易所呢？保险行呢？难道这些不是资本主义的企业吗？这种公司商号在东京、长崎、神户、京都、横滨等大都会不知有几千几百个，它们的房屋、账户、招牌、广告、布告等可使你看得眼睛发花。伦敦、柏林、纽约等地亦不过如此吧！但是（又是一个'但是'）……各交易所的经理每年总要跑到庙宇里去，并且诚心地祷告……你想他们会祷告些什么？他们要想'上帝'告诉他们这十二个月之内的货价的涨落?！你能在欧洲找到诸如此类的情形吗？……

"譬如说家庭吧！毫无疑义，日本是世界上资本主义最发达的国家之一。无论在何处，资本主义总是建筑在个人主义的——极端个人主义的——原则上面的。但是日本社会中的社会单位至今还不是个人，而是家庭，而且是最广义的家庭（包含父母、孙儿、孙女、堂兄弟、堂姊妹等）。老实说，这不是家庭，而是氏族，每个家庭由家庭议事会管理，而家庭中每个人首要的、最神圣的义务就是正确地执行家庭议事会的一切决议。家庭议事会讨论人间的一切问题，包括：本家庭内哪个男子应当娶谁家的女儿，哪个女子应当嫁给谁家的儿子，谁与谁应该离婚，谁应当研究某种职业，谁应当从事某种设计事业等。两年前我曾在东京购买一块地皮，我在6个月之中未曾能够订好契约，只因为出卖地皮给我的那个商号的家庭议事会的一个会员出门去了，可是没有了他，家庭议事会就失去了开会的法定人数。如像三菱、三井等最大的资本主义的企业，一直到今日还是受该公司的家庭议事会所管理。倘使在一个无产者的家庭中有两个或三个人在外做工，那么加入职工会的只有一个父亲。认为如此已经足够了：倘使家长已经加入了某个团体，那么这一家的其他工作人员也就算该团体的会员了。诚然个人主义之在日本，一直到今天还是为'家庭苛政'所拘束。这又是一种欧洲与亚洲、20世纪与15世纪的奇怪的混合。

"或者以海陆军为例吧。日本海陆军的革新比任何部分都要早些，为了它的发展和改革从未吝啬过财力。而实际上，在组织及技术的意义上，日本的武力确实可以与最'先进'的国家相比拟。陆军是按照德意志——普鲁士的方式编制的，海军是按照大不列颠的方式编制的。它们都经历过大型的战争。并且自己证明了：它们的确可以算作20世纪的武装。但是（又是'但是'）日俄战争的英雄，诺甘（译音）将军为追随日皇于九泉之下，于1912年破腹自杀，实行殉葬。接着，诺甘将军的妻子亦学了他而破腹自杀。这还不算，在诺甘将军自杀以后，他就被尊为天神，在东京建有他的庙宇，且有很多人去烧香礼拜。日俄战争的另一位英雄——海军上将台谷更出色了。诺甘将军是在他死了以后才成仙的。而这位台谷将军则在还没有死以前，人家就不以'凡人'的礼仪去对待他了,在日皇的庄严的宴会上,他总是独自坐在一张特殊的小桌上,他只比天皇低一级,这是什么呢?是欧洲呢,还是亚洲呢?是20世纪呢,还是15世纪呢?倘使有一天忽然宣布福煦或兴登堡将军为神仙的时候,大家岂不要好笑死吗?

"最后,还有一个实例。去年我在日本中部曾建筑了一所新的德国小学校,我请的建筑师是日本有名的人物,专门大学的教授,极有才能的专科著作家中村,他曾经在欧美各国留学过,精通好几国语言,因善于建筑防御地震的坚固房屋知名于世。中村是日本知识界中最博学的代表人物,是该国20世纪活的结晶品。可是这一位中村先生在打好了学校房屋的图样,签订完了合同以后,忽然发给我一个突如其来的问题:'请问你,在贵国开工建筑房屋时,存在何种风俗?'我莫明其妙,回答道:'在这种情形之下,我们就举行奠基礼,邀请名人演讲等。'中村做出非常感兴趣的样子,听完了我的解释后,就带着一副使人迷醉的、日本式的殷勤的态度(此种口头的殷勤最不可靠)来称赞欧洲风俗的开明和便当。但是根据建筑师的态度,根据他说话的口气及一切举动,我感觉到似乎中村有什么话还没有说完。我果然没有弄错。过了几分钟以后,中村带着满面笑容,轻轻地吸了一大口气(这是日本人对于客人最尊敬的态度)很小心地开口了:"在敝国存在另外一种风俗,在动工建筑房屋之前,必须先要把魔鬼从建立房屋的地基上驱逐开……'我莫明其妙地看着我的客人,心里想道:他是在说笑话,或者同我寻开心吧。不对,中村的态度是非常慎重的,不过他的瞳孔已失去了光泽,好像看到数世纪以外去了。我恐怕自己听错了,所以又重复问了他一遍。但是我并没有听错。中村讲的正是关于'驱鬼'的问题,他说:凡是一切没有建筑房屋的空地上,都是满住着鬼怪的。要'驱鬼'时必须邀请和尚,请和尚是要花钱的,请来后他们就照做一切应做的功课,如吹打、洒圣水、发符咒等。中村已经自告奋勇地把这些事

情办理好了……我简直有些不相信自己的眼睛，更确实些说，有些不相信自己的耳朵。但事实总是事实：一个著名的日本知识分子是在慎重地同我谈论着关于在我所购买的土地上'驱鬼'的问题。这是什么，欧洲呢还是亚洲呢？这是哪个时代，20世纪还是15世纪？……

"不，日本不是欧洲。无论如何不是的。日本就是日本。日本是一个奇特的，且往往是神秘的混合物，是亚洲与欧洲，过去与现在，野蛮的中世纪与文明的现代，原始的耕犁与电车及汽车的混合物。"

"但是日本的生活为什么如此地混乱复杂呢？"我禁不住打断了这位教授的话头问道。"日本接受欧洲的文明岂不是已经有六十余年了吗？难道在这种较长的时期中，这个国家还没有来得及从头至尾地改造和革新吗？"

这位教授答复道：

"凡是在几百年甚至于几千年间所形成的事物，不是几十年间所能消灭的。日本的旧习惯还具有极深的根基，不经过争斗是不会退让的。同样不要忘记了，欧洲文明是一朵从别家园地中移植到日本去的美花。在半个世纪中，西方文化的各种元素——技术、军事、政体、科学、艺术——大批地搬进旧的日本社会。得到了什么样的结果呢？得到了一个新与旧的混合物，此中一部分已经成了坚固的化学结合的形式，而另一部分好比是茶杯中的水与油的不相融合一样，还不过是两种异质原子的机械结合而已。从此就产生了一种矛盾的现象，很生硬地刺入每个考察日本生活的欧洲人的眼帘。日本虽然已得到了很大的发展，但是无论如何它还是处在发展的过渡时代。它总还没有脱离学生时代。我把它与大学校的高级生相比拟，怪不得在文化、科学、艺术、文学等各界中，日本还没有出过世界知名的人物来。"

"并且还有一点。日本是一个有才能的、耐劳而有毅力的民族。但是他们是模仿者而不是创作者,当他们模仿人家时是很聪明的,但是他们要成为独立思想的代表人物时,他们简直是不值批评。我并不是断定他们的前途,但是至少他们在过去的12个世纪中是这样地表示了自身。在1868年明治维新以后,他们用了十二分的精力去模仿欧美的文明,并且得到了很显著的成绩。但是在明治维新以前的千余年间,他们系统地接受了中国文化的栽培。如果随便把维新以前的日本观察一番,那你就会发现,在古代日本的民族生活中最好的、最有价值的东西都是发源于中国的。农作的形式,治国的原则,宗教、哲学、文字、建筑术、科学、诗词、文艺等,凡此种种都是从中国抄袭来的。真是奇怪,中国对于日本的影响竟有如此之伟大:在世界史中,一民族在文化上浸染另一民族的先例从没有到此种程度的!当然,一个比较落后的国家去学习一个比较先进的国家的实例是常有的,但是经过相当长时期以后,通常做学生的总能自立门户,去创造自己的文化,有时甚至超过了他的先生的文化。但是日本并不如此。在过去及现在从未有过日本自己的文化。在明治维新前数千年间,日本只是简简单单地把中国文化翻译成了自己的文字,而现在它是在翻译资本主义的西方文化。这种软弱的创作精神具有非常重大的好意义。它(这精神)使得日本不能迅速地领会新的文明,成为真正的欧洲式的国家。"

谜样的日本

轮船已经减弱了速率,并且小心地驶进狭长的港湾,四面环绕着满生灌木的山峰,淡绿色的山谷,以及岸边倒悬着的石壁。白浪之间隐约可见千百艘小帆船及汽油船。几只航行海洋的大轮船的烟囱中冒出的黑烟遮满了天空。远远地映出一片港口房屋的黑影来,在这房屋的那边就是四通八达的、弯曲的、狭小的街道,以及鸡笼般的矮屋子。我们已经进城了。德国教授很高兴地呼了一口带有埠头上的混杂味道的空气,在握手作别时,他说:

"请你原谅我的一番厌长无味的牢骚。但是,我希望,我刚才所说的一番话能够帮助你在新环境中的行动。"

这位教授并没有说错。在以后我总爱时常回想到这位教授。当我想到他的中肯的批评及绝妙的结论时，我是如何地佩服他呀！毫无疑义，这位教授的确是洞悉日本的国情了。

地理述略

……此后就产生了许多神仙，他们的数量一天一天地多起来了。但是因为世界还是在混沌之中，所以诸神仙一时无公事可办，于是各位仙长举行了一次会议，当场决定派 Esanagi 及 Esanami 二仙长下降凡尘，去创造坚固的陆地。当分别时众仙长吩咐道："我辈赠你俩一件无价之宝，用此可以指挥所创造之下界。"于是诸仙长以锋利无比的 Amar–nor–nobok 宝剑赠此二仙，剑上嵌有无价之宝……

二位神仙跑到了仙凡交界的浮桥上，纵目往下界看去，不觉失声叫奇。原来世界尚未创成，只见有浓雾一团，上下飘荡，放出一股芳香……Esanagi 把宝剑往下一搅，他感觉到好像触着了什么东西似的，他慌忙把宝剑取还，只见在剑锋上流下数滴浓浆，流到下界，立刻变成一处海岛。此即 ONokoro 岛是也。❶ 二位仙长不觉大喜，于是离开浮桥，跑到彼等所特创之海岛上，该岛就成了他们的家室。

不久 Esanagi 及 Esanami 二位仙长欲正式成婚，于是他们在海岛中心竖起一座高高的石柱，称为天尊柱；在石柱四周筑起大厦一所，称为八度宫。然后男仙沿石柱向左绕去，女仙沿石柱向右绕去。当二位仙长相遇时，女仙开口道："我是何等光荣，能见到如此美丽的少年。"男仙答道："我何等光荣，得从爱上如此美

---

❶ Onokoro 是日本神话中传说的岛名。

丽的少女……"

在预定的期限内,女仙为丈夫生了一个儿子,但是这个孩子好似水蛭一般软弱无力,且全身无半根骨头。二位仙长非常懊恼,他们把生下的小孩放在芦柴编成的小船里,任他随着水流漂开了。但是他们生的第二个儿子并不见得比第一个完善,于是二位神仙惊惶地跑回仙界,向诸仙询问他们两个得祸的原因。众仙长说道:"这是女仙的罪过。当她在天尊柱旁遇见男仙的时候,她不该首先招呼,以至造下这个孽障。不论何时,女人总不应该抢在男人的前面。"

二位仙长明白了自己的错误,于是就决定想法改正它。当他们重回下界以后,他们再一次绕着天尊柱走去。但是这一次男仙先喊道:"我何等荣幸,得能见到如此美丽的少女。"然后女仙答道:"我何等荣幸,得能遇见如此美丽的少年。"这次见礼比较准确且合乎自然间的定律。

此后,二位神仙所生的小孩是最好没有的了,第一个儿子是四坂岛,第二个是四国岛,第三个是九州岛,第四个是对马岛,而再后一个是日本最主要的本州岛……此后又生了许多小岛,它们满布在大岛的周围。❶

这是关于创造日本的古代传说。

自从 Esanagi 及 Esanami 以后,在日本国的地理上大概没有发生任何大变动,但是神仙的地理智识总是不大完善的,所以我必须以近代科学的眼光来修正及补充上述的神话。因为我们知道,往往欧洲各国的大学毕业生对于日本的自然界及地理状况总带有一种幻想的。

日本是什么呢?

它是 2880 个岛屿合成的帝国。各岛屿如下式分列:

---

❶ 见 Saichiro Isobe—*The Story of Ancient Japan*, Tokyo 1929。

日本本国	519 个
殖民地（高丽、中国台湾、南库页岛、琉球群岛）	1615 个
保管地及驻军地（关东区）	746 个
总计	2880 个

可怜的神仙！他们大约连做梦也没有想到这许多数量的后裔。但是如果我们不把许多小岛屿算在内，那么在日本帝国版图内，只有6个大岛，其名称如下：

本洲岛	230 000 平方千米
北海道本岛	88 000 平方千米
九州岛	44 000 平方千米
南库页岛	36 000 平方千米
台湾岛	26 000 平方千米
四国岛	19 000 平方千米
	443 000 平方千米

若是再把南库页岛及中国台湾——除外，那么只剩了4个大岛，即：本洲岛、北海道本岛、九洲岛、四国岛。

此外的岛屿都是很小的，虽则有的亦具有极重要的战术上的意义，然而在全民族的经济、政治或文化生活中并没有起到什么重要的作用。

日本有多大呢？

日本本国（殖民地及保管地除外）的疆土约38.8万平方千米。这即是说，日本国的总面积只等于波兰或芬兰的疆土。但是重要的在于：在这么大的日本疆域内竟有6300万人民，而波兰只有3000万，芬兰只有3500万，如果把殖民地及保管地都算在里面，那么日本帝国共占有67.5万平方千米，即等于法兰西或捷克之疆土，而同时全帝国的人口亦共有9000万之数。

若是更具体些来说，这些数字有何种意义呢？我且举个例子来说。如果你要想从北至南——从北海道本岛岛之雅内海港起程，至九州岛岛之鹿儿岛港止——走遍日本本国，那么你需要乘坐三天半的快车，越过两个海峡。但是如果从西至东而行，那么就是在最大的本洲岛的宽广处，只需要12个钟头。因为日出之国的日本，大概由于神仙的意志或是自然的偏心，成了沿亚洲东岸的一堆像皮带般狭长的群岛。

一般人的意见总以为日本的气候非常之好，所以使它成了一个引人入胜的多花之国。这句话是对又不对。它在某种意义上是对的，因为花——美而不香的花——成了日本生活中不可分离的一部分，在春季有美丽的樱花，在秋季有 Nikkor 地方的美丽的枫树。但是这句话在另一种意义上是不对的，因为日本国大部分地方的气候是非常难受且极累人的——这至少对于欧洲人是如此。

谜样的日本

北部的森林区——北海道本岛的气候很爽快，与俄罗斯的乌拉山区域相仿佛。这里的夏季亦与俄罗斯的夏季相像，而冬天则遍地罩满了洁净的白雪。居民则以滑雪及跑冰为戏。在岛的中部平原上，在正月间的温度常降至零下20—25摄氏度。日本的军队刚在这时候举行冬季演习，以训练兵士于冰雪的环境中作战。……准备和谁打仗呢？这是很明白的：与日本为邻的只有一个国家是常处在冰天雪地的严冬中的。

然而愈是往南，气候愈是使人难受。难受的原因并不在于酷热。干燥的热天还是欧洲人比较容易熬受的，这里气候的使人难受，在于严酷的热天再加以同等严酷的湿气，潮湿的热天是时常使人不容易熬受的。或者以东京、大阪或神户为例吧，在冬天，这几个城市的气候差不多还可以。不下雪，温度亦从不降到冰点以下。照耀着清朗的太阳。开着各种美丽的花朵。在正月中妇女们可以穿单衫在街上跑走。只是偶然地吹到一些潮湿的海风，带着些浓雾或细雨来。但是一到夏季，在六月中就开始黄梅时节了——五个星期不断的大雨，好像连天都要倾覆下来的样子。一切河流或湖里面的水都涨过了堤岸。一切小溪都变成了可怕的大水。空气中充满了水分。在大雨停止以后的一个短促的时期内，靠近赤道的太阳晒着潮湿的地面，于是蒸出一股腐败恶浊的气味，布满了空中。在这几个星期中，草木以及田里的稻亦很快地长大了。黄梅时节完结后，接着就是长期的、酷热且潮湿的夏天，在这时期，可怕的、南方的太阳燃烧着地面上的一切，寒暑表有时升到40—45摄氏度。没有丝毫的微风和声息。潮气把一切都浸湿了，使一切都屈服了。你好像是终日生活在浴室中一个样子。热汗像雨一般从人身上落下来。刚穿上身的衬衫只要经过一个小时，就像一块从水里捞起来的烂布一样，怪难过地胶在你的身上。拿到手里的纸张立刻就会柔烂起来，使得墨水写在上面就得化开。人们的身体变得异常软弱，而思想也顿时就懒洋洋起来了。晚上放在床下的皮鞋，一到第二天早晨都长上一层绿色的霉菌。冬天穿的衣服，如果不在春天就折好了安放在铁箱中，那么一条条的线缝就会脱开来。这样一直要度过了十月才算终止。这种情况就是在夜间亦不会多少好一些的。

欧洲人在这样的气候中是否容易过活呢？当然是不容易的。差不多没有一个欧洲人是能真正地适应这种气候，而不感觉到丝毫困苦的。唯一幸福的，就是日本还没有热带的疟疾病。然而就算没有此种疾病，日本的气候亦可算是一种艰难的阅历。在这阅历中欧洲人或美洲人是很少得到胜利的。

日本的自然界美丽吗？

啊，是的，日本的自然界是非常美丽的！在这个意义上，它是值得全世界称许的。

我还记得自己第一次去日本所得到的印象，这是在美丽的一天，从马关市到东京去的快车中。从车窗中我可以看到本洲岛的南部。我像是着了迷似的，不愿意把眼睛离开那转瞬即逝，而其神话般的美丽是不变的风景……

平和的山凹，在万座青山的毗连处，都为淡薄的烟雾所笼罩着，这许多山并不伟大惊人，只是因它们娇艳迷人的颜色以及华丽的轮廓而把游客诱惑住了。静寂的山谷中，奔流着喧声震天的溪河。从火红色的石壁间泻出万丈的瀑布。在沉静透明的湖水中倒映出峭立的山峰以及弯曲的岸边的土山来。春日的樱桃树上堆满了粉红色的、棉絮般的花朵。戴了大笠帽的农夫曲着背立在灌满了水的秧田中工作着。在各个参差不齐的村庄中，分布着数十间用纸张和木板建成的、玩具般的矮屋子，矮屋的墙壁是可以移动的，而室内的地席却是意想不到的清洁。热闹的城市及其弯曲的街道，鲜明的招牌，汽笛的怒吼，电车的铃声，烟灰，污泥，汽车，人力车，以及巍大的白石房子等。此外还有：光芒夺目的南方的太阳，到夜晚时沉落在美丽的云霞中；深蓝色的天空；千百处图书般美丽的大小岛屿及其碧绿的树林，洁白的小屋子以及高大的庙宇都连续不断地排列在内海❶沿岸的一带；最后就是太平洋的怒浪，它用了伟大的力量把岸旁的石壁振荡得呼呼作响……

谜样的日本

　　从马关到东京的 24 小时路程中，不断地可以见到这些风景。这好比是美得惊人的美景汇集地，它把我迷醉了，蛊惑住了，几乎使我对有生以来的其他一切印象失去了知觉。我到过阿尔卑斯山、高加索、法国底利维拉以及贝加尔湖，但是我从未见到在如此有限的空间，竟集中了如此众多的美景。一路上，在我的喉咽间哽着一个疑惑不定的问题：难道这是真的吗？难道这是现实的国家而不是舞台上的布景吗？……

　　此后我曾游历了日本的许多名胜。我到过本洲岛的北部，我跑遍了北海岛，我见过四国岛，我游历过全三府区（大阪、神户、京都等地属之）我亦到琵琶湖及日本海海岸——我到处所见

---

❶ 内海是本洲岛及四国岛之间的一个海峡的名称，是日本名胜之一。

到的与我到日出之国的第一天所见到且使我感觉到惊奇的感受完全相同：这种丰富的、非人间的、美的集合，在全世界找不出第二个地方来。

在我的印象中常映出各种忘不掉的景象来……

这就是 Hakoni。在岩石及峭壁间的、狭窄曲折的道路上，汽车倾斜着，弯弯曲曲地向着山巅走上去。起初还稀少且透明的树林到后来便渐渐地浓密且神秘起来了。禽鸟的歌声愈少了，晒着树干的阳光也愈少了。稀少的村落，单个的小屋远远地掉在我们后面去了。山巅、树林、岩石……岩石、树林、山巅……骤然间，好像完全是偶然而且未曾预料到似的，汽车停在山巅上了。树林立刻就分离开了，而太阳亦又重新行使它的权威。更一转瞬间，就看到在你前面是一个像梦中一般奇特，像水晶一般透明的山湖。这个湖很奇特地生在水平线以上 2000 英尺高度的石壁的罅隙中。湖有 10 千米长，2 千米宽，其形状好像是狭长的刀身。在湖的周围，很热闹地环绕了许多密层层的树林，绿色的山谷，沉默而蔚蓝的山峰，远远地隐约着渔船上的白帆。四下里没有丝毫动作或声息。只有一片静寂，只在明镜一般的湖水中，反映出日本最有威风、最美丽、最有名的山峰——富士山的雪巅来。看着这一种风景，马上就感觉到好像是在活灵活现地过那古神话中的生涯，好像是骤然间把你送到了 Esanagi 及 Esanami 二位神仙怪异地生产自己的美丽的岛屿的那种时代。……

这就是 Onokoro 严酷的北海岛至今还时常要喷发烟火柱的 Komagataki 火山。它的岩石组成的锐利的山峰高高地插入深蓝色的天空中。它的侧面分裂成深深的罅隙。它是阴暗且严酷的……而在这个火山的山脚下，在它的高峰的黑影下，幽静地流动着美丽的 Onooma 湖底波浪。湖水清而且深。湖心中散满了小的岛屿。在有些岛屿上，尽可宽畅地举行大队旅客的野外游戏，而在有些岛上，只能勉强地容纳两棵新长成的白桦树。到处都是跨在岛屿之间的轻便的弯曲的桥梁。悠扬着的 Simigen 琴的声音。水上酒馆的纸招牌高高地飘扬着，上面写着奇特的象形文字，以便把游客招进纸板的小屋来。在各岛屿之间慢慢地流荡着许多船只。空气中充满了醉人的温和以及深远的稳静。一到晚上，各处的小馆子都上了火，而在每只船的前部亦点着一盏小灯，像是千百个大萤火虫在目光已经辨不出的湖面上流动着，景致更是神奇了，好像又是处在不可思议的古神话的生涯中了……

谜样的日本

这就是 Hiyesan 了。这是在京都市郊外的一座高山，上面都长满了树木。小小的，完全像玩具般的空中电车载着我们从日本旧都的平地上慢慢地、轻飘飘地向高处升上去。我们不断地向高处上升。一切岩石、溪流、村落、房舍等飞一般地从我们旁边过去，我们的眼界一刻刻扩大起来，京都的庙宇及其他建筑物更遥远，而且更低了，好像是更迅速地、更猛烈地离开了地面而飞翔着，且更迫近天空了。骤然间，发生了一次突如其来的振荡，电车停了。路程已经终结。乘客们心急慌忙地从那狭小的车厢中跳上了月台。但是这还不是山巅。此后极长的、蜿蜒曲折的上山路，只好步行了。可是并不如此：谁愿意步行就步行，而谁愿意……乘坐两只脚的人畜，亦尽可自便。有两个瘦小的日本人跑到我的面前。他们的肩上有一个长的竿子，在竿子上系着一只浅而宽的篮子，篮底里放着花花绿绿的垫褥。用着他们的不三不四的英语热烈地邀请我坐到他们的篮子里去，并且叫我任意地去探试他们经过锻炼的两腿及臂膀，我坚决地回绝了他们。然而并不是每个人都如此"勇敢"。两个肥胖的日本女人极定心地，像孵小鸡似的坐进了他们殷勤地收拾好了的篮子，并且在脚夫的肩上开始摆动起来了。一个满口臭气的、高大肥胖的美国人也爬进了这种奇怪的竹篮。这个篮子只勉强容纳了他的身体，而可怜的日本人被他魁梧的体重压得连气都喘不过来。另外一个德国人想得更特色了：他自己在前面走着，而叫两个矮小的日本人在两旁推着他的背……

不断地上升着。道路忽然曲曲折折地环绕着山的侧面，忽然又弯进了石壁的空隙及紧密的树林。跑到了第一片石子场，旅客们在那里多少休息了一会儿。跑到第二片石子场时，在面前就展开了一幅异样美丽的绿色的山景。再经过了一番努力！向上经过了几级倾斜的曲折！……骤然间，大家立定了，一时竟找不出几句话来形容所见的风景。

——啊，这就是山巅了！多么神奇，多么广大呀！多么威势，多么惊人的风景呀！……深远的京都的平原好像完全在手掌中一样。在薄云的下面横卧着一座美丽的城市。隐隐约约地望见庙宇及宫殿的楼阁。四面全是山峰、山谷、湖沼，一切这些全在正午的阳光的怀抱中。在它们的那一边，又是山峰、山谷、湖沼等。再远一些，还是山峰、峭立的绝巅、石壁以及山壑等。再远一些，还是山，还是参差不一的、颜色渐渐浅淡的青峰。这样一直到眼睛看不见为止。

在另一边却是绝大的空虚，在明绿的堤岸围抱中的，是日本各神话中的珍珠——"神圣的"琵琶湖。冰冷透明的湖水完全静寂无声，像一面神奇的大镜子一样，没有丝毫的皱纹，平稳合度地奔流到数十千米以外的远方去。在远地里闪烁着渔船上的布帆，隐隐约约可以看出一只不大的轮船的船身。又是平坦的湖面，又是它（湖）平心静气地仰望着天空……

而在明镜般的湖水的那一面，全是碧绿色的秧田，有的地方竟侵入了山脚下的树林区域。在这后边绵延着另一片更远的、更柔顺的田亩，以至于一直与烟雾茫茫的地平线相毗连……

在 Hiycsan 的高顶看着这一幅图不禁又想到：难道这是真的吗？难道这是真实的日本，20 世纪的日本吗？这种景象在世界创立的第一日才能见到呢……

Hakone, Onooma, Hiyesan……只是这一些吗？印象中不断地

一幅幅地展开来……这是到 Nikkov 去的一条小道，它的阴沉庄严像死亡的道路一个样。这是内海中，充满了阳光的、快乐幸福的四坂岛，这就是传说中所指为 Esanagi 及 Esanami 二位神仙所生育的第一位康健的儿子。这是山林环绕中的小小的淡绿色的敦贺港，从这儿日本经常与海参崴发生邮件的来往。这是北海岛的硫黄质的温泉，它位于高大的峭壁间的黑暗罅隙间，上面飞翔着滚热的蒸气，从水里更散出一股剧烈的气味——这真像是但丁的地狱中的景象啦……

不错，日本的风景是美丽的，但是在它的美中，单调的地方太多了，并且在它的美中，没有惊人的伟大及威势存在。在这里都是异常的美丽，但是太柔顺，太细腻了，并且不是由于人工而是为自然的本身所形成的。它不是高加索或阿尔卑斯山，而是克里姆。它是美丽的，但是这种单调的、太柔顺的美像过分甜的食品一样容易使人吃厌的。

谜样的日本

20世纪的日本是挣扎于资本主义与封建制度二重生活之中的，所以称为"谜样的日本"确是很对的。这篇东西原名为《日本的黑影》，是一个俄国人的一篇游记，但是这篇游记不像其他普通日本游记一样，它深刻地描画出了日本的内在的生活，我们看了这篇东西，更可认识日本到底是怎样的一个国家。至于文字的富有诗趣，记事的生动活泼，也是这篇文章的特点。本篇译自1930年在莫斯科出版的《新世界月刊》第二期。

今日的电影艺术[*]

近来上海的电影热可算是盛极一时的了。电影院摄影场像雨后春笋一般地成立起来。这恐怕是万业萧条的不景气中的一个例外吧。电影事业如此之兴旺，可见一般人士对于电影的兴趣一定是很浓厚的。所以今天来谈论这个电影艺术问题却是很适应于市面的。

谈到今日的电影事业正好证实了"艺术是社会的产物，是社会的反映"这句话。现今在上海（当然全国各地的情形亦不会与此不同）最占势力的片子要算美国好莱坞的出品了，次之就是德国乌发公司的出品，至于所谓国产影片，那正如其他一切"国产"事业一样，与舶来品相比较未免望尘莫及了，这原来不足为怪，在经济落后的中国，有哪一桩国产事业可以与外国人竞争呢。这三种影片一丝不差地反映了三国的社会背景。

我们且先从美国片子说起。这是十足的美国式的、黄金臭的、享乐主义的产物。这些片子的导演、布景、摄影等工作，的确是高明的，至于影片的成本，亦真像合众国的财富一样雄厚。不论你看了哪一部美国的影片，总是使你对于美国资本主义的富强，以及现代技术的进步惊叹不止。在美国花费几百万美金摄制一部片子是极平常的事情。我们贵国的国产电影的资本与此相比较一下，未免寒酸到极点了。真是富家一席酒，穷汉半年粮，一

---

[*] 本文署名勉之，原载《读书月刊》，1930，1（2）。

个是天上，一个是地下。

美国影片之伟大如此，但亦只是如此。我们若是考究考究它的内容，那么比我们贵国的国产影片的物质资本还要穷个千百倍。美国影片除了一部分较有意义的历史片子（如叙述法兰西大革命及南北战争的事实的）以外，其余的题材差不多千篇一律的是些恋爱故事，剧情结构亦大致相同。这些影片或者是充满了英雄的个人主义的色彩（以范朋克主演的片子为代表），或者是一无内容的享乐主义（这一类是最盛行的）。你如果立在放映这类片子的影戏院门前，去问一问每个散场出来的看客：先生！这个影片的内容是些什么？结果，十之八九是瞪着两只眼睛一句话都说不出来。他们并不是不愿说给你听，而是说不出什么来。

今日的电影艺术

其实，在这片子中除了跳舞、拥抱、开汽车、坐飞艇以外，还有些什么可讲呢。当然，这片子内的景物是多么华丽呀！比皇宫还要宏大的房子，比天堂还要优美的环境，居住着一些公子小姐们，一天到晚除了花天酒地以外，一点没有公事，一点没有心思。你坐在银幕前，看这种电影，好比是刘姥姥进了大观园一样，没有一处不是仙境了，而且更忘记了世界上还有什么饥寒穷困等讨厌的问题了。但是你看过以后，就好比是看了一部新《封神榜》一样，剩下来的只是空洞和无聊而已。这就是现代社会最进步的电影艺术，亦就是现代一切资本主义的艺术的特性。

对于资产阶级，现社会是最完美的社会；他们对于将来是不愿设想的，而且不敢去设想它。他们的主张是：及时行乐；他们的希望是：一个没有现代一切讨厌的问题去烦恼他们的乐园。他们的这种心理当然不会不反映到他们的艺术上，这种心理反映到电影上，就产生了今日的空空洞洞的、享乐主义的影片。

至于以范朋克所主演的影片为代表的英雄个人主义的色彩亦是资本主义的产儿。资本主义的宣教师喜欢以鲁滨逊式的个人主义生活为出发点，这是大家所共知的，但是美国的资产阶级实在太疲倦了，他们连个人主义的英雄亦不大欢迎了。

至于德国的电影艺术与美国的在大体上当然是不会不同的，因为德国与美国同样是资本主义最发达的国家。但是德国在大战后，一方面因为经济的破坏，另一方面由于战胜国对它的榨取，爆发了好几次革命运动。对于现社会不仅是劳动者，就是一部分的中小阶级也表示了不满意。这种社会的背景当然亦同样地会反映到艺术上来的。这反映对于电影艺术的影响，就是空空洞洞的、享乐主义的色彩比较地淡薄，而且有时还可以看到一些较有意识地描写现社会的影片。这些影片给我的印象较深的，就是我以前在国外看到的叫作《道德》及《法官高尔登》的两张片子了。第一部片子的内容是描写一个道德学社的：有一次德国一个城市的游戏场中，来了一个女演员。她表演的节目轰动了全城，而同时引起了这个道德学社的君子们的注目。这些道德先生认为这些节目都是伤风败俗的，于是都起来反对这个女演员。结果这位女演员的节目，因这些君子们在剧场内喝倒彩和吵闹而停演了，而且她被警察当局驱逐出境了。但是这些道德先生暗中却个别地跑到女演员的家里，向她去献殷勤，去向她吊膀子，这位女演员一面尽力地敷衍他们，诱引他们，而同时却暗中把他们向她调情的景况都用活动照相机拍了出来。结果，她借了这些影片大大地敲了一记竹杠。第二部影片是描写一位法官。全剧以法官声色俱厉地审判一个卖淫女起，以这法官爱上同样的一个女郎，以至因受该女郎（被审者的朋友）嘲笑而自杀止。这两部片子把社会上的伪君子挖苦得真是妙极了。我看这影片已经好久了，但是它给我的印象到今天还没有忘记。这可以说是德国影片比美国影片进步的地方。

最后要说到国产影片了。这又是落后的中国社会的绝妙反映。学美国的范朋克没有学成，却弄成了中世纪式的神诞鬼怪的剑仙侠客等荒唐东西。就是国产的讲恋爱片子大体也总逃不出旧社会的宗法色彩。至于国产电影在资本方面、技术方面，当然不用说是赶不上舶来品的了。

除了上列三种影片之外，我还有几句话要谈谈日本电影。日本电影在上海是不常见的。就是我亦不过看了一两次。但是这一两次给我的印象，总使我觉得日本电影亦正像日本的社会一样是介乎欧美影片及中国影片之间的。在技术等各方面当然日本电影要比中国电影高明得多了，但是它总充满了忠孝节义等宗法思想，正像日本的社会关系没有完全资本主义化，是完全一样的。

但是上海最普遍的还是美、德、华三国的影片，而这三种影片中比较有意义的，能够在看过以后，使观客想得出是怎么一回事的影片确实是很少。

今日的电影艺术

"满蒙积极政策"的分析[*]

只有真正的糊涂人，只有对于国际政治毫无常识的人才会说：此次日本之占领满洲，是少数日本军人的盲动，是晴天霹雳般的事变。其实，一年以来日本报纸上的"对华积极政策论"的嚣张，2月、3月以前的万宝山事件，朝鲜之排华惨案（日政府对此案之阳抑阴纵）以及所谓的中村事件都明白地告诉我们：日本当局是在有系统地准备着一件重大的事变哩。占领满洲是数十年来日本帝国主义者对外侵略的必然结果，中国当局亦不是不知道这一点。沈阳政府的卫戍队长官刘多苟统领不是说吗："日军计划在未发动之前，已有所闻，故所部卫队即借打野操之名，开至新民，以免冲突……"（《新闻报》22日北平电）。我们的长官们在事变后都相率做类此的声明，似乎是说，我们自然亦有先见之明，日本人的鬼把戏我们是老早就知道的，你辈百姓莫要把我们当作糊涂虫看了，不过……

我们为要了解日本帝国主义者的所谓"满蒙政策"起见，先得略略地说一说满蒙对于日本的意识。

日本是位于亚洲大陆之东的一个多山的岛国。日本的面积（殖民地不在内）不足它所想侵略满蒙的1/3，但人口却反超过3倍。自然界所给予它的很吝啬（聪明的《时报》记者或许要说，这是"上天示警"），因为多山，所以在这小小的面积中还有很多

---

[*] 本文署名勉之，原载《读书月刊》，1931，2(6)。原题名《"满蒙积极政策"底分析》

土地是不适宜于耕种的,并且常要遭到地震,往往因此而遭受很大的财产及生命的牺牲(最后一次大地震发生于1923年9月,日本的大城市如横滨及东京等几乎完全毁灭,丧失性命者达数十万)。由于上述原因,人口过剩及粮食不足就成了日本的大问题,日本本国的食粮有半数是由殖民地及中国东三省供给的。日本最发达的工业是轻工业,但本国却不能给它以充分的原料。此外,钢铁与煤是现代工业国家的"灵魂";没有了煤就不能使机器转动,没有了钢铁就不能制造生产工具,并且没有钢铁和煤就不能制造枪炮等杀人家伙,不能运送军队,这差不多就是宣布军国主义——帝国主义的一大特点——的死刑。钢铁与煤对于帝国主义国家是如此重要而在日本却很缺乏。所以日本帝国主义者在它发展的过程中,用了全部的实力去攫取殖民地——钢铁、煤炭、原料及食粮的来源和本国工业品的销售市场。于是中国的东三省及蒙古就成了日本帝国主义的殖民地侵略的对象。——这就是日本帝国主义者所说的"大陆政策"。

在东三省及蒙古有广大无际的、肥沃的平原未经开垦,可以供日本剩余人口(每年有80万)之移殖;可以源源不绝地供给日本本国以各种粮食;可以作日本轻工业的原料采掘地及其制造品的销售市场。同时,在东三省的地下藏有丰富的煤、铁矿。抚顺、本溪及新邱等大煤矿之藏煤之多是大家都知道的。曾任北京美国使馆商务参赞的阿喏尔特(Juliau Arnald)说过:"其实,整个南满洲就是一片无穷的煤田。"据日本参谋部的调查,散在满蒙各地的铁矿有12亿吨,煤矿有25亿吨,用此大量之煤铁而炼为精钢可供日本70年之应用,可能得纯利350亿元。此外,煤油在现代的工业及军事上的意义亦不下于钢铁和煤炭。据同上之材料,日本在东三省所经营之抚顺煤矿含有极厚之油层,可炼成2.5亿~4.5亿吨煤油,能得52.5亿元的纯利。除了煤铁、石油以外,东三省及蒙古还出产许多其他的矿物和原料、食粮等。在东三省及蒙古既有这许多为日本所缺乏的财富,日本帝国主义者自然将尽其全力来经营了,据1927年的材料,日本帝国主义者曾在东三省及蒙古的农、矿、交通、牧畜等业的资本,约值4.4亿元。东三省的殖民地经营的利润非常之厚,据日本官场之统计:日本在中国中部的投资利润为6%,而在东三省为9.8%。当然,这种官场的统计总是与实际的情况不相符合的,日本在东三省的殖民地经营的利润,实际上还远不止于此,但就是9.8%已经是惊人的数目了。抚顺煤矿及满铁会社的利润之厚也是世所共闻的。在1929年南满铁路(附属业不在内)的总收入有1.22亿日元,而此中纯利润有8200万日元(1929年4月1日—1930年4月1日)。

日本帝国主义者在满洲的最大企业就是满铁会社。照满铁会社的规模而论,说它是"满蒙康并拿脱(Combinat)"亦并不为过,它所经营的事业包括:交通、矿山、钢铁工厂、商行、农场、牧场、森林、文化学术团体等事业,所以前日本首相田中义一也说,"此诚我国企业中最雄厚之组织";照"满铁会社"之性质而言,说它是日本的"东印度公司"或朝鲜统盟第二亦无不可,且日本帝国主义对于这一点也并不加以否认。因为在实际上,满铁会社不仅可以操纵东北的经济及财政,而且是日本帝国主义者侵略满蒙的先锋队,它在名义上虽为半官半民的一种组织,其实是日本帝国主义者在中国东北的外府,是一个握有外交及军事等实权的政治组织,所以满铁会社直接隶属于日本政府之下,日本国内政局之每次变动也直接就影响到满铁会社,而满铁会社之成功得失亦直接影响日本政府的命运。最近日本政府之改组满铁会社,而以许多军人充任要职,完全表示日本现政府对于满铁会社之重视(其实,满铁会社的改组就是此次事变之准备)。

但是,满蒙对于日本帝国主义之意义还远不止此,它而且是后者在亚洲大陆上的军事根据地。日本想侵略中国并独占这块

"肥肉"，以满足它称霸远东的野心，势必与其他帝国主义者发生冲突，以至于战争。但是使战争胜利的重要条件就是：要有充足的食粮，使后方人民不至于闹饥荒，要有充分的煤炭和钢铁，使国内工业不至于停顿，使军械之供给不至于缺乏。可是满蒙不仅出产这许多东西，而且是侵入亚洲大陆的门户，同时离本国甚近，在战时，只要有很小的巡洋舰队及潜水艇就能把两地联络起来，不至于被敌军侵入，故满蒙之对于日本，比印度之对于不列颠帝国更加重要。所以，日本帝国主义若失去了满蒙，那么不上几个月就将战败。并且日本在满洲的势力一旦动摇，那直接地就要威胁到日本帝国主义者在朝鲜的统治，这差不多就是宣布日本帝国主义者的死刑，在它们怎样肯答应呢！所以这确是一个循环的公式：日本帝国主义者要维持自己在朝鲜的统治并侵略满蒙，就不免与其他帝国主义者发生战争，然而为要战胜其他帝国主义者起见，就必须更加积极地向满蒙进攻并维持在朝鲜的统治。日本若完全占有了满蒙，那正是退可以守，进可以攻："南则把守山海关以防支那军北上"，并控制中国中部的英美各帝国主义者，"北则把守齐齐哈尔以阻赤军南下（准备与世界各帝国主义的最后的公敌做决死战。——作者注）……虽战十年亦不恐食料及原料之不足"。这就是日本帝国主义者的代表亲口宣漏出来的心事。

"满蒙积极政策"的分析

　　日本帝国主义者对于满蒙既抱有如此野心——在日本帝国主义者看来，满蒙就是一个与朝鲜不能分离的天生的日本殖民地，这次日本之出兵东三省及日本当局所出版的地图把满蒙划入日本版图中（见10月10日上海各报）——只是这野心的具体表示而已，那么为什么不早早就占为己有，而要延到今日才下手，而且还是满口的"为保护侨民而暂时增加驻华兵力"等欺人说法呢？为的是怕中国军事长官们的"反抗"吗？当然不是的，因为中国的长官们都是无抵抗主义的信徒，若是中日两国只是孤单单相对着，而没有其许多帝国主义者红着眼在旁吃醋，那么日本早就把中国"生割宰地"吞下肚去了（此次日本以12师陆战队，费一夜工夫而占领东北各重要区域这事件，可以完全说明这一点）。可惜世界上想侵略中国的，想吃这块"肥肉"的不止日本帝国主义者一国。因此，若是某一个帝国主义者想独自下手，或者想比别人多夺得一些利权的时候，就不免要遭受其他帝国主义者的顾忌以至于反对。在这种你抢我夺、各不相让的局势下，反使得大家都不能畅所欲为地并吞中国（可是在我们已经够受了）。而中国就在这种因各强盗分赃不均造成的均势之下苟延残喘到今日。但是，现在日本帝国主义者已经"忍无可忍"，而决计独自开刀了。为对于日本帝国主义者在满洲之侵略有一个系统的观念起见，不得不请读者往后倒退50年，略略地把各帝国主义者侵略满蒙的历史重新翻一翻。

日本帝国主义者对中国大举侵略自从1894年中国被日本战败之后，当年中国政府承认了朝鲜的独立（承认日本在朝鲜的统治权），并以我国台湾及辽东半岛让与日本（此外尚有2亿两白银的赔款），但后来因旧俄沙皇时代的俄国的干涉，日本迫不得已而让中国以3000万两白银作代价把辽东半岛赔还了。不久后，沙俄自己就取得旅顺、大连二港的租借权。所以，在中日战役之后，日本虽得到了朝鲜、我国台湾等地的主权和一大笔赔款，但并没有能够侵入中国内部，且反为沙俄造了一个机会，使后者在满洲得了两个军事的及商业的根据地。这使日本怎肯甘心呢？在这里，就种下了1904年日俄战争的根苗。在这次战役中，暴戾的沙俄竟悲惨地失败了；在朴兹茅斯（美国的一个商港）和会中，沙俄政府不得不把旅顺、大连二港及东清路的南半段（现在的南满铁道），让给了日本。于是日本帝国主义者赶走南满洲的沙俄势力而自据了。所谓"前门拒虎，后门进狼"，对于"俎上肉"的中国是没有什么差别的，日本帝国主义者在自己的殖民地侵略的道路上，虽则已经打退了一个强有力的敌人，但要与它坐地分赃的帝国主义者还多着哩，此中最凶的一个就是北美合众国。后者在满洲虽不像沙俄及日本那样有割地、铁道等特殊"权利"，但在商业侵入方面却有极大成绩。在19世纪末，北美合众国在中国对外贸易中占到第三位，而在满洲一地的对外贸易中占到第一位；在满洲的各项入口货中，特别是在棉织品的入口中美国货远远地超过了其他各国入口量。在1899年时，美国输入满洲的棉织品总值达90万英镑，而其他各国合在一起的总数还不到10万英镑。但当时，美国资本想侵入满洲的积极计划总因沙俄的反对而失败。于是美帝国主义者把后者恨如刺骨，在日俄战争爆发时，及其前夜，毫无疑义地美国是极力怂恿日本的。所以当战争爆发后，美国各报纸，不禁喜形于色地喊道："日本人是在帮我们打仗呢。"当日、俄两国的代表在朴兹茅斯开和会的时候，美帝国主义者极想以中间人的资格而分得一些好处。但贪欲无厌的日本帝国主义者又哪肯让你坐收渔利呢？当朴兹茅斯和约还远未签订的时候，日本政府极力与美国资本的代表敷衍着，想借后者的暗助以控制沙俄，并取得后者在和会上的更多的让步。当沙俄将以东清铁路的南段让与日本的消息从和会中泄露出之后，美国铁路大王哈利曼就亲自渡过太平洋与日本政府领袖面商该铁路之共同经营权，而日政府为敷衍起见竟满口答应了他的要求且双方签订了一个合同。当哈利曼拿了这张日本首相亲笔签字的合同重返故乡的时候，朴兹茅斯条约已签字了，于是日政府就一个电报取消了那张合同，使美国资本代表们的一场欢喜竟落了空，徒然被日本帝国主义者作弄了一番。此后美国帝国主义者曾几番提出满洲各铁道"国际化"的计划，可是总因日俄帝国主义者的反抗而未得实现，从此日美二国就结下了不解之怨。

日美帝国主义者在远东及在满洲的冲突，在欧战时要算最激烈了。在大战初期，日本乘西欧各国都忙着在火并，没空干涉远东事件的时候，向中国提出了有名的"二十一条"，若是这条件

"满蒙积极政策"的分析

完全履行了，那无异是承认了日帝国主义者对于中国的半宗主权及其他各帝国主义者之被排斥，这叫美帝国主义者怎肯答应呢？于是白宫政府——金洋资本的代表者——向东京提出了抗议。可是日帝国主义者亦不肯示弱，它竟没有理睬白宫的抗议中所提出的要求。1917年11月，沙皇俄罗斯因国内工农革命之爆发而崩溃了，于是前沙俄帝国主义者在远东的势力无形地消失。在各帝国主义者武装干涉新兴的苏维埃国家的时候，日帝国主义者就出兵占领西伯利亚。于是它们在远东的冲突达到了极点。美国资本当然想趁此机会以实现自己多年设想的北满铁道"国际化"的计划，并攫取西伯利亚的许多利权，但日帝国主义者又怎让这位以黄金为武器的敌人在自己最切近的后方留下一个经济的、军事的根据地呢？在这种相持不下的形势下，及在俄国内战中红军的节节胜利的空气中，日美帝国主义者自动地从西伯利亚撤兵了。而北满铁道（中东路）"国际化"的计划也因1924年中苏两国的北京协定而未能实现（这计划在1929年中东路事件时，又为美国资本所提倡，但同样地，又是毫无结果而失败了）。在这次，美帝国主义者虽则是一无所得，"空手"而返，但对于日本的仇恨是不会忘记的，而且反因此而加深。1921—1922年，美帝国主义者借着"太平洋九国会议"的名目而向日本复仇。在这次会议上，美帝国主义者帮助中国的反日派而向日本进攻；结果，在英国的默认之下（在此次会议中，英日同盟也在美帝国主义的猛攻之下解体了），给了日帝国主义者的远东——特别是在满蒙——的侵略野心一个严厉的限制。然而，美国资本在这次会议上给予日本的打击还不过是小小的一个警告而已。在华盛顿会议之后，美帝国主义者借着Dollars（金洋）的威权向日帝国主义者节节进攻。Dollars到底比日本金元硬气，于是日本帝国主义者在各方面（在商业及裁军等问题方面）都着实后退了。然而日帝国主义者的让步是有限度的。等到超过这限度的时候，也会起来拼命的。

这次满洲事件就是日帝国主义者拼命的表示。

　　日帝国主义者侵略满蒙（所谓的"大陆政策"之实现）的策略就是铁道建设。因为有了铁道才能深入内地吸取富源并操纵当地的经济命脉，才能在战争时，很迅速地把军队从本国运往目的地，以保护夺得的赃物。日本在满洲的铁道在过去只有南满铁路（自长春至旅顺大连）及其支线。当然，日帝国主义者的欲望绝不是一条南满铁道可以满足的。它想在满洲建筑的铁道还多着哩，此中最重要的就是吉会路（从吉林至朝鲜之会宁）。这条路筑成以后，那么以前须经大连及海参崴而往欧洲的旅客及货物，将直经朝鲜的罗津港至会宁而由吉会路直入西伯利亚铁道，这不啻给海参崴及中东路以重大之打击。并且吉会路完成以后，使满洲与日本内地的路程亦缩短不少。在过去，从长春经大连而至日本工业城市大阪要费92小时，若从长春经罗津港而至大阪只要费52小时就可以到了，这就是说吉会路的完成将使日本内部到满洲的路程减少40小时之多。此外，吉会路之完成，对于日本更有极重大的军事上的意义。日本帝国主义为取得远东的霸权起见，势必至于与北美合众国在太平洋上决一雌雄。对于这一点，日本帝国主义的功臣们是看得很清楚的，所以田中首相上天皇的奏章中曾说："将来欲制服支那，必以打倒美国势力为先决问题。"然而到日美战争真正爆发的时候，满蒙之完全获得对于日帝国主义者更成为生死问题了。在目前已完成的南满各铁道中，都以经济为目的，故缺乏循环路线，在战时运输军队及食粮上有许多不便之处。若日本仅以大连为满蒙的出入口的时候，美国以吕宋的太平洋舰队封锁对马及千岛两海峡时，则日本必将因食粮原料之缺乏而至战败。如吉会路完成则一切北满之富源可由该路经朝鲜海峡直达日本北部的各海港。这里的海面较南部更狭小，且有北方诸军港的保护，美国舰队绝难侵入。再则，一旦日本与苏联开战的时候（为决定两种经济的及社会的制度的命运起见，新旧两世界

"满蒙积极政策"的分析

的这次决战，亦是迟早不免的，倘使在这次战争爆发之前没有发生其他事变的话。不过到那时，在后一个阵线中，终不止日帝国主义者一个而已)，日帝国主义者从这条铁路再经过长大（长春至大赉）路道及洮索（洮南至索伦）铁道而直迫赤军阵后。此外日帝国主义者还企图建筑通辽至热河及珲春至海林等铁路。后面这四条铁路的完成使日帝国主义者可以直入北满及东蒙内部并吸取其富源。如上述各铁道得全部告成就不啻日帝国主义者完全握有满蒙之统治权。这也就是日帝国主义者所说的"大陆政策"和"以吉会路及日本海为中心之国策"的完全成功。

日帝国主义者的这些计划存在早已很久，但直到此次事变之前，没有能够如愿以偿。这还不算，因中国"自办"之打通路（打虎山至通辽——位于南满路之西）及吉辽路（吉林至沈阳——位于南满路之东）之完成，使南满洲原有的日本铁路（南满路）受无穷损失，并且中国资本更有以打通路自通辽延长至哈尔滨，以吉辽路自吉林延长至哈尔滨的计划，如这两计划得完成，那中国"自有的"铁路将从左右二方包围南满路，一切货物及旅客可以由北平经过这两条铁路而直入中东路；到那时，南满路将为"无用长物"。此外，满洲的唯一大商港为大连，然自葫芦岛筑港工程开始进行以后，无形将为前者的致命打击。日本视为掌握满蒙命脉之——路、港将因此而完全失其作用，那么日帝国主义者哪能不着急，且因着急而拼命哩。然而，中国资本果然能用自己的力量而破坏日帝国主义者的侵略政策吗？这不仅日帝国主义者不肯相信，就是我们自己也不敢相信。前日本首相田中义一说："检讨支那今日之财政，如无外债之借入，必无力可及此。如果自有财政而成此二铁道者……其运费必比利用南满铁道更贵……"又说"……加之又有美国人利用英国资本家，欲投资开筑葫芦港……反增长我在满洲之劲敌。"日帝国主义者确是一个知己知彼的侵略者，它明知道东北的长官们本身是不会与它做任何经济的或军事的反抗的。即使后者有这么多的钱,有这么大的胆敢于企图破坏南满铁道或大连港,日帝国主义者也不怕没有方法制服他们,但是一旦在中国"自筑的"铁道及海港背后有美国金洋做了靠山,那事情就完全两样了。日帝国主义者可以随便地抑低奉票的价格,占据中国的地盘,但它却没有力量可以动摇美国的金洋,阻挡美国资本的侵入。日帝国主义的机关报曾载道:"我国对美外交的失败增高了中国的地位。"从这句话中可以看出:使日政府操心的并不是中国当局而是美国资本,它认为"满洲问题"的最后决定者,不是南京或沈阳而是华盛顿。

此次世界经济危机所给予日帝国主义者的打击特别大。这二年(1929—1931年)可以说是日帝国主义者在自己的前进途中从未遇过的黑暗日子:一切商品的平均价格差不多跌去一半;商品的流转量减少1/4;100多万的失业工人;无数的工商金融企业之不断倒闭……在这种形势之下"中国"铁道所给予南满铁道的损失使日帝国主义者更加不能忍耐了。同时,当本国的经济在危机中挣扎不起来的时候,各帝国主义者(日美亦在内)的殖民地侵略的野心亦更加凶猛,而它们相互间的冲突也更加不可抑制。这就是推动日帝国主义者在满洲采取这次冒险政策的直接原因。

然而国际间对于日帝国主义者的这次暴行发生了什么反响呢?这里第一应该说明的就是苏联的态度。数星期以来,上海各报纸(其他各地的报纸大该也是如此吧,因为它们的消息的来源大致都是相同的)差不多天天登载许多关于苏联出兵的消息,然而这些消息到今朝都没有证实(而且在将来亦不会证实),因为这是不可能的事情。每个略有政治常识的人都不会相信的。第一,苏联在中国不像各帝国主义者一样,有许多"特殊权利",虽则它在满洲有一条与中国共管的中东铁路,但在日本兵尚未侵入该路的时候,苏联绝不至于有任何对外表示,出兵更谈不到(这几日内各报纸载有日本利用白俄——张宗昌的旧部——扰乱

"满蒙积极政策"的分析

中东路及苏联边疆的消息，这或许是事实，但苏联除加强远东边防而外亦不至于因此而出兵，其实白俄在中东路及北满边疆上的扰乱亦不自今日开始，亦不待日本之利用而如此）。第二，苏联在目前正从事于内部建设，它的全部力量正集中于"五年计划"之早期完成，根据它的一贯的外交政策看来，在日帝国主义者军队未曾向西伯利亚进攻的时候，绝不会先向日本挑战的，虽则它明知道日本之占有北满也就是将来的反苏联战争的准备；因为苏联如果在现今与某个帝国主义者宣战，则实际上反将促进全体帝国主义者的反苏联大团结，所以它的外交政策是：静待着旧世界的内部冲突的演进以至于崩溃，而自己在旁尽它的"接生婆"的义务。

　　苏联对于事变的态度是如此，然而美国怎样呢？当然，在这次事变中，受苦最深的是中国的老百姓；然而美帝国主义者也知道，日本军阀的行动，明明是对它在示威。但是事实上，从事变至今日，除了中国报纸上的无足轻重的宣传消息外，还不见美国政府有任何切实表示，因此，就有人（如胡愈之先生）认为：日本已经脱离了它的原有的同盟者——英国——而与美国联合上了，因后者（美）允许它（日）在未来的英美战争中夺取英国在远东的殖民地，并承认它在满蒙的"特殊利益"。作者在这穷乡僻野的城市中，除了几份上海报纸以外，不能得到更真确的消息；这些报纸的电报固然不能供给我们许多真确的材料，来证实这种论断，但就英、日、美三国的过往的关系看来，日美联盟是不可能的。虽则，大战后的各帝国主义国家间的冲突，要以英美冲突为其中心动力，其他各国的冲突是以这中心冲突为转移的；但日美在远东冲突是太厉害了，在目前却无完全谅解的可能。日帝国主义者在太平洋中做殖民地侵略的时候，所遇到的障碍不是英帝国的势力而是美国资本，英国对于日本在北满的"特殊利益"是早已默认了的，但美国资本的进攻却使它受了空前的威胁。日帝国主义者所迫切需要的是现实的满蒙,而不是将来的(未必可靠的)英国殖民地的夺取。并且英美帝国主义的冲突的焦点除了美国市场的夺取及欧洲大陆的霸权以外,太平洋问题亦占有极重要的意义。要使美帝国主义者将以自己的性命夺得的太平洋利益双手奉让与日帝国主义者,似乎没有这样便当。若有这样的可能的话,那么一年来的日本报纸对于美国资本在远东的活动亦不会如此惊慌失措了。

然则,美国对于此次日本在满洲的军事行动为何如此"冷淡"呢?这里我们首先应该认清:美国对于满洲事件的暂时的沉默,不能与英日同盟的破裂及美日插手混为一谈,也不能认为就是它将完全放弃远东的表示。要知道,现在正是各国政府因内部的财政经济问题而闹得乌烟瘴气、手足无措的时候,而日本却趁此机会决以武力夺取满蒙。日本对于此次事变是有准备的,是下了十二分决心的;它在事变发生之后,就马上向世界声明:这是中日两国的问题,是不容第三国干涉的,这里所指的第三国除了美国而外还有谁呢?但美国要干涉日本在满蒙的行动,第一,先得与其他帝国主义者有个商议,以免将来在外交上陷于孤立地位,同时,若能与国联(英、法帝国主义者的机关)协同着起来说话,它可免得各国的猜疑且不至于自己独自做恶人;第二,日帝国主义者数十年来所备的冒险政策自然不是任何帝国主义者的一纸通牒所可中止的,美国若想起来干涉,必须准备自己的实力以为后援。猜想起来,这几点或许就是使美国在事变后 20 多天中,没有表示任何具体意见的原因吧。总之美帝国主义者是绝不愿意自己的敌人在亚洲大陆完全占有这样重要的经济及军事的基础——满蒙的,它的干涉只是时间上及形式上的问题而已。

然而,不论美国对于日帝国主义者的暴行采取何种态度,对于中国的民众是没有分别的——它们同样都是劫掠弱小民族的强盗,严格来说,金洋帝国主义的经济侵略比起日帝国主义者武力侵略还要更狠毒些；因为如果有一个面目狰狞的强盗拿大刀对我们腿上猛砍一下的时候，我们是会感觉痛苦而且起来和他拼命的；但同样的一个强盗，若是戴了和善的假面具，装着医生把麻醉剂混作救命针向我们注射的时候，我们一定是很容易受他欺骗以至于被毒害的。我们要从帝国主义的铁蹄下拯救自己的时候，只有靠我们自己起来奋斗！

田中义一在自己给天皇的奏章中说道："每年支那人民之移住东三省者，数约百万人，势如洪水倒流，万马奔腾，甚至威迫我满蒙之既得权。"聪明的帝国主义者在数百万的中国移民中，看到了一种可怕的隐潜力量，将足以掀动它在满蒙的统治基础，但这还不过是一种未发动的潜势力而已。

自日帝国主义者的铁蹄蹂躏了东三省以后，全国民众顿时被激动了，各地反日运动怒潮般涌起，对日经济绝交的实行使日货之对华输入出口几乎停顿了，这许多木屐底下养大的走狗们都挂着"爱国君子"的幌子，起来"实行"抵制日货。于是各地的日本工商资本家们又急得老羞成怒，向本国大打其电报，要求东京政府多派军队到中国来"保护日侨的生命财产"。

但这不过是这个力量被帝国主义的铁蹄压到无可忍耐时所发出的消极的抵抗而已。我们应当相信，如果这力量从消极的抵抗而成为积极的反攻的时候，一定可以把背上这双铁蹄毁灭无余。

中国的真正的民众们！醒来吧！！认清了自己的道路，看准了自己的敌人，向前冲去！！！

国际一月间（一）*

前数日《读书月刊》的编者以该刊第三卷的改革计划告我，并托我按期写一些国际间的经济及政治的消息，限我在三日内将本期的卷子交出。在这年头对于"自己的"事情"无"话可说，然而我们何妨稍稍——也只能稍稍——谈谈"别人家"的事情，反正"天下老鸦是一般的黑"，认识了西天的老鸦，不会不认识东天的老鸦的，何况我们对于"别人家"的——国际间的——事情知道的本来亦太少了，所以我就答应编者把这工作担负起。以后按期将向读者报告些国际间的新消息，定名曰"国际一月间"，不过这次因为是第一次，所以未免就牵涉到一月前的事情。消息虽旧，却很重要，读者或许不至说是旧事重提吧。就此开场：

世界经济危机本加深——帝国主义者的相互冲突及大战危险——各国内政府不安定——英国保守党上台及帝国主义国家的新结合——日帝国主义者之占领东三省及各帝国主义者的态度。

历史的车轮总是循着自己的轨道前进着，不顾任何阻力而前进着。你们看！虽则世界财政大王御用的那些名经济学者是如何乐欢地预言着，那些国家元首是如何地努力挣扎着，但经济危机的厄运却重重地罩住了全世界各资本主义国家，以至于愈陷愈深

---

* 本文署名勉之，写于1931年12月10日，原载《读书月刊》，1932，3（1、2）合刊，第334—350页。本标题系《读书月刊》的专栏，序号为编者所加。

了。自从世界经济危机发生以来，实足已有两年以上，但至今还望不见它的边际。我们只就报纸上零碎见到的消息看来，就可知道，危机的继续发展对于这个世界是何等重大的一种威胁。不久前，法国政府机关所公布的国外贸易报告宣称，1931年前10个月的入口较去年减少18%，出口减少29%，若以绝对数字表达，则入口减少量为72.32亿法郎，出口减少量为102.27亿法郎，10个月的入超增值105.61亿法郎。至于生产的减缩则在德国，四个工业部分的本年9月的生产量中可以表达出：1931年9月的生铁产量，每日平均为14 600吨，1930年9月的每日平均产量为21 700吨，1929年9月的平均生产量为37 000吨，在同一时期中钢的每日平均产量为28 800吨、31 300吨及49 400吨，煤的每日平均生产为268 700吨、312 028吨及408 522吨；水泥的生产量（其能代表建筑业的状况）为343 000吨、510 000吨及728 008吨。钢铁、煤、水泥等四项重要产品的生产量都较1929年减少60%以上！这数目代表何等悲惨的经济衰落现象是不用说的了。由于生产的紧缩及市面停滞的结果，各国的财政亦不断动摇起来了。目前，德国国家银行的金准备已从1928年之28.84亿马克减为12.94亿马克，而期票的数量反自26.08亿马克而增为38.27亿马克，总计目前德国国家的金准备不会超过28%。美国是世界上最富的国家，亦是经济危机发生最早且最烈的一个国家。上月初，美国联邦储金部宣称："美国各银行于本年9月间倒闭298家，存款总数达2.7亿金元，除掉去年12月间曾倒闭344家外，此次9月间为倒闭银行最多之月，在本年前九个月间，全国倒闭银行共1234家，存款总数达9.3亿金元。"（见11月初上海各报纽约电讯）。由于美国信用界的衰落，美国各银行的国内外的存户就纷纷向它们提取存款。于是，一向是进多出少的美国银行的藏金窟，如今反向外倒流了。为阻止流金起见，美银行不得不把利率从1.5%提升为3.0%，另一方面，又不得不向它的最大的存户——法国屈服,答应以更高的利率支付给后者,并允许给予其他的政治上的让步。然而信用一动摇以后,人民就像着了狂似的,是没法禁止他们向银行提取存款的。据美国《商业杂志》的调查,现在民间私藏的现金有10亿美金左右。由于经济危机的继续加深,政府的预算也发生了大困难,在以1931年6月30日终止之预算年中政府收入自前年之41.78亿美金减为33.17亿美金,而支出反自39.94亿美金增为42.20亿美金,于是形成了11年以来第一次的大亏空,数达9.03亿美金。然而,这还是小事。在1931年七八两个月间的预算亏空量就达到了3.66亿美金之数,即抵到上年全年亏空之半数。政府为弥补亏空起见不得不发行大批公债及信用券。仅以美国联邦准备银行所发行的钞票而言,在目前就要比去年增加一万万美金元之数,而钞票的金准备亦从80%降为61%了。这种情形对于美金的国际地位当然是不利的。所以,我们如果说是信用膨胀是这次世界经济危机的第一期的特点,那么信用衰落就是此次经济危机的进一步的发展了。由于危机的延宕,失业工人的生活不用说是更加悲惨了。而同时失业工人的数量亦比较以前更加增多了。据德国改良工会的材料,在今年9月间工会会员中的全失业者占会员总数之35.5%,半失业者占61.2%,而去年同时期分别为22%及14.5%。全德国失业工人的总数现在约有700万以上。10月15日,德国《新肖赫尔报》宣称,美国的失业工人已有1000万左右了,较去年冬季至少增加四百万人,然实际的数量还远不止于此。目前美国的失业工人有1200万左右。此外,因农产物跌价而陷于破产的农民亦与失业工人陷于同样悲惨的境遇。棉花是美国农产的重要作物,全国出产棉花的有14州,据 New York Times Magazine 杂志的调查专员 J. V. 格罗的报告,去年的棉花收成在1500万包以上,连往年的900万包存货合在一起,共有2400万包棉花须待出售,如市场容纳量仍能维持往年的1200万包之数(但在经济危机的年头,要使市场

使市场容纳量能维持原状是绝对不可能的事情），亦须待两年方能销完。因棉花的生产过剩，所以棉花价格大跌，目前每磅棉花的价格为6分，每包36元，但在往年每包的价格为100元。据约略的估计，对于农民每磅棉花的成本须7~10分美金，这即是说棉花的价格早已低过成本了，据目下趋势看来，棉价有跌为5分美金一磅的可能，这使农民哪得不破产呢？棉花的情形是如此，粮食的地位亦是一个样的。关于这一点，我们可以把坎拿大（现译"加拿大"，下同）的情形作例。在那里，因农产物跌价，农民早已被经济危机压迫得无可奈何了。在今年，坎拿大全国耕地之半（1200万英亩），遭受旱灾及暴风的摧残，麦子的收成减为2.28亿普雪耳（即bushel，亦译蒲式耳，英美制计量单位。——编者注）（1930年的收成为3.58亿普雪耳，1929年为5.67亿普雪耳），这样的歉收似乎可以使麦子的价格抬高了，而事实上大不为然。因为往年的存麦还有1.3亿普雪耳，而国内的消费只需1.15亿普雪耳，所以连今年的新麦共有2.43亿普雪耳麦子须待出口。但在世界上其他各地，饿死的虽多（我们贵国当然最多），而有过剩的购买力能容纳这些剩余麦子的却不多，何况除了坎拿大以外，想把麦子向世界市场上倾销的国家却也有不少哩（美、奥地利洲[1]及南欧诸国）。这样，使麦子的价格亦更加跌落了。换言之，即更有新的数百万农民将入于破产。我们看了上面的片段的消息以后，就可知道，在现今整个资本主义世界是处在何等绝望的境遇呀，同时我们也可以知道那些提倡"人口过剩论"（即马尔萨斯经济学说。这一学说认为，人口之增加速于生产之发展故隔一定时必发生一次大灾，使人口消减一部，以恢复人口与生产量之平衡，故马氏学说提倡节育。）"土肥递减律"（这一学说认为，土地生产率渐渐不敷人类所需食粮的一种经济学说。）

（1）原文如此。——编者注

及"科学救国论"等主张是如何荒谬绝伦了。世界上常有数千万人没有工做,没有饭吃,其原不在科学不发达,生产不发展,而是因为科学"太发展"了,生产的商品"太多了"——这个生产的所有,不在大家饿着要吃饭的人手里,而在少数的资本家手里,这真是资本主义世界没法解决的矛盾。

但是,倘使全世界是清一色地被经济危机笼罩住了,那么危机的惨景亦不至像现在这样触目,但是事实偏不讨好。在这地球的1/6的面积上偏又存在了另一个世界——一个为各国政府所敌视的苏联。今年11月是它的诞生的14周年,也是它的所谓"五年计划"实行的第三周年,危机的恶神遍游了旧世界各国。而偏不曾闯进这个世界;这还不算,那个被"德意志实业家协会"的主席克莱谟批评为"倘使在50年间完成了就已了不得,但可惜是乌托邦"的五年计划居然凯旋地实施着,而且将在第四年(明年)间完成了。它在被世界大战及国内战争破坏了的,落后的沙俄帝国的废基上长大了起来,而现在已从农业国而逐渐变为工业国了:产业工人从1929年之1230万至1931年增为1780万;工业品在全国总生产量中所占的百分数在1913年为42.1%,至1931年已增为60%。此外,在本年份,全国农家之60%已组织为集体农场。在11月7日14周纪念日那天更有517所新的企业加入生产(见11月8日、9日上海各报国外要闻)。这些事实是旧世界的致命伤,是苏联成为"众矢之的"的主因。由于这些原因,使各资本主义国家间内部的矛盾及对于苏联的矛盾日益尖锐化,而第二次(世界)大战的危机亦更加迫近了。

因此,各国政府都拼命扩大自己的军备,虽则在预算中都有莫大的亏空,但军费的支出仍不断地增长着。不久前,胡佛总统因财政困难而想减缩明年度的预算,但被海军部猛烈地反对掉了,但最近华盛顿的电报告诉我们,美国议院海军委员会主席拟向国会提出新的大海军的建设计划。在法国方面亦有"在毗连意国的东南边界

增固防务，使合于最新式"的计划（见《申报》12月4日国外新闻）。虽则各种工场在危机期中都大半停工了，但各国的军用工业却在加工制造杀人利器。军缩会议本来是强国减缩弱国的军备的会议，是各帝国主义者遮掩自己的狰狞面目的假面具，但现在连预定在明年2月间开的军缩大会又要延期了；当然，这又是因为各帝国主义者互相间尚未勾结好——尚未准备好厮杀的缘故。

危机造成的另一个结果，就是政治的不安定。各国的政府内阁好像演戏一般不断地上台又不断地下台。在西班牙，在葡萄牙，在南美洲，革命的浪潮不断地涌起，同时白色恐怖和法西斯蒂运动亦到处发展，且疯狂似地实行着它们的权威，这特别是在政治最不稳定、革命潮流最高涨的地方如此。在德国，自从去年国会选举以后，左右两极端党的势力不断地发展，而政府亦不惜以法西斯蒂的紧急命令以维持自己的地位。当然所谓的紧急命令的任务主要是对付左派的极端党的；事实上，法西斯蒂主义的国家社会党（极右党）的政纲与白鲁宁内阁的政策有什么不同呢？紧急命令所规定的紧缩政策（加税、减薪及少失业津贴等）当然不是国家社会党所攻击的目标；紧急命令对于维持治安的各种限定及一切警察的高压政策都是对付极左党而设的，因此更不是国家社会党所攻击的目标了。国家社会党所表扬的"反对《凡尔赛和约》及'杨格计划'"的口号实际上不过是欺骗群众的一种幌子而已。老实说，即使是国家社会党的首领现在代替了白鲁宁而起来组织内阁，那么他们又有什么办法来实行他们的政纲呢？恐怕到了那时候，他们的中心任务不是"反对"什么《凡尔赛和约》或"杨格计划"，而是联合法美帝国主义来镇压本国的左派运动（这原是一切法西斯蒂运动的中心任务）。至于国家社会党所主张的军国主义，则老早就有社会民主党的穆勒内阁开始实行了。自从上一个月间国家社会党的首领谒见兴登堡总统以后，各报纸有登载国家社会党将参加组织混合内阁的消息，虽后来这则消息未见之于事实，但亦并不是毫无根据的。这我们在下面几个事实中可以看出：第一，在最近，国家社会党的首领不论在党内或党外的会议上，对于《凡尔赛和约》及"杨格计划"问题都默不作声了；第二，不久前许多德国报纸都曾登载一个消息，据说国家社会党首领曾与现任陆军部长的秘书在陆军部密室内有个极长久的会议，同时，国家社会党的首领在该会议上亦公开地承认现任陆军部长的秘书是国家社会党的同情者，只因对外期间，所以他没有加入党，同时他们更声明国家社会党绝不会去破坏德国国军的组织。所以，国家社会党的未曾加入政府并不是由于它和现政府有什么政治上的不同主张，而由于另外一种缘故，主要是因为国家社会党的势力的增长完全依靠于夺取资产政党的群众。它在工人中的势力是极小的。资本主义在工人群众中的柱石不是国家社会党而是社会民主党。但近年来，尤其是发生经济危机以后，连这个柱石都动摇了。若国家社会党一上台，则不仅它本身将不再高喊漂亮口号以欺骗群众，而且使后者将更形左倾，使社会民主党的地位更难堪而更动摇了，德国国内外财政大王见到了这一个危险，于是不得不命令他们的武士且缓一刻上台。

这种政治两极化的形式不仅在德国，而且在其他许多国家中亦是存在。英国最近的政局就是一个好例子。经济危机的发展使英国工人群众日渐左倾着，这自然不能影响到工党内部的变化。自从工党执政以后，英国工人过了一年多从未过着的坏日子，因此工党政府及工党本身的威信一天天地低落，而危机的往前发展使一部分的工党领袖再想进一步地向工人的贫困的生活程度进攻，但大部分的领袖深恐因此把所有的群众都失去了，那么以后就没有了供做政治买卖的资本，到那时他们将得不到他们的主人的——银行大王及工厂主的——宠爱而被抛弃了。工党内部的这两派首领因为出卖阶级的方法各有不同，于是不得不拆伙了。同时，那些看透了工党的政治面目的群众虽则对于工党是不信任了，但因为一时还看不清出路，于是一部分就彷徨在十字路口，而另一部分却反转身来投向保守党方面去，这就形成了工党内阁的崩溃对保守党的胜利。

英国保守党的胜利对各帝国主义者之间的结合，自然免不了要发生相当的变动。保守党是英国的最坚决的武士，它对于帝国在世界市场上的竞争者，美帝国主义者——自然是认得最清楚。为要恢复英帝国在世界上的威信——不论是政治的，或经济的。——先必须压倒美帝国主义的势力。然而，衰老的英吉利帝国要同美帝国主义相角力却不是容易事情，因此，英国先得把欧大陆的后方巩固起来。于是，保守的传统的亲法政策又加紧活动了。美帝国主义者看清了这一层，所以就极力破坏这段好事。恰在这时候，法总理赖伐尔有华盛顿之行，而另外，更有美政府愿以提高利息及其他政治让步为交换条件以取得法国不向美银行提取存款的消息（美银行高利率及法国不提存款且已见之事实）。然而，虽则法国不比日本，它在太平洋上与美国有那么多的利害冲突，使它较容易与美国接近，但它亦有它的后顾之忧。因为它如果真心要与美国接近而反对英国的时候，英国势必至于就要联合德、意——法国的宿仇——来对付它。那时，法国的新的同盟者却远在大西洋对岸，而自己却在欧大陆上孤立了，这是对它大不利的。所以，美国为要联法起见，势必至于先要拉拢德、意与法国的感情（意外相格兰第之游美及法德委员会之成立由是而起）。但这是极困难的工作，在德国的赔款问题及国界问题没有解决之前，德、法的谅解是不可能的。同时，意国与法国在殖民地侵略方面，在地中海军备问题方面亦有极大的冲突；并且在前面已经引过一段消息，说法国将在法、意交界建筑新的防御工程，从这一点上看来法、意的谅解亦是成问题的。当各帝国主义者在相互的勾结工作尚未妥当的时候，就不约而同地走向共同的出路来了，这就是反对它们自己的共同的敌人——苏联，对于这一点是谁亦不反对的。

在世界经济危机所形成的这种国际条件下，就发生了这次"东三省事件"。事实是这样的：日本料到自己独占东三省是要遭受别个帝国主义者的顾忌的，而且自己的实力亦还没有准备好与别个帝国主义者正式交锋，但它亦明知道：各国——尤其是英、美——现在正是内顾不暇的时候，无力起来作实力的干涉；同时它亦知道，各帝国主义者的内部意见也是不一致的。譬如以法帝国主义者而言，它在中国北部本来没有什么"特殊利权"的，它的侵略目标是在南部——云南、贵州，所以它对于日本落得做个人情，以为将来侵占云南时的交换条件，同时，法国的工厂却可趁此机会接受日本方面的军用品及运输工具的货单。此外，法国是欧洲的反苏联同盟的组织者，因此，它急欲在东亚方面能得到这样的一个同盟者——关于这一点巴黎报纸是公开地宣传着的——这亦是法国暗助日本的交换条件。于是白里安在国联会议上就起了一个红脸——说得不好听一些就是帮凶——以与起白脸的芳泽可以一吹一唱地宰割中国。至于英、美方面，一则因为顾不到这里，二则因为英、美自己间的冲突亦日益紧张，所以它们都不愿十分得罪了日本，使后者（日本）成为对方的（英或美）同盟者（自然白里安的拉拢也大有作用的）。这样就决定了各帝国主义者的态度：第一，它们认为，既然自己不能求独享中国这块肥肉，那么倒不如与日本一同来坐地分赃（所以问题只在如何分法）。第二，极力怂恿日本与苏联去挑战。因为上面我们已经说过，苏联是各帝国主义者的公敌，第二次的反苏联战争（第一次已在1918—1922年中施行过而失败了）是日夜在它们的头脑中盘旋着的，可是一向因为时机未到，实力未充足所以没有实现。如今，日本如愿意起来独当头阵，那是最好亦没有了。因为这次如果苏联打败了，同时它们所嫉妒的日本亦将精疲力尽，它们对此自然是求之不得的。然而，即使是日本败了，那么各帝国主义者

不妨再以援助正义的名目自己起来向苏联挑战。那时，它们一方面是以逸待劳，在军事上占了优势。另一方面，在抢夺反苏联战争的盟主时亦可少了一个竞争者，这正是一举两得的妙计。只可惜日本帝国主义者窥破了这一点，所以他现在亦不来独当这个水木梢，而另一方面忙于内部经济建设且以和平号召世界的苏联亦不是轻易受人挑拨的。

　　总括起来，我们在此次事件中，第一，应认清各帝国主义者都喜欢有一个战争爆发以消灭自己的敌人（不论是它们公敌或是私敌）。并且战争爆发后，交战国必然增加许多军用品的消费，那时各国所堆积着的过剩（商品的特别是钢、铁和煤）又有销路了，而投机商人亦可趁机活动了。前数日间，在欧洲各交易所中，五金价格有上升的趋势，而巴黎《交易所公报》就认为是日本及其他数个国家扩充军备之结果，字里行间流露着不少得意的神气。好似说：战神呀！你快降临吧，你快来把我们从危机中拯救出来吧！

　　第二，我们在这次"东三省事件"中应认明，我们要想依靠其他帝国主义者来反对日本，这不啻是与虎谋皮，美国在菲律宾及尼加拉瓜，法国在安南，英国在印度、缅甸所做过的，或正在做的把戏不是与现在日本在东三省干的勾当完全一个样子的吗？

上海纺织厂中的包身制工人(上)

关于包身制问题的调查,在好几个月以前得到《上海女青年会》的热心帮助,早已开始。但中间因为战争,停顿了好久;同时我们除了调查包身制工人以外,更有别的任务,不能把所有的时间来从事这种工作,此外更因为调查这问题有许多特殊的困难,所以所得的材料仍是很少。因为熟悉包身制的内容和包身制工人状况的人,不过下列几种:(1)厂方;(2)包工头;(3)被包工人;(4)被包工人的家族。但这四种人中间,前面两种非但不肯把真实的情形告诉我们,并且还要处处妨碍我们的工作。被包工人,通常在包工头的严密监视之下,已失去行动自由,不独我们不容易同她们见面,见面时,因恐包工头的责罚,也不敢将身受的痛苦,吐露出来。至于被包工人的家族则均在乡间(江北)居住,在上海更不容易找到。因此我们被迫着只好离开上述四种与包身制直接有关系的人而去向非包身的其他工人做间接的调查;但他们和上述四种人也很隔膜,对实际情形并不完全知道。此外,再加上一般人对于一切调查所共有的怀疑态度,使我们的工作更感觉困难。在调查中我们往往得到许多分歧矛盾的消息。但经过许多的谈话和许多事实证明之后,总算得到一个一般的印象。当然,我们的工作距圆满的境界很远,可说不过一个开端。我们若能从此引起多数人的注意,那便不负我们的这番调

---

* 本文署名孙宝山,原载《华年》,1932,1(22)。

查了。

近年来欧美各国的报纸，曾发起一种反对所谓"强迫劳动"的运动，但它们所反对的对象，只不过是一些莫须有的材料，它们反对的动机，亦完全出于另一种政治背景。其实，它们对于真正的强迫劳动，不是没有看见，即使看见了，也故意装聋作哑。本文所说的包身制即此种强迫劳动之一。这实在是中世纪奴隶劳动的变相，那些被包的工人，就是定期卖身的奴隶，而那些包饭作老板（一般人对包工头的称呼），也就是20世纪的奴隶贩子兼奴隶主。当然，这种劳动形式，而是代表现代中国社会的各种前期资本主义的劳动形式之一。

包身制，普通称为"养成工"。此中包括纯粹的包身制和变相的包身制两种。前者普通称为"包饭"，后者普通称为"带饭"。

专吃"包饭"的"养成工"工人（纯粹的包身制工人），普通由包工头亲自到乡下（普通总是包工头的家乡）去招来的，因此被包工的工人往往是包工头的亲戚、朋友或热心人的女儿。破产的农民受着饥饿的驱策，被迫着把自己的女儿，在一定期间卖给了包工头去驱使。包工头与工人家属，订有书面或口头的契约（我们至今还未能统计出来到底哪一种契约——书面的或口头的——占优势）。契约有效期间，普通为3年。包工头预付给工人家属一定的包身价。而工人在厂内所得的工资，就成了包工头的收入。包身价格，普通为30~40元（以30元为最多，很少有超出40元的）。包工价大抵也分三期付清，第一次付的数目最小，末一次付的最大（如第一次8元，第二次10元，第三次12元）。且第一次付款，往往在做了一年以上的工作以后。契约上又规定被包工人，在外如有走失，须由包工头负责。包工头把工人从乡下带出来以后，就把他们介绍入工厂，在大多数场合下，包工头在到乡下去之前，就已经和厂方接洽好，或者是先受了厂方的委托（日商纱厂且派了日籍职员与包工头同到乡下去招募）。

所以，他们马上就可以为自己所包的女工觅得工作。再不然，他们和厂内的拿摩温（Number one 的音译，工头的别称）都有交情，所以总比别人容易成功。在包身期间，包工头须供给被包工人膳宿和衣着。

据我们的调查，工人们的饭食，实在是恶劣得太不像样了。通常，她们如果有工可做，每天在中午时吃一餐干饭，早晚只吃两餐稀粥。这些饭和粥，都是籼米、细米以及其他杂粮的混合物。至于菜也就是萝卜干和卖剩的菜叶、菜根和臭咸菜之类而已。至于荤菜，只有过节的时候，才能尝到口。但如果是做夜工的，那么她们只有在上工前吃一顿干饭，在下工后吃一顿稀粥，另外至多每人发给6个铜元，叫她们在厂中买大饼吃。一个未成年的女工，要整夜的（12小时以上）不吃一些东西，站在机器旁做工，这是何等残酷的事！工人大都住在厂方所特设的"养成工"工房内，这种工房，有的是免费的，有的只收极有限的房租（每宅一上一下的工房收3~5元），但每宅至少要住到二三十个女工（日夜班工人轮流睡一张铺，放假时两个人合睡）。所以做包工头的对于每个工人每月所付的房钱，至多亦不过一角多钱。至于包工头所给予工人穿的衣服，亦是极有限的，并且是极粗陋的。总括起来，包工头对于每个工人的衣食住的供养，平均每月至多不会超出5元大洋。若工人工资，平均以每日5角大洋计算（练习期间的工资较少，但每个工人，在数星期内，便能学成熟手；最熟练的女工，每日可赚七八角以上的工资），若每月平均做24个工作日，则每月每人的工资，当为12元。包工头除去开销外，每月可赚7元大洋，3年内可赚252元大洋。若除去30元包价及10元左右的路费（有时路费由厂方支付）以及其他开支，则至少3年中可得210元纯利。若每个包工头养10个包身女工，则每月便可坐收五六十元的进款！这差不多抵得一个中等学校教员的薪金了。

上海纺织厂中的包身制工人（上）

上海纺织厂中的包身制工人（下）*

前文所论纯粹的包身制，完全取奴隶制的剥削形式，大多数人比较不容易上它的圈套。同时这种制度，对包工头亦有不利的地方。第一，契约上规定，包身期中工人如有走失，是要包工头负全责的。但在这种残酷的制度下，不管包工头的监视如何严密，工人受不了剥削，不免逃走，是常有的事。第二，包工头对于被包工人，不论他们工作与否，均需供给膳宿，遇有疾病的时候，又须受损失（虽包工头对于工人的小病，并不如何关心，且往往迫着工人负着病去上工，但病重了是不成功的）。再如遇到营业不佳的时候，工厂往往停顿或闭歇（尤其在今日的危机时代），到此包身工人，也免不了要失业。在这种情形之下，包工头可就要"吃亏"了。为挽救这种缺点，他们就发明了一种变相的包身制，叫作"带饭"。这种"带饭"制，比较"包饭"制普遍。

"带饭"的工人，亦是由包工头从乡下招来的。表面上，工人的身体是工人自主的。包工头用甜言蜜语去引诱乡下人，说工人由他们介绍入厂以后，经过几个月的训练，便可成为熟练工人，每月可得二三十元工资，同时规定凡经过他们介绍的工人，必须做满3年工，在这时期内，饭食住宿，须由包工头供给，每月每个工人，缴纳膳费8元。但工人入厂后，在练习期间（练习

---

* 本文署名孙宝山，原载《华年》，1932，1（24）。

期为6个月,实际上学技术不过几星期,即当正式工使用)6个月内的工资,每天只有0.27元,而且就是满了练习期以后,亦很少有得到一个20元的工资的。同时,8元钱代价的膳宿,亦与吃包饭的一样,是非常恶劣的,包工头在这中间赚了一大笔钱。工人们知道了自己受骗以后,自然要不满意包工头,于是企图脱离他的束缚。此时包工头使用种种经济的压迫手段,阻止他们:(1)工人在前6个月中,每日工资,不过0.27元,往往不足付清饭钱,所以工人如欲脱离包工头,后者便用清算饭钱的方法,硬把她留住。(2)厂方叫包工头到乡下去招工时,曾向工人家属说明:工人入厂后,须做满3年工,并在该包工头处包饭3年,若中途脱离,则厂方便要求缴还教生手费6元。包工头并且要求追偿路费及簿子钱等(包工头把所招工人送入厂中去做工的时候,往往受到车间拿摩温的故意为难,如借故开除等,故包工头对车间拿摩温须缴纳相当运动费,普通称为簿子——工摺——钱。数目约每个工人3元)。(3)包工头又可以捏造些虚账,来要求工人赔偿。工人如不把这笔账偿清,包工头便把工人的铺盖衣物扣留起来(凡养成工工房均有巡警守门,不得包工头签字允许,便不能搬运东西),使工人不能脱身。有时工人亦有放弃行李而逃走的,亦有逃走后再托人把自己行李偷运出去的。但这是很危险的事,她们很容易被工头找到。此外即使工人有能力偿清"欠账"而脱离包工头的束缚,她们以后亦很不容易生存,因为一方面包工头与本厂的甚至其他工厂的车间拿摩温,都有密切关系,他们可以叫后者不接收从他们那里逃出来的工人;另一方面包工头相互间有约束,凡从某个包工头处逃走的工人,其他包工头都不准收养。在这种阻碍下,要叫一个人地生疏的未成年的女工,自己去寻觅职业,并且独自生活,当然是难之又难了。因此工人就不得不忍着痛苦,去受包工头的继续剥削。他们往往在3年之后,而仍旧不能脱离包工头的束缚。

我们在上次已经说过，包工头对工人的给养成本，无论如何，不会超出5元之数。并且"带饭"工人的衣着，均由工人自备，所以实际上包工头对"带饭"工人的给养，连5元都用不到。所以包工头在每个工人所缴的8元钱中间，至少可赚3元纯利。如一个包工头，养了10个这样的带饭女工，那么每月至少就有30元的纯收入。数目虽没有前面所说的纯包身制的收入可观，但比较起来却要可靠一些。

那些被包的或变相被包的工人，大半是未成年的女工，她们的年龄以14岁、15岁、16岁为最多；满20岁的，简直是偶然的例外。这大概因为童工和女工，对于包工头的反抗力较弱的原因吧！所以这种劳动形式在纱厂中最风行，纱厂便形成了大半是童工和女工的世界。残酷的非人生活，终于吞食了她们一生最宝贵的时期，摧残了她们终身的健康。她们如牛马一般工作着（其实牛马的工作时间还没有她们那样长久），同时如牛马一般地被喂养着。冬天她们只穿着单薄的破棉衣，冒着风雪，忍着饥饿在太阳未出的时候就跑到厂里去上工，到上了灯火以后才放工回去；因此很多包身女工，在冬天都要生冻疮；但包工头还要迫着她们去上工。因此她们往往拐着脚、抓着墙走去上工，丝毫没有自由，简直像罚做苦工的囚犯。上工下工时，都有包工头或他的伙计"伴送"着。回工房后，禁止外出。亲戚朋友的会见，是被禁止的。即使遇到假期要出去玩玩或买些东西，亦必须有包工头或他的伙计追随着。这还不等于十足的奴隶吗？

这些女工，不仅要为厂主生产利润，而且还要为包工头当摇钱树。在这种非人生活的基础上，造成了包工头奢侈的寄生虫生活。普通每个包工头，总带有20个女工。即使假定此中"带饭的"比"包饭的"为多，且其中比例为3∶1，即20个工人中有5个"包饭的"和15个"带饭的"，那么每个包工头至少亦有74元一月的收入。且每个包工头所养的工人往往超过20人之数。据我们所得的报告，有日商S纱厂，某姓K的包工头所养的工人，有80人左右。在另一日商纱厂中有一个姓F的包工头所养的工人，亦有此数。照我们上面的计算，则他们这两个人每月的收入，应有300元左右（296元），这简直抵得过一个红教授的月薪了！此外，这些包工头，更还经营高利贷放款等重利盘剥事业，所以他们的总收入，当还不止此数。这怪不得许多包工头都要有两个以上的老婆了。而且有人告诉我，这些包工头的儿子，很有几个在大学堂读书的呢！可是这些少爷们所缴的每块钱的学费，都是血汗的结晶呀！

在"五卅"（1925年）运动前，这种劳动形式，在上海各纱厂中极为通行，当时许多日本厂如公大、内外棉、喜和等几乎全为养成工制。在"五卅"罢工时，厂方想利用"养成工"以破坏罢工，他们用运货车从"养成工"工房，把女工载到厂里去，放工后，又把他们载回工房。其意想避免罢工工人的要挟。但结果资本家的计划非但没有实现，而且使"养成工"制本身都受了一个打击。在"五卅"运动后，养成制就有逐渐衰落的趋势，有许多采用"养成工"制的工厂，后来也以普通女工代替了。这种转变的原因是：（1）因厂方利用"养成工"以破坏罢工，引起了罢工工人的忿恨；于是工人以毁坏"养成工"工房，殴打甚至暗杀包工头以反对"养成工"制。（2）经"五卅"运动的震荡后，"养成工"工人自身亦开始觉悟了，她们已不像从前那样驯服，而开始参与罢工运动；同时，她们暗中逃跑的事实，亦逐渐增多，遂使得厂方和包工头都感到困难。

当然，这两个原因，还不能使"养成工"完全绝迹。近年来，因政治社会的种种反动，遂使厂方又发生了恢复"养成工"的企图。他们总想找一批驯服的绵羊，来代替那些总觉得有点不安分的工人。去年（1931年），水灾以后，各地灾民都把自己的子女廉价甚至无代价地送给人家当奴隶。于是各纱厂（尤其是日厂）认为这是复兴包身制的最好机会，就派包工头到灾区（主要是江北）去招募"养成工"，一时"养成工"制又有蓬勃发展的现象。上海纱厂的大规模的新式的（监狱式的）"养成工"工房，亦在此落成了。但机会很不凑巧，刚才这时候发生了"九一八"事变，各地的反日抵货运动风起云涌。日商纱厂营业受到了相当影响。因生产紧缩，新招募的工人不久便失了业。以后遣散回籍的也就很多。这又给包身制的复兴一个大打击。

在前面我们已经说过，这种包身制，实际就是中世纪奴隶制的变相。本来，中国一般纱厂工人的工资，大半低于恢复劳动力所必需的生活资料；这已经说不上是资本主义的工资率了；至于这种奴隶制的残余，当然更是前资本主义的中世纪的劳动形式了。在生产极端落伍的半殖民式的中国社会中，发生这种奴隶制的残余，本是意中事，较奇怪的是这种奴隶制残余的劳动形式，却滋长于先进的资本主义国家——日本帝国的资本所创办的纱厂中。直到今日在华商创办的工厂中，包身制还没有日厂中发达，且根据许多人的意见，中国厂的包身制，是从日本厂学来的。

据我们所得的材料来看，在上海各纱厂中，包身制最发达的，在目前要算是日商所办的上海纱厂及喜和纱厂。这两家纺织公司都特设有极大的"养成工"工房。在喜和厂方面有包工头130余人；在上海厂方面的包工头，差不多亦有这么多。"养成工"差不多占这两家纱厂的工人总数的一半，在上海厂有3700～4000人；在喜和厂方面有1600～2000人。其余各纱厂的"养成工"只有几百人的样子。总计在全上海"养成工"在1万人上下。

在这里我们还得再声明一次：我们这数目是很约略的，关于"养成工"人数的确实数目，我们很不容易调查明白，这除了前面附白中所说的困难外，更因为除了正式的包工头以外，还有一种家常式的包工头。譬如有许多工厂职员或工头（甚至其他非在工厂服务之小商人、高利贷者等）的家里，亦有养四五个工人。在名义上，这些工人不过是寄宿他们家里的同乡、亲戚、朋友的子女，而事实上他们往往就是变相的包工头。这种情形在工人区域中甚为普遍，但最不容易被人查出。

此外，我们更听到一种报告，说在沪西浜北的中国厂内更有一种完全卖身的奴隶，据说这些"工人"是从小被厂主从一个什么育婴堂或孤儿院之类的机关买来的，养大后就在主人厂内做工，现在她们已经长大了，在去年且已被厂主嫁出了几个，其实，这就是应用于生产事业的中国原有的家产奴婢制，不过是极偶然的现象，并且人数亦极少（共20人左右），在整个劳动形式中并没有重大意义。

国际一月间（二）*

自从在本刊三卷一期发表了第一篇"国际一月间"以后，本栏已有五六个月未与读者见面了。五六个月的时期亦不算不长，在这期间，国内外曾发生了许多大小事变，但把这些事变总括起来仍逃不出我们上次在本栏中所下的结论，即：世界经济危机的加深和扩大，帝国主义自身矛盾（帝国主义者之间的、殖民地与宗主国之间的以及各国内部劳资间的阶级矛盾）的锐利化。这好像是老生常谈，读者或许听着要讨厌了，然而社会的发展确是如此，编者不好杜撰些事实起来凑新鲜。编者的责任在于用新的事实来充实这两句"老牛常谈"。现在让我一桩桩说起。这里首先就要讲到那个1929年开始的世界经济危机的加深。在这大半年间，世界各国的工商企业和金融机关仍接连地倒闭着，卖不出的农工业产品堆满了栈房货仓，失业工人仍有增无减。今年1月至4月间，各主要国的对外贸易均有猛烈减缩，比去年（1931年，即危机后的第三年）同期间，进口货之货值，英国减12%，美国减30%，法国减35%，德国减36%。以出口货的货值计，英国减7%，法国减38%，美国、德国各减36%。因商业停顿而引起之生产减缩，失业工人之增加及他们的生活之恶化自是必然现象。为不愿尽把干燥无味的数字来讨读者的厌，仅抄两个路透社的电报在这里，也就算让我偷个懒，卸了个责任。

---

* 本文署名勉之，原载《读书月刊》，1932，3（4）。本标题系《读书月刊》的专栏，序号为编者所加。

（一）

（纽约路透通讯）特娄万先生，原是一个厨司，觉得疲惫、饥饿、无家可归。他呆立在一家店门前，等到警察走近的时候，便拾起一块石子，向橱窗掷去，警察捉住了他，带到法官面前，他解释道："因为我的肚皮饿，所以这样干。我是一个厨司，如果送我到习艺所里去，我是很有用的。"

法官就问他情愿在习艺所里拘禁几天，他答道："30天大概可以了。"但是法官以为30天太多，对他说："10天。"他怏怏地走进囚车，口里埋怨法官的不公平。（见5月31日《大晚报》）

（二）

（马德里路透通讯）马德里附近的卡拉彭谦尔地方，有一位匈牙利人，他穷无聊赖，竟发现了一种骗饭吃的新方法。

怎样呢？他自己跑到当地的卫戍衙门里，泰然地自首，说自己暗杀了一个女人，他就被拘禁起来，一方便禀命副官，副官听了，立即发命到各方，去调查这件事情。

但是，经过一番调查，得不到一点有人被暗杀的消息。到了最后，这人才承认，他并没有犯什么罪，不过来到拘留所里骗一顿饭吃罢了。（见6月2日《大晚报》）

上面这个电报可以帮我说许多话，我们借此可以推想到各先进资本主义国家的失业工人所过的生活。

因于危机之延宕，给了各国政府之财政收入以严重打击。各国财政总长或财政大臣天天在过着大除夕的日子。为使预算平衡就不得不颁布新税率，发行新公债，裁减公务人员以节省政费。这情形普遍于全世界各国，虽以黄金之国自命的北美合众国和法兰西亦不能例外。据法国前总理加劳氏的估计，1932年法国政府的收支不敷之数将达70亿法郎之数。同时据本月8日巴黎的电报，法新政府又将发行国库券29亿法郎，如此将使法国短期债款增到60亿法郎，这不啻完全推翻了前总理普恩芬所苦心经营的转变政策。此外，据华盛顿路透电的消息，美国在现届财政年度终结时，收支相差当为25亿元美金（查上年度不足之数为9.03亿美元）。因此胡佛总统要求缩减政费3.6亿元，但即便能达到总统的要求，而1933年年度的预算案之支出仍需40亿元，假如1933年之收入仍能维持本年度20亿元之数，再另加补充税案所得之11.19亿元、则收入总额还不到31.2亿元，与支出相较仍短少8.8亿元。可是颁布新税则将使处于危机压迫下的人民更加一重负担，发行公债亦只能济一时之急，不能像我们贵国政府一样作为唯一的收入来源。至于裁减公务人员节省政费亦只能是扩张了失业后备军的声势，自己（政府）消费了政治基础（这几日发生了数万退伍军人的索饷大风潮，给了胡佛总统一个相当大的教训），而所得是有限的。

这就是世界经济危机的现状概述。至于它的前途如何呢？我们这儿借用英国著名文人吉伯林对此问题在5月23日伦敦《晨邮报》所发表的二句诗（见5月23日伦敦路透电）："夜色正茫茫，黎明尚有待。"

危机的继续发展必然将引起帝国主义间的相互冲突之加紧，这在最近几月进行的军缩会议和洛桑会议中可以看出。我们对于军缩会议早就有过确定的估计，说它是各国相互勾结、保持自己军备裁减敌国武装的会议。各国代表钩心斗角，费尽了口舌，无非是想证明本国所重视的军备为"严格防备"的武器，而别国所需要的却完全是侵略工具。法国为防止德国复仇，维持欧洲大陆及地中海的霸权，所以要保存大规模的陆军及地中海舰队。德国为脱离《凡尔赛条约》的束缚，所以要求以平等待遇为原则实行军缩。至于法西斯帝国主义统治下的意大利,在财政上早已陷于枯竭的境地,不能与"黄金满溢"的法国做军备的竞争,所以它亦要求军缩以与法国针锋相对。那个称雄远东的日本帝国,为要握得亚洲及太平洋的霸权,想与美国和英国争取海军平等,因此它拉拢法国抵抗英美且借以换得法国对于日本在华侵略之默认,有时甚至联络英国单独对付美国。英国一方面为抑制法国在欧洲大陆的势力之扩张,并防止德国之破坏《凡尔赛条约》,所以总站在法、意或法、德之间,做一个中间人,以维持欧洲大陆上法、意、德三国的均势,不使法国过分地压倒意、德;另一方面为维持世界一等海军国的地位又极力防止美国势力之发展。至于美国,则借着金元帝国的实力,以减轻战债为交换条件而要求欧洲各国减缩军备。因此各国出席军缩会议的代表及军事专家讨论了三数星期的结果,大家只有对于一点是完全同意的,这就是:各国代表对于军缩的问题尚不能取得一致的态度,但各国对军缩的态度是永远不会一致的。因此军缩会议亦永久不过是穷兵黩武的帝国主义者在军缩掩护下对第二次世界大战所做的一番准备工作而已。

至于洛桑会议的内容,若总括一句说,亦将如军缩会议一样无法结果而结果。因这两种会议的议事日程虽完全不同,但两项会议确有密切的政治关系,都将反映着各帝国主义者之间的矛盾。会议中应讨论的主要问题为赔款和战债。自世界经济危机发生以后,德国所受的打击最大,到1931年时,财政已陷于破产地位,那个久为德国国民经济的致命伤的赔款实在已经无法支付了。于是就发生了胡佛总统的赔款战债停付一年的提议。经过了许多会议和商谈之后,这提议大体被各国所接受了。当时曾有人把胡佛总统提案看作世界经济复兴的开端。到了现在,这提议是否曾阻止了危机的发展呢,这问题自有这一年的事实来答复,不用我来饶舌。但我们不能不承认这提议确实把赔款问题的决裂延宕了一年。但这一年很快地过去了，赔款战债之延付快将满期（6月30日），因此赔款战债问题又严重地摆在各国政府当局的面前，要求他们解决。可是目前德国的情形比一年前更加恶化，前德总理白鲁宁曾在数月以前就有德国无力负担赔款的宣言。这宣言引起了法国当局的极端恐慌。在法国看来，停付一年已是极大牺牲，若德国再有进一步的要求（即取消赔款），岂不是完全取消了《凡尔赛条约》所给予战胜国的大部分权利！所以法国极力反对德国对于赔款问题的进一步要求，最近巴黎报纸甚至放出重占鲁尔区的空气以威胁德国。但另一方面，德国在目前确实无法偿付赔款，这亦是不可否认的事实。因此便有洛桑会议之召集，想在无办法中求得一办法，以打破赔款问题的僵局（此会议原定1月18日举行，后来因为对于讨论范围未能一致，又因法德二国大选关系改于6月举行）。在这会议上除德国外，都站在债权国地位，不过因利害关系的深浅不同，又因各国互相间的冲突，所以对赔款问题的态度亦并不完全一致。英国在欧洲大陆的政策，我们在上面已经说过，即它始终处于协调人的地位。它一方面固然不愿法国的势力过分扩大，不愿法国的过度剥削完全毁坏了德国经济，另一方面自然更不愿德国完全脱离凡尔赛条约的束缚而复兴。因此便想在德国之完全取消赔款与法国之不肯再作让步之间取得一个新的折中办法。这就是英国首相麦唐纳在洛桑会议之前到巴黎去和法总理做密谈的任务之一；正如路透电所说的："众信双方（英法）皆以为德国缓付赔款时期之展长乃不可免之事，但此举须于避免德国片面声明取消债务之情形中行之。"其实，目下德国之不能继续偿付赔款的事实就是法国也不至否认，所以迟早要强迫法国做让步的。因此英国的这个折中办法，实际不过是战胜国在事前力谋一致以压迫德国抛弃取消赔款的决心的一种办法而已。但此外，英法当局在洛桑会议前的密谈更有另一个任务，这就是力谋取得对美政策之一致。美国是赔款的最后接受者，要使协约国能对赔款问题做继续让步，必须先取得美国对于战债问题的首先让步。所以美国的态度对于问题之解决确有重大意义。但美国始终宣言赔款问题与对美战债问题之间并无何种连带关系，且此次又拒绝参加洛桑会议，自己却又另外发起世界经济会议。这表示美国始终想保持自己的行动自由，不受欧洲各国之牵制。在世界经济危机的压迫之下，美国也已经感觉到缩减或勾销战债为不可避免的事情，但它非但不愿在别国牵制之下采取这步骤，而且想借此取得欧洲国家对军缩问题的让步，并取得欧洲的经济权利。这就迫使欧洲国家（尤其是英、法）急于要建立联合战线以对付这问题。总之，帝国主义国家间的冲突，尤其在这危机的年代是没法减轻的。世界经济危机引起的第二个结果就是世界各国的政治不安定。革命运动到处发展着，其中以最近智利革命政府的成立最惹人注目。我们在没有得到较系统的材料时，不敢妄加批评；但一般的我们可以说，如果革命政府不去尽力组织革命群众以做自己的后援，不去动摇统治阶级及外国帝国主义者的经济基础，没收银行、信用机关和大的工业机关，那么它不久就将惨败或自身变为统治者镇压革命势力的工具。中国的大众热望智利的革命政府不要在历史上成了这么一个角色。

政治的不安定，我们可以在各个内阁的不断改组中看出。在最近一个月内世界各国发生倒阁风潮的有（除智利新政府的成立不计以外）德、日、法（由于国会改选政府党失败之结果）、奥、比、希腊（接连两次），此外还有好些国家的倒阁潮正在酝酿着。这些国家的内阁更迭完全是经济危机和财政破产的结果（希腊内阁的更迭且直接受财政破产及全国罢工风潮的影响）。在这些新内阁中，法国的赫礼欧内阁算是代表"左派"势力的，但在内政方面赫礼欧对以欺骗工人、镇压殖民地革命运动为任务的社会党所提出的改良政纲都不愿接受；在外交方面，赫礼欧亦一再声明，法国外交政策不因政府更迭而有任何变动，这即是说赫礼欧亦将如泰狄欧一样对赔款问题不肯丝毫放松，对中日纠纷仍采取帮凶态度，在反苏联集团中仍起盟主的作用。如此我们不禁要问一声，赫礼欧的"左派"内阁，"左"在什么地方呢？（我们贵国政府听了赫礼欧内阁成立后却连忙派代表去朝见，我们觉得这与总理老友犬义毅内阁成立时，我国当局派人去亲善的故事可以前后辉映，可不知道要不要朝见出同一结果来。）但除了法国内阁以外，德、奥、日三国的新内阁都表示出右派的得势，和法西斯蒂运动的胜利，我们在前次已说过，法西斯蒂运动原是时代的必然产物，但近来这运动更有强大的发展。除上述三国外，法西斯蒂势力在斯堪的纳维亚半岛的丹麦、瑞典、挪威、芬兰四国，在波兰、罗马尼亚等国均有新的发展。此中，我们觉得应特别提出来的是：德、日二国的法西斯蒂运动。这次白鲁宁内阁的总辞职起因是兴登堡总统不愿签署内阁提出的"指拨一部分地主田产给失业者垦殖"的提案，但实际上不过是表面的原因。其实，白鲁宁内阁大概在未提出这提案之前就预料到总统是不肯签字的，而且或许连白鲁宁自己也没有实施这提纲的决心，他所以故意提出这提纲的原因，不过是想借此做个内阁总辞职的借口而已，且如此可以在临下台时留个漂亮声名。白鲁宁内阁辞职的真实原因在于经济危机而引起的全国财政经济的紊乱，在于国内左右两极端势力的对峙的尖锐化以及代表极右派势力的国家社会党在各邦议会选举中之大胜利。旧的资产政党的群众鉴于现社会之日趋没落，议会制度之逐渐失去驾驭民众的力量，因此都开始对自己原来所隶属的政党产生不信任，于是他们便成了法西斯蒂党的基础。因此德国希特勒派在近两年来每次选举中都得到新的胜利。在最近的各邦会议选举中，希特勒派几乎得到了一半左右的选票。法西斯蒂势力的膨胀直接促成了白鲁宁的下台。白鲁宁内阁解散后，由保守主义的巴本出任组阁。新政府成立后首先就答应了希特勒的三项要求：（1）改选国会；（2）撤销解散该党挺进队之禁令；（3）取消新闻检查及示威行动禁令。希特勒派认为达到了这三项要求以后，在新的选举运动中一定能得到大多数的选票，于是可以以"合法"的手续握得政权。我们在目前还不能确定希特勒是否能在这次选举中夺得绝大多数的选票或能否起来组织清一色的法西斯蒂政府，但我们可断定希特勒派至少将能取得左右下届新政府的实权。然而到那时德国清一色的法西斯蒂政府或半法西斯蒂政府对于德国内部及全世界的政局将发生如何的影响呢？

许多人认为希特勒派是极端国家主义者，所以他们的主要纲领为复兴德意志帝国完全脱离凡尔赛和约的束缚等。但那个德意志帝国的"死敌"——法国帝国主义者对于希特勒派的这次大胜利却抱了极冷静的态度，反没有两年前希特勒派初次抬头时那样惊惶的情形。从这里我们就可以看到希特勒派的国家主义首领的真价值了。其实这纲领不过是一个幌子而已。希特勒派的真正任务将如一切法西斯蒂运动的任务一样，它应当是：以铁血镇压一切革命运动，并建立赤裸裸的财政资本的独裁政治。所以希特勒派的胜利应当是造成德国左右两极端势力的正面冲突的局面。同时这或许就是全世界革命势力和反革命势力肉搏之开始。

日本犬养毅首相之被刺及齐藤内阁之成立亦是在同一背景上发生的。日本对于世界市场的依赖比任何一国都要深切，所以它受世界经济危机的影响比任何一国都要严重。农业在日本国民经济中仍占极重要的地位，但大部分贫农是完全处于破产地位的，因此近年来到处都发生农民的骚动。同时工人罢工运动也到处爆发。日本财阀、军阀们本想借占领满洲及出兵上海等来缓和国内气氛，但结果不仅没有像他们所想象的那样圆满，而且反使本国财政更加紊乱。日本两大资产政党（民政党和政友会）成了三井、三菱两大财阀暗斗的工具，这更增加了一般民众对现制度及资产政党的仇视心。政治暗杀层出不穷。社会上所谓"危险思想"（共产主义思想）到处风行。同时，也如其他各国一样，与此对立的法西斯蒂主义也应时而生。于是就发生了二三十个军官暗杀首相犬义毅、捣毁警察署等政府机关的事变。国本社等军阀团体领导下的法西斯蒂运动因此成了一种不可轻视的势力。他们要求建立强有力的政府来对付国内外的复杂的事变，以便更忠实地维持财政资本的独裁。犬义毅内阁倒台后，经过了元老军阀们的长期磋商成立了以齐藤为首的所谓"超然内阁"。虽说是"超然"，其实却完全受军阀法西斯蒂团体的意志所左右。新政府的对外政策当然将更坚决地侵略东三省。首相甚至宣言如国联将干涉日本对满洲的政策，则不惜退出国联。此外，因新政府之成立，日、苏及日、美的冲突也必然将更加尖锐。新政府的对内政策在于如何安定濒于破产的社会经济。我们已说过，农业在日本国民经济中占极大地位，而日本帝国军队的士兵和下级官佐大多亦出身农家，所以如果新政府不能挽回农家破产，那么不仅将动摇全国国民经济，而且将动摇日本海陆军的军心，动摇帝国的支持者。因此新政府上台后，一方面裁汰大批政务人员，节省政费以挽救将破产的财政，另一方面马上颁布农村救济方案以信用借款救济农民，兴办大规模的工程以吸收失业工人。但所说的这些借款不仅是杯水车薪无济大事，而且这种借款也只有有信用的地主及富农可以拿得到，至于一般贫苦农民是没法得到的。至于所办的什么建筑工程等更不足以吸收广大失业群众。这些把戏是美国在一两年前（危机开始时）早已实行过的，而且当时美国的财力比现下的日本要雄厚好几倍。但这些把戏实行的结果，除了危机加深以外，又得到些什么呢？从此我们亦可以料到日本新政府的农村救济的前途了。

1932 年 6 月 14 日

计划经济和市场经济

——两种相互排斥的经济原则

离今四年以前,关于"五年计划"的故事成了各国新闻纸上的笑料,被当作布尔什维克乌托邦主义者的梦呓。当时有一位德国教授曾说过:"其实就是能完成'五年计划'的 1/40 亦已经是一种了不起的奇迹,然而这完全是一个乌托邦呀!"但在嘲笑和蔑视的环境下,"五年计划"终究被完成了,而且完成的时间较预定的还早了半年,完成的程度较预定的更超过了许多。"五年计划"这名称再不成为被笑话的对象了。它现在鼓舞了千百万大众,惊倒了许多虎视眈眈的野心家。计划经济已被纳入经济科学的研究领域,成为它的新的一系。同时,"计划经济"这四个字亦成了一个时髦名词。

然而计划经济到底是怎么一回事呢?它有什么特点?它是某一种社会制度的特产,抑或是在任何社会中都可以存在的呢?本文的任务便是企图解答这些问题。

一卷六号的《申报月刊》上载有樊仲云教授翻译的,日本向井鹿松氏的一篇关于"资本主义和计划经济"的论文。他的这篇文章,实际上,是当今"在朝"经济学对本问题的代表思想。向井鹿松氏在他的这篇文章中,经过许多曲曲弯弯的解释,目的在说明下列几点。

---

* 本文署名孙宝山,原载《中华月报》,1933,1(2)。

（1）"计划经济和市场经济并不是互相排斥的经济原则，……并且二者是相对相交的同时存在着"的。譬如在每一个工厂和作坊的内部存在着统一的意志的领导。在那里一切事业之经营完全在厂主经理和工程师的指挥下进行着，这就是计划经济。但另一方面，在各工厂和作坊之间，即整个国民经济，则由市场为之联络，受市场价格的无政府状态之支配，此即市场经济，因此"从对封锁的国内经济一直转移到近世的市场经济，其间不能有一定的划分"。

（2）计划经济"有其自身的限界，若超过此限界，其经济便为不合理的"。虽则资本主义的经济无政府地无计划地活动着，"其间势必要发生冲突和无益的浪费……但若把这样大的组织（指整个国民经济——宝山注）加以计划经济化，就其不合理来加比较（即与资本主义无政府状态的生产相比较——宝山注）则尚算是合理的"。向井鹿松氏认为计划经济之所以不能施于全社会即计划经济之限界，"乃是人之组织力和其技术尚未达到能包括全国民经济的程度的缘故"。

（3）苏联军事共产主义（1918—1921年）之废除是表示"无市场之计划经济的试验及其失败"。以后苏联经过新经济政策的准备，经过无产阶级的数年努力，在计划经济的实施上，虽然有许多新的成功，但"这些成功是暂时的，其组织对象尚未普及于经济生活的全部"。而根据理论上的推测，可以断定"严格意义的计划经济"即包括经济生活的全体，连个人消费亦在内的计划经济是不可能的。"今后能做到的计划经济乃是一切重要产业之统综合的计划制，而且在这上面市场经济虽局限混缩至若何程度，然而它的命脉恐怕还是全般地永久维持着。"

这里，最使人不能同意的是向井鹿松氏对计划经济所下的定义。他所了解的"计划经济"不是指整个社会经济制度，而是这种制度的雏形或胚胎。他认为凡是存在人类意志的统治的地方，不论它的范围的大小，都可以称为计划经济。因此，那种作坊主领导下的手工业作坊的生产，或工厂主和工程师领导下的现代工厂的生产，在向井鹿松氏看来，都成了存在计划经济的佐证。其实，如果我们这样来了解计划经济，那正不必有了手工业作坊或现代工厂才能说计划经济之存在。因为就是当不存在这些手工业作坊或现代工厂的时候，每个单独的手工业者或农民在每一年每一月，甚至每一天的开始，对于自己在这时期内所应做的事业亦必定有一番考虑（即计划）的，虽则他们的总的经济结构可以完全为无计划无政府的状态所统治着。

固然，那种以工厂（或手工业作坊）内部的打桩工为基础的计划经济已经是全社会的计划经济的雏形了，因为全社会的计划经济之实现就是在于这种技术分工之扩大，在于那种以交换为联络的社会分工之消减。但这恰如中世纪的封建社会中，已经存在近代资本主义工厂的雏形（例如以取得利润为目的的手工业作坊）而我们不能把中世纪的封建社会认作资本主义社会一样，我们亦绝不能把包含计划经济的雏形的现代资本主义的制度就当作计划经济。

其实，这种计划经济的雏形早已越出了手工业作坊或工厂的范围。在现代资本主义社会中，财政资本把许多属于同一的或不同的生产部门的企业集中在一个垄断组织（托拉斯、康采仑等）的管理下。这垄断组织之下的各个企业，宛如每个企业之内的各个部门一样，一切事业之进行完全受总董事会（即少数财政资本家）的支配。例如当瑞典的火柴大王克鲁格未死的时候，他每年要和他所雇用的经济专家们为他的火柴托拉斯制定一个本年度的营业大纲。他们首先应该预计到这一年内世界市场将能销售多少火柴，而这数量之中有多少将为他的竞争者夺去。然后他将根据这估算命令他的火柴工厂在本年内生产多少的火柴，他的森林应砍伐多少木材，他的矿山和化学工厂应供给多少的磷和硫黄，他的轮船公司应预备多少船只以运载所生产的火柴及其原料,他的银行应预备多少现款以接济这些企业的流通资本,除此以外,更应预备多少现款以从事投机事业,或用以借给外国政府以换取火柴的专卖权。总之,凡是火柴托拉斯之下的一切企业如何进行它的事业将完全按照一个总的计划进行着。如果照向井鹿松氏的说法,那么这便是更巨大的一个计划经济了。但我们便说瑞典的经济制度是计划经济制度吗?那是谁亦不会赞同的。虽则在每个资本主义国家类似的垄断资本的组织都有几十个,但它们的总和在整个国民经济的海洋中,在经济计划化的意义上所占的地位比沧海之一粟大不了多少。因为在每个垄断组织的内部,虽则完全为意志和计划的统治,但在它们相互之间,在农村中,在整个国民经济中,仍为无政府状态的市场经济所统治着。每个企业,或每个垄断组织的内部的计划和单层的统治,非但不能减弱市场经济的无政府生产的势力,而且反因之而使得后者的破坏力更加凶猛了(这在此次经济危机的深刻和久长中可以看到)。反之,市场经济中的一切变化(繁荣或危机)处处影响到了每个托拉斯或康采仑的本身(单个工厂更不用说了)。目前,在欧美各国不是有许多大规模的资本主义企业因受经济危机的影响而倒闭或停工了吗?这次经济危机之降临,对于各国的资本家和经济学者不是好像晴天霹雳一样地突如其来吗?这些事实都告诉我们:在资本主义制度下,单个企业以至于多数企业的计划经营对于整个国民经济的计划来说作用是多么渺小呀!

当然,现代的大规模的工厂生产对于计划经济的建立是一个正号而不是负号。在某种同一的社会条件下,从市场经济转变为计划经济,在产业发达的国家,比在产业落后的国家必然要容易实现。但是这正和一切有机体的消长一样,在每个旧的有机体中,都已经包含着新的有机体的细胞了;然而当新的有机体尚未长成的时候,我们就把那个包含新的细胞的旧的有机体当作已长成的新的有机体，那简直是大笑话了。

同时我们应指出：市场经济与计划经济是两个绝对不相融合的经济制度，是两种相互排斥的经济原则。凡是计划存在的地方，交换便随之消减，市场经济的势力便被排斥。同样，在市场经济存在的地方计划经营便无从实现。而且市场经济之存在亦正是计划经济的实力还不足以消灭前者（市场经济）的证明。这是一种矛盾的统一，亦正是向井鹿松氏所不能了解的（Dialectics）。

计划经济和市场经济

如果认清了计划经济是整个经济制度而不是它的雏形或胚胎之后，那么我们就可以很清楚地看到：在历史上，有许多社会的经济结构是建筑在计划经济原则上的。最明显的例子，便如原始共产社会和中世纪的封建领主的庄园经济（关于历史上的几个计划经济的先例，因限于篇幅不能在这里详细叙述，读者对这问题如有兴趣，请参考卢森堡著的《经济学入门》，汉译本改名《新经济学》陈寿僧译，民智书局版）。

但到底是什么东西"限界"了资本主义社会中的计划经济的雏形之长成，使它不能扩大于全社会的范围呢？换句话说，顺应潮流是计划经济的基础指什么呢？在向井鹿松氏看来，这种"限界"或基础"乃是人类之组织力和其技术"。但从历史上的许多事实中可以看出这论断是完全靠不住的。无疑义的，原始社会和封建社会的组织力和技术比托拉斯、康采仑统治的现代资本主义社会，要落后不知多少世纪呢。但前者的经济却为人类意志所统治（即计划）；而后者却全为无政府状态所统治着，在目前且为失业、破产、工厂停闭、市面不景气而闹得头晕脑涨哩。或者有人要反对说：原始社会或封建社会的经济组织是太简单了，哪里可以与巨大复杂的现代资本主义社会相比拟呢！然则我们可以举一个目前的实例来说明这一点。向井鹿松氏大概总不至于否认这个事实吧：那个引起了此次计划经济问题的讨论的"五年计划"不是产生于欧美任何一个工业发达的国家，而是产生于工业较落后的苏联呀！谁个要说美国人民或德国人民的组织力和技术不如 1928 年（五年计划的开始一年，但实际上，苏联的计划经济远在 1928 年以前就开始施行了，因为计划经济的基础是在 1917 年十月革命的那一天便建立下的——宝山注）时的苏联，那未免太蔑视德国人和美国人吧。可见计划经济的基础并不在于人类的组织力和技术方面。显然，五年计划的基础在于苏联的特殊的社会制度。我们不要忘记，十月革命后的苏联，无产阶级独裁政府已把全国重要的生产资料（包括大的工厂作坊、银行、运输机关、土地等）收归国有了。只有以这种基础才能建立起包括整个国民经济的经济计划。试问：在私有财产神圣不可侵犯的条件下，当每一个企业主拼命保持自己的"生产秘密"，使他们的竞争者不能探知自己的底细时，那么如何能够把他们团结在一个总的领导下，使他们把自己企业的情形按期报告给中央领导机关（没有下级的详细的统计报告，计划是无从规定的）并且照后者所拟定的计划去进行生产呢？但向井鹿松氏向我们预言道："资本主义的发展是准备着渐次推移于计划经济的。"同时，他又补充："今后所能做到的计划经济乃是一切重要产业向综合的计划统制。"

关于资本主义将逐渐演进为有组织的经济制度而原有的无政府生产状态将逐渐消灭的论调（即有组织的资本主义论），在读者们想来不是第一次听见了。这理论曾由德国社会民主党领袖希法亭（Rodolf Hukferding）唱之于先，有各国社会改良主义者和之于后。但目前这理论早为空前的世界经济危机打得粉碎了。被认为有组织的资本主义的基础的托拉斯、康采仑等垄断组织已被危机的怒浪倾覆了不少，其余未倾覆的亦处于今日不知明日的状态中，所以向井鹿松氏在今天还要把这个破产的理论再提出来（虽在另一种方式下，即在计划经济的旗帜下），那未免太不聪明了。但退一万步说，即使有组织的资本主义（即"有组织的"无政府状态，或"计划的"市场经济）是可能的，所谓"重要产业的综合的计划统制"是可以实现的。那么这种"计划经济"与真正的计划经济相同的地方，或许只有名称而已。因为在资本主义制度一切生产关系不变的条件下，尤其是生产资料之占有形式不变的场合下，此种"重要产业的综合的计划统制"只不过是一个全世界（或全国）的资本家剥削大联合。一切旧的生产关系——生产资料占有者和劳力出卖者的对立，剩余价值之榨取，为利润而生产等，——非但将继续存在而且将因于这个大联合之存在而更加巩固。劳动者之解放将因敌人之坚固团结而更难实现。自然，这样的"计划经济"将不为千百万劳动大众所拥戴。但那个领导苏联工农大众实施五年计划的斯大林却说："生产计划是千百大众的活的实际行动。我们（苏联）的生产计划的现实性在于创造新生活的千百万劳动者身上。"显然，资本家大联合的"计划经济"将失去这种现实性了。同时我们可以相信，这种"计划经济"即使能够实现，其不合理处，正如向井鹿松氏所说的一样，将更甚于资本主义无政府生产的冲突和浪费。因为这将是资本主义制度的一切不合理的生产关系之无期延长，将使它的一切不合理处更加扩大。

计划经济和市场经济

关于1918年至1921年的苏联军事共产主义政策，因不在本文范围之内，不能多做解释。但这里应把一点明显的事实指出，即苏联军事共产主义的实施本来不会被认为是从市场经济"一脚跨入"计划经济的最好方法，而是为应付内战的环境所不得不采用的政策。但无疑义的，苏联计划经济的基础是在这时候奠定了（大工厂、交通运输机关、银行、土地等收为公有）。

当苏联推行计划经济的时候，农民手工业者等独立的小生产者的私人经济会成为一种最严重的障碍。但在目前，农民经济的绝大多数已团结在集体农场中，许多手工业者已加入了劳动组合，即是说苏联国民经济中最难统制的小私有经济亦已经为计划经济的势力所包括了。现今在苏联境内，一方面，计划经济的势力步步进展着；另一方面，市场经济的范围到处缩小着，而如今且已开始放弃了它的最后的根据地而趋于完全消灭了。在苏联的国内贸易方面，大的"交易"全是国营企业之间的生产品的互换。在这里，货币不过是一种计算工具，它与市场经济中的商品流通工具的货币已经是性质完全不同的东西了。至于零卖商业，一则因商品之供给者全为国营企业，二则因全国商业网几乎握在国营商业机关和合作社的手里，所以亦完全受计划的统制。因此这与市场经济下的商业已具有完全不同的性质了。但苏联为发展国内工业必须向先进资本主义国家购入许多机器和其他生产资料。同时，为支付这些输入品的价值，又必须输出一定量的本国产品以抵偿。在这里，一方面虽站着垄断全国对外贸易的苏维埃政府，但在另一方面，却站着无数生存于市场经济条件下的外国资本家。因此苏联的国外贸易便免不了要受到资本主义世界的市场经济的牵制。这或许便是市场经济对计划化的苏联国民经济的最后的抗峙了。然而这种抗峙之制服已非苏联自身的努力所可达到的了。但就是这种抗峙——市场经济对苏联国民经济的最后的影响——亦将随着苏联之工业化而逐渐减弱，虽则苏联对外贸易的绝对量或将继续增长着。

向井鹿松氏认为计划经济所难统制的乃是个人的消费。站在资本主义的立场上，这句话是绝对正确的。在那里，连以大工业为基础的生产尚不能计划化，那么以个人为基础的消费自然更说不上任何计划统制了。但在另一种条件下，当全国的生产和消费已在一个总的组织的管理下，当全国的生产力人口的多寡已有了精确的统计的时候，要知道每年全国需要多少粮食、多少衣服用具等，当然不是不可能的事情。

向井鹿松氏关于计划经济的论点已被逐项驳复过了。但对于计划经济抱同样观点的绝不止向井鹿松氏一个人，而且类似的言论在最近的出版界中几乎成为最普遍的现象。为什么各国出版界对计划经济问题如此注意，且会得出这样一个相类似的结论呢？

这原因便是世界经济危机之扩大和苏联五年计划之成功这两种相反的事实对照之下，所造成的各国人民对现存经济制度之普遍的怀疑。合众国总统胡佛失望地说道："提倡国民经济计划化的运动发展得非常迅速，因为民众是被苏维埃五年计划的思想所传染了。"卡温茨教授对五年计划的思想的解释中有一段说："它（苏联）向西欧各国和合众国的人民挑战了。这次挑战或许是历史中最厉害的一次挑战，但这不是共产国际发起的，不是红军或'格贝乌'（国家政治侦缉局）发起的，如各国大部分人民的幼稚的想象一样，而是国家计划委员会所发起的。"因此真如德国两位经济学教授，勃劳温和吕克司所说的一样："对西方社会这是非常重要的，即马上应该规定：在这个新的经济制度（指计划经济制度——宝山注）中，有许多特点是应该从共产社会中移植到未来的西方资本主义社会中来的。"换句话说，各国的实业家、银行家和"在朝的"经济学者都"愿意"有一个不经过革命、不推翻旧制度的"计划经济"。他们想废除无政府状态的生产，但不愿意得罪资本家们；他们想防止危机，但同时要尊重资本主义的社会制度及私有财产之神圣不可侵犯。他们的目的想叫那些对现制度发生了怀疑的人们相信资本主义社会是最好的社会制度，它只要经过几次改善便能成为合理的计划经济制度。一切文章都是在这总题目之下发挥的。

一位美国经济学者说："美国的问题就在于如何实现不经过革命的计划化。这是一桩难事，但不是不可能的。"然而这真是可能的吗？每一个读者对于计划经济的实质有了一个概念之后，就能解答这个问题了。

应该结束了，在末了，另外有一段关于玫瑰花的评语，作为本文的总结。

玫瑰花是可爱的，它有鲜艳的颜色，有甜蜜的香味，它会陶

计划经济和市场经济

醉无数青年人的心灵。他们给了它各色各样的称誉。但亦有一部分人是不爱，甚至厌恶玫瑰花的，他们说：玫瑰花的味儿太恼人了，而它的血一般红的颜色是太怕人了。人们的审美观本是不同的，如果对玫瑰花产生了这样不同的两种评语亦不足以使我们大惊小怪。但有一种人对玫瑰花却有一种特殊的见解，他们说：玫瑰花是可爱的，只可惜长满了触人的木刺。倘使美丽的玫瑰花能开在青嫩光滑的牡丹花的枝干上，那就多么美满呀！这些人希望着一枝没刺的玫瑰花。他们表面上虽是在赞美玫瑰花，但实际上是侮辱了它。他们之所以要如此说，或许是因为自知直截了当地说玫瑰花不好未免太不聪明的缘故吧。

商业资本的本质问题

一、商业资本曾否建立过自己的特殊的社会形态

许多人常以"商业资本时代"这术语来称呼前资本主义时代。例如，波克达诺夫所说的"商业资本主义生产"差不多就是指某种特殊的生产方式而言；他所说的"商业资本时代"是以君主专制政体为其政治组织的代表的。有好些人认为，革命前的和现代的中国是商业高利贷资本所统治的国家。

因此，我们先必须要阐明这一问题：商业高利贷资本曾否建立自己的特殊的（即异于其他各种社会形态的）社会形态；并且一般而论，这个商业高利贷资本在各种前资本主义社会形态中，到底起了些什么作用。

由前一个问题的本身就可以看出，它的答案是否定的。任何社会形态，都是由生产方式和生产关系决定的。不论是商业资本亦好，抑或是高利贷资本亦好，都不能建立自己的生产方式。

商人资本或商业资本的两种形态（商品商业资本或货币商业资本），以及高利贷资本既不创造价值，更不创造剩余价值，而只是助成价值和剩余价值之兑现。"高利贷和商业剥削了某个生

---

* 本文署名 Dubrovsky 原著，席矩节译，原载《中国农村》，1935，1（5）。原题名《商业资本底本质问题》。

产方式,而没有创造这生产方式;高利贷和商业对于生产方式的关系只是外表的。"

"高利贷资本具有资本所特有的剥削方式,但不具有它所特有的生产方式。"而且,高利贷资本和商业资本的独立存在非但不能创造自己的生产方式,而且它自身都是在其他独立的生产社会形式之基础上形成的。"资本以商人资本的形式独立地并普遍地发展着;这等于生产之不受制于资本,即等于资本的发展是以离它而独立存在的,其他生产社会形式为基础的。"

这便是前资本主义生产和资本主义生产的基本差别。在资本主义的生产方式下,"生产过程完全是建立在流通中的,而流通又只是生产的一个段落——一个过渡形态;只是当作商品制造的那些生产品之兑现,只是制造生产品的各种原素(这些原素亦是当作商品制造的)的恢复。直接从流通中产生出来的资本形式——商业资本——在这里只是资本在自己的再生产过程中的各种形式之一种而已"。

在前资本主义社会中,情形是完全不同的。"独立的商人的财富是资本的主要形式;这是流通过程离开了两端的分子而独立存在,而这两端的分子便是互相作商品交换的生产者自身。这两端的分子对于流通过程保持着独立地位。而这流通过程对于两端的分子同样亦保持着独立,在这里,生产品全靠商业才成为商品。在本场合中,使生产品成为商品形式的原因完全是商业,而不是商品生产。"

商人资本是在别种基础上发达起来的,是在他种社会生产形式的基础上发达起来的。这事实就足以证实,为什么"货币和商品的流通可以为各种最不同的经济团体的生产领域服务,虽则这些经济团体的内部机构是仍以使用价值之生产为其主要宗旨。这种流通过程之独立存在(在这场合,各生产领域是借第三份子之介绍而联合起来的)显示出两重局面:第一,它显示出流通还不曾占有生产；第二，它显示出，生产过程还不曾领有流通，还不曾使后者成为自身的一环"。

商人资本只有在前资本主义社会中才能独立地存在着。商人资本的独立的普遍的发展是以其他种（离它而独立的）生产社会形式为基础的。正因为这缘故，所以使得商人资本能够为"各种最不同的经济团体的生产领域"服务。

商业资本的本质问题

在任何生产方式的基础上，商业足以助进剩余生产品之创造（这剩余生产品是用以作为商品交换的），以便增进生产者的需要和财富（这里的生产者应该就是生产品的所有者。）所以它（商业）逐渐使得生产成为以交换价值为目的的生产。

因为商业资本已成了资本的独立的主要的发展方式，它可以建立在"任何生产方式"的基础上，所以商业资本不只是专门与某一生产方式发生关系。它可以与奴隶制生产发生关系，可以与封建制生产发生关系，可以与农奴制生产发生关系，亦可以与小商品生产制度发生关系，因为这缘故，所以商人和高利贷者好像是生存于"生产的毛孔中，如快乐之神生存于宇宙间的空间一样"。

因为商业高利贷资本甚至往往会同上古的前资本主义社会形态结合在一起的，所以它们常被称为"洪荒前的资本形式"。"生利资本（若以它的旧有的形式来称呼它即为高利贷资本）和它的孪生姊妹——商人资本，都是洪荒前的资本形式。它们的发生是远在资本主义生产方式出生之前，它们生存在各种不同的社会经济形态中。"

在新时代中，商业资本是原始积累的英雄，是新大陆诸国中殖民地、半殖民地掠夺之英雄。

从上述商业资本与高利贷资本的学说中可以看出，把前资本主义制度称为商业资本时代是完全错误的。并且在事实上，如果我们说：在中国，有商业高利贷资本统治着，那么这句话等于什么也不曾说。这既不曾说明生产方式,当然更不曾说明阶级关系。

二、商业资本和国家政权的形式

不用说,国家是生产手段占有者,对于直接生产者的统治形式。既然在商业高利贷资本之下——不论是农奴制经济,是奴隶制经济,抑(或)是封建经济——这些生产形式并不受商业高利贷资本之决定,那在生产中发号施令的人便绝不是商人或高利贷者。这种发号施令的人,在奴隶经济中是奴隶主,在封建经济中是封建主,在农奴经济中是农奴主,而在资本主义经济中便是资本家。

在奴隶的、封建的或农奴的生产方式中,奴隶主、封建诸侯和农奴主们根本就不允许商人资本接近直接生产者。在这种社会形态中,商人资本的职能仅限于商品交换中买卖双方的媒介而已。"所以,它(商人资本——译者)只为商品交换服务;但这种商品交换在开始的时候,绝不能简单地把它当作直接生产者之间的商品交换。在奴隶制关系之下,总之,凡是以课征贡税为基础的各种社会关系之下(因这里是指原始公社而言),占有并出卖商品的是奴隶主,是封建诸侯,是征收贡税的国家。"正因为他们是支配直接生产者的人物,所以统治权是被握在他们的手中,而不是属于商业资本。因此,关于商业资本的独裁政治的论据是不真确的。

个别的奴隶主,个别的封建诸侯和个别的农奴主人就是商品的出卖者,而同样地,他们亦就是商品的购买者,即是说,他们——尤其是他们中间的上层分子——往往就是自己国度内的"头等的商人"。但这是非常明白的:他们并不是以商人——即交换过程中的中间人——的资格来支配国家,而是以生产资料的直接占有者的资格来支配国家的。他们是生产过程中，直接生产者的统治者，他们仅以这点资格来支配一切。所以"这些头等商人"所创造的国家制度并不曾因他们的统治而沾染到任何商人气味。这政权仍旧是生产领域内榨取剩余生产品的阶级对于被榨取阶级的统治机关；这政权仍旧保持着这种统治机关的一切特征。在农奴经济时代所存在的并不是商业资本的政权，而是农奴主的政权，是农奴主的独裁政治；而在封建生产方式时代便是封建诸侯的独裁政治。

这一条原则只有一个例外，这便是上古时代和欧洲中世纪时代的商业城市，这是一种纯粹的商人"国家"。

但是，当社会发展在商业方面和一般的经济关系方面还处于较低级的阶段时候，才有商业城市存在。"商人资本的独立发展是与资本主义生产的发展程度成反比例的。这定律在威尼斯人（Venice）、热那亚人（Genoa）、荷兰人等民族的中间人贸易（carying trade）的发展史中表现得最为清楚。在这种场合下，主要的利益并非是由于自国生产品的输出中得来的，而是因为做其他社会的——那些在商业上和一般的经济关系上都很落后的社会的——生产品交换之中间人而得来的，是由于剥削其他国度的生产而得来的。在本场合下，我们所说的便是纯粹的商人资本，这种商人资本已经脱离了资本流转公式（这公式便是：商品——货币——商品。）的两端而独立存在，而它自身便是这两端之间的中间人。这是形成这资本的主要原因。但这种中间人贸易的垄断以及这种贸易之本身，将随着那些受到它的两方面的剥削的各民族的自身之经济发展而逐渐衰落。因为这种中间人贸易是以这些民族之经济落后为其生存基础的。中间人贸易的衰落不仅是特殊贸易部门之衰落，而且是那些纯粹的贸易民族的统治之衰落，亦就是这些民族贸易财富之衰落。因为这种财富是以这种中间人贸易为基础的。"

属于这种纯粹的商业资本的统治的范畴内的,有腓尼基的诸城;有俄罗斯封建时代的诸俄罗斯自由市;有德意志的汉撒市(HanseTowns,现译"汉萨市",下同);有威尼斯、热那亚和佛罗棱萨(Florence,现译"佛罗伦萨",下同)等。这些确实是商人的城市,是商业资本的国家,它们不仅是商人统治城市手工业之机关,而且是商人与当时的社会的其他阶级(特别是封建诸侯阶级),争夺剩余生产品的斗争形式。

殖民地经济的第一个阶段亦是属于商人资本的统治,"一般的殖民地经济,特别是旧的荷兰东印度公司的经济便是商业资本在直接支配生产的地方如何经营事业的实例。"

但是在前所引证的文章中就已说明,这种纯粹形式的商人资本的衰落是与那些"受到它的两方面的剥削的各民族的自身之经济发展"有密切关系的。因为这种商人资本是以这些民族的经济不发展为基础的。但是在较晚近的时代,即在工业资本的发达时代,商业资本的作用衰退,只有看作是"反映资本主义生产的发展过程中,商业资本受制于工业资本的一种特殊形式"。

但是,在德意志的都市联盟如汉撒和史惠比亚(Swabia,现译"斯瓦比亚",下同)都市联盟之灭亡时,在俄罗斯自由都市之被征服时,有一个奇异的特征:即这些城市并不是被工业资本或工业资本的国家所排挤掉的,而是被农奴主的国家所排挤掉的。这些实例告诉我们:商业的继续发展,它之侵入农奴经济的各个孔隙,以及封建经济中原有的各个独立细胞之间的关系之密切化(这个密切化完全是商业和商业资本发达的结果。)非但不能增强商人的政权,非但不足以使农奴主国家接受商人资本的统治,而且相反地,商业资本所统治的各个都市的"绿洲"反被农奴制度所破坏了。自由的商业都市被治于农奴主专制政治的国家。统治交换领域的商业资本为统治生产领域的阶级所支配。

所以这是很明白的:商业资本在前资本主义时代,既不曾建立自己的生产方式，亦不曾建立自己向直接生产者榨取剩余劳动的任何特殊形式，它更不曾建立自己的国家政权的形式。但是它在各种前资本主义的社会形态中，好像士敏土一般，曾起了非常大的胶黏作用。

三、商业资本和高利贷资本在前资本主义社会形态之被替代中所起的作用

在前面，我们就已指出，要使商业资本和高利贷资本能够存在。"至少有一部分生产品应该变为商品，而且随着商业贸易之发生，货币应该发挥它的各种不同的职能。"正因为这缘故，所以在宗法氏族社会中便已经逐渐地形成了交换，这交换便分解了宗法社会，使民族公社中分出了一部分封建诸侯。后者便开始搜括剩余生产品，这剩余生产品的一部分便变成商品，以交换奢侈品和其他物件。

封建社会的发展过程是与商业资本的发展过程直接相联的。在封建时代，特别是在欧洲的中世纪时代，所有的都市就是在商业资本之发展的基础上建立起来的。我们已经说过，在某些场合中，商业资本且曾纯粹地统治了这些都市。

倘使在封建社会的第一个发展阶段中，商业资本的发展增进了封建诸侯们的财富的积累，巩固了他们的势力；那么在第二个阶段中，商业资本和高利资贷本的发展便促成了封建诸侯的政权的崩溃，促成了独立的农民等级的解体，使旧的封建诸侯阶级中，长成了新的农奴主阶级。而另一方面，使原来独立自由的农民变成了被束缚的农奴。

只有以商业资本和高利贷资本的发展为基础，才能了解封建制度转变为农奴制度的基本原因。

独立的农民生产者的自然性的经济是代表封建时代的特征；

但商业资本和高利贷资本可以促成这种自然经济的崩溃。就在商业资本和高利贷资本的发展的基础上,土地便集中到新兴的农奴主阶级的手中去,这些土地是由他们从乡村公社处侵夺来的。同时,在这发展的基础上,财富亦逐渐集中起来,农奴主们以这财富为基础便去束缚农民,且使后者逐年变为农奴。所以这是不足为奇的,在封建制度过渡为农奴制度的那个时代有一个特殊的象征。这便是货币关系之发展(就个别时代的水平而言)和货币贡税之增多;由实物地租和局部的力役地租转变为近乎自由雇佣劳动的制度,这就是代表那个时代的一种特征。在法兰西、英吉利和其他许多国度中,当农民战争的前夜(即是在过渡入农奴制度的前夜),都发生过这种转变的现象。

被商业资本和高利贷资本破产掉的农民们不得不向地主们求救,向后者借贷牲口和耕地等(或者借了钱自己去购买)。这种高利的借贷就足以束缚农民,且使他们逐渐地变为农奴。从封建制度转为农奴制度的这个转变是为商业资本和高利贷资本的发展所引起的。

例如,在近代东方各国的乡村中,商业资本和高利贷资本仍旧很猖獗地发达着。这种发展是与农民的前资本主义的(封建的或农奴的)被剥削形式密切相联着。在本场合下,商业资本和高利贷资本并不与半封建的半农奴的经济相抵触,并且反而成了后者的坚固的基础。农奴制度的发展亦与商业资本的进展密切相联的,即商品经济之继续发展,特别是农奴经济的生产品输往范围较广的市场去以后,结果除了农奴制度的恐怖景象以外,更加上一幅闻所未闻的劳动剥削之残暴景象。随着商业资本的发展,对于奴隶劳动和农奴劳动的剥削更加凶猛了。这种剥削的增强不免促成这些前资本主义生产方式之被否定;推动它们转入资本主义的生产方式。这样亦就是促成商业资本和高利贷资本的独立生存之被否定。

但是，商业资本和高利贷资本并非在任何场合中、在任何社会形态中，都能促成社会形态之转变的。要使商业资本或高利贷资本能够促成某一种生产方式过渡为资本主义的生产方式，还必须要存在产生资本主义生产方式的其他一切条件。

"在一切前资本主义的生产方式中，高利贷只起了相当的革命的作用，只因为他们（高利贷者）是破坏并消灭了财产制度；而全国的政治机构是以这种财产制度为基础的，是建筑在这种财产制度的同一形式之不断再生产之上的。亚细亚形式的高利贷可以很悠久地存在着，同时不引起任何变故，除了经济的衰落和政治的腐败以外。只有资本主义生产方式的其他条件都已存在的场合中，高利贷者才能成为创造新的生产方式的一种工具；只有在这种场中，高利贷者才能一方面促成封建诸侯和小生产者的破产，另一方面促成劳动条件之集中并使之成为资本。"与此相反的情形曾发生于古代社会中，即罗马社会中，当时商业资本和高利贷资本所造成的农民破产的景象并不曾促成资本主义生产方式之建立。可是当资本主义生产方式的前提已在建立起来的时候，商业资本和高利贷资本便成了"工业资本的各种前提的建立工程中的一个重要的杠杆"。

在资本主义的生产方式与前资本主义的生产方式生长在一起的地方，如近代的东方诸社会，如中国和印度等，高利贷资本促成了小生产之破产，这样便形成了资本主义生产方式的许多前提。同样，在革命前的俄罗斯，商业资本和高利贷资本亦曾为工业资本开拓道路。

四、论商业资本和工业资本的斗争

我们常说商业资本与工业资本的斗争。但这句话是不是可以这样说的呢？当然是可以这样说的，但这只是以某种界线，以某种历史范围为限。例如，我们前面所说的那些自由都市在受到工业资本统治的时候，我们就可以直接观察到商业资本与工业资本的这种斗争。在商业资本过渡为工业资本的时代，有好几个这样的自由城市曾丧失了它的独立性。在这种场合之下，情形是很明显的，在商业资本方面，领导斗争的便是商人们自己，而在工业资本方面，便是工业资本家。同样，我们对于"商业资本和工业资本的斗争"这句话，亦可以把它了解为资产阶级内部各集团之相互斗争。

但是对于农奴制经济转入工业资本主义经济的那个过渡时代，如果说是"商业资本和工业资本的斗争"，那么这句话就未免太含糊了。因为商业并不曾建立自己的特殊的生产方式，所以就不能使人明白了解：到底是哪一个社会形态在与其他社会形态作斗争。

又如，我们说资本主义与农奴制度的斗争，那么这句话不仅是表示一定的两种生产方式的斗争，而且是某几个阶级间的斗争，即是农民们在资产阶级领导之下，反对农奴主们，建立资本主义生产方式的斗争，即所谓美利坚式的发展道路。

如果没有上面这一段补充的解释，那就会使人家发生一种错误的观念，即以为在商业资本和工业资本的斗争中，解放运动的主动者是工业资本家，而这运动的主要敌人就是商业商人资本。但实际上，这个解放运动的主动者是资产阶级领导下的农民，而这运动的直接敌人不是商业商人资本，而是地主农奴主，而且就是在农奴主政权被推翻之后，在农奴制经济的残余被铲除之后，这种商业资本在革命的第一个阶段中亦并未完全被铲除。只有与农奴制剥削系统相联的那一部分商业资本和高利贷资本是被触犯着的。

既然在民主革命的第一个阶段之后，还保存着零碎的农民生产，还保存着小生产者的经济，那么毫无疑义地，这种经济仍旧可以作为商业资本的，甚至高利贷资本的地盘。真正的，反对商业资本和高利贷资本的斗争不是发生在革命的第一个阶段，而是在第二个阶段；在这后一个阶段中，社会主义的发展已经普及整个经济，这样，不仅可以使社会主义的势力把资本驱逐出生产范围，而且可以把它驱逐出商业和高利贷的范围。

再者，应该指出：商业资本和工业资本亦并不是怎样了不起的仇敌，如许多人所想象的一样。商业资本是工业资本的直接的先驱者。我们可以找出许多文章，内容是描写收货人，即商业资本的代表，如何占据手工业者的小生产，如何建立家庭手工业的系统，以及他们自己如何由收货人而变为手工业作坊主以至于变为工厂主的经过。在农奴的或封建的生产方式转向资本主义生产方式的那个过渡阶段中，农奴制度或封建制度是代表反动的、退化的社会制度。但是商业资本在农奴制度，或封建制度，或奴隶制度转向资本主义制度的那个过渡阶段中，并不是代表退步的现象，而是代表进步的现象。因为它（商业资本）毁坏了封建的，或农奴的，或奴隶的生产方式，这样，使得新的资本主义的生产方式可以在这废基上建立起自己的根基来。

因为对于商业资本的作用有了不同的了解，所以对于农民运动亦发生了不同的估量：有的说，这是反动的；有的说，这是进步的。如果把整个前资本主义制度作为商业资本主义制度解释，那么当然，反对这进步制度的农民斗争应该是一种反动性的运动了。譬如有好些"中国通"认为太平天国革命是一种反动性的运动；他们把前面的理由亦作为他们的根据之一。

但是，倘使大家从另一方面来看，农民运动是攻击反动退步的封建农奴制度的；是铲除封建农奴制的残余，以培养商业资本以至工业资本的发育的；这样，大家就可以了解农民斗争是一种进步的运动。

商业资本既然是工业资本的直接的先驱者，所以绝不能以为在资产阶级革命（如英、法革命等）中，商人是全体一致站在封建诸侯方面的，绝不能以为商业资本是一种反动势力。当然，有许多个别的最大的垄断商人，亦如个别的最大的垄断的手工业作坊主一样，可以站在旧制度一方面的。但是整个说来，在反对旧的封建农奴制度的斗争中，商业资产阶级是与整个资产阶级一起的（当然要在资产阶级还是一种进步的势力的时候。）。

在近代的中国、印度等东方国度中，商业资本和高利贷资本是整个封建农奴制体系中不可分割的一部分；或者是那种至今还在那里统治着的，封建农奴制残余的不可分割的一部分。在这些国度中，商业资本和高利贷资本促成了农民之破产，屈服农民于地主的统治之下，并且巩固了地主们对农民的统治权。往往小的封建主们一手便包办了商人和高利贷者的职能。

商业资本和高利贷资本的作用虽是如此重大，但无论如何，决不能攫夺了封建农奴制关系所占的首席位置（即决不能把商业高利贷资本放在主要地位，而使封建农奴制居于次要地位。）。因为商业资本和高利贷资本只有在封建农奴制关系的基础上才能发达起来。

有好些人以为在中国、印度和其他等国度，是商业高利贷制度的统治；但同时他们并未告诉我们，这个商业高利贷资本到底是与哪一种生产方式相联的。他们的这种见解实际上仅足以模糊了农民们的实际的被剥削情况；即是模糊了农民们被土地所有者（一部分即是封建主）所剥削的情况。此外，关于商业高利资本统治的这种不正确的见解，足以完全模糊了农民革命的性质。

封建制度的本质问题[*]

一、对于封建制度的几个无根据的定义

好些人对于封建制度所下的定义，总是疏忽了这制度的生产方式和生产关系。差不多所有的定义都只是指出了外表的，连非辩证唯物论者都看得到的，上层建筑方面的现象；而完全忽视了生产方面的现象。近代的历史科学普通（遍）认为封建制度的基本特征，第一是大规模的土地所有制；第二是土地所有与政权的联系。普通总认为在封建社会中，土地所有者必定是某种程度之君主，而君主又必定是很大的土地所有者。例如，维诺猗拉独夫认为这就是封建制度的基础。他写道："封建制度的特点，是在于政治关系之带有地域色彩，和土地关系之带有政治色彩。"

普通认为封建制度的第三个特征是土地私有权之相对性（食邑制、封建制）和土地占有权（或正确些说，系土地享用权）与土地占有者（实际即封建的土地享用者）的兵役义务的连带关系。

普通认为封建制度的最后一个特征便是土地所有者和君主之间所存在的某种特殊关系，和全体土地所有者的从属制度。因为

---

[*] 本文署名 Dubrovsky 原著，席矩节译，原载《中国农村》，1935，1（6）。原题名《封建制度底本质问题》。

在每个大的土地所有主之下,有许多较小的土地所有者依附着,而在每个这样的较小土地所有者之下,又有许多更小的土地所有者依附着,这种依附关系继续连接下去,使整个系统变成了很长的一个梯形。

另外,我们再引证一位最显著的观念主义者——彼得路摄夫斯基对于封建制度的解释,彼得路摄夫斯基是反对辩证唯物论的,他完全否认封建制度与任何经济机构之相互关系。他说:"中世纪社会之所以被称为封建社会,完全根据于下面两点:第一就是国家政权所造成的特殊的社会制度(因为国家分工之需要而造成的国家诸等级的隶属系统);第二就是与上述制度密切相联的,且同在国家公法的基础上生长起来的诸社会关系。"

从彼得路摄夫斯基的观点看来,不论是自然经济的年贡制亦好,抑或是强役制亦好,在它们本身说来,都不是封建制的现象。它们是个人的和经济的土地的隶属关系的结果,是私法关系的结果。年贡制和强役制只有在下述场合之下,才能成为封建的,公法的隶属关系之标志:"如果农民之隶属于贵族府邸的主人完全是因为政治的关系,因于公众政权已由或种途径从君主手中转入这些贵族府邸主人手中,使他们成为公众政权的代表者。"我们可以看到,彼得路摄夫斯基对于卫护封建君主的政权是非常尽职的。当政权没有从君主手中转入封建诸侯们的手中的时候,不论是年贡制亦好,还是强役制亦好,"在它本身说来,都不是封建制的现象"。

在彼得路摄夫斯基的著作中,还有一段有趣的文章,亦很是以表示他对于封建制度的观念主义的解释。他在论述乡村公社和贵族府邸的时候,曾说:"随着光阴之消逝,在乡村公社和贵族府邸之间发生了某种联系,因为有了这种联系才把它们(乡村公社和贵族府邸)引入于封建关系的范围内。但此种联系之发生完全是由于贵族府邸的主人间接地或直接地从君主手中获得了统治公社的政权的缘故；他们有了这政权就可以对公社人们施行一种财政的剥削（例如，公社法庭会议所判决的罚款，公社社员因动产和田地之相互授受而缴纳的税款，以及其他各种间接的或直接的税项），并命令他们为贵族府邸做种种农事方面的或其他服役。"

彼得路摄夫斯基不曾了解封建制度和农奴制度的实质。他分不清这两种制度的差别。并且他又重唱俄罗斯的历史学者所熟知的"社会适应国家需求"的论调。彼得路摄夫斯基曾说道："造成此种结果的封建化进程亦就是社会适应国家需求的进程。自从社会分化在西欧诸野蛮国度中获得极大的成功之后，一切自由民履行国家服役（特别是军役）的旧制度就陷于破产。于是国家政权为了国家的需求，便起来组织社会；把社会编为国家诸等级的隶属系统。为了这目的，国家以各种全权赋予自由民中逐渐分裂出来的军事统治阶级，使后者可以去统治农民群众；而农民群众则渐逐脱离军事工作，以便集中力量去从事纯粹的经济工作。这就是社会适应国家需求的进程，是社会上现有的各社会集团和它的（社会的）远古的经济社会形式适应国家需求的进程，而不是这些集团或社会经济形式之破坏，亦不是社会之重新改造。封建制度是建立在原有关系之上的一个上层建筑（？）[1]。我们应该把这些关系和上层建筑严格地分别清楚。这上层建筑是一个纯粹的政治公法范畴。"

彼得路摄夫斯基把封建制度看作是纯粹的政治公法范畴，他完全没有了解封建制度的经济实质，所以在他看来，不是由于经济的统治才发生政治的统治，而反是由于政治的统治才发生经济的统治。他说："由于封建化进程的结果，在贵族府邸和乡村公社之间，建立了一种联系，这联系使贵族府邸的主人在政治上统

---

[1] 原稿如此。——编者注

治了公社，使前者对于后者获得了司法财政权，和纯粹的财政权，使前者可以要求那些在经济独立的（？）[1]公社社员履行各种经济的役务，只因这联系和由此联系发生的关系才把贵族府邸和乡村公社引入了封建关系的范围之内，只因这种联系和关系，才使中世纪的采地赋有封建的性质。"

我们从彼得路摄夫斯基所著的《封建制度和自然经济》一书中已经引证了很多话。这样的思想，在他所著的《中世纪社会国家历史概论》和瓦特带来之《暴动》的两部书中，可以找到更多的佐证。这两本书中所搜集的材料是很宝贵的，他对于国家的概念（国家有决定一切的作用）亦在这里充分发挥尽了。以后我们将再从彼得路摄夫斯基的那两部著作中引证几段文章。在那些文章中，他以观念论的眼光描写地主和农民的关系，把这关系看作是以整个国家的利益为前提的，和谐的关系，而国家则以各种责任分些给社会上各个分子。所以在他看来，国家从剥削者的组织员变成了实现社会和谐生活的超阶级的组织。彼得路摄夫斯基认为："以自己的劳动维持自己底生活和国家所设立的军人等级的生活"便是农民的责任。因此他的结语是："所以在各社会集团之间，存在一种分工；这分工是为整个政治团体之生存所必需要的。但是为要使这个国家的分工制能够更实际地保障国家的利益，必须在国家所建立的各个等级之间规定一种更密切的，在法律上更确定的联系。"

这定义主要是描写封建制度的外表的、上层建筑的和法律的那一方面。我们现在再来看，另一种以经济为出发的封建制度的定义是怎样的。以下便是波格达诺夫在所著《经济科学大纲》一书中，对封建制度所下的定义。

"封建制度的一般的经济结构如下面所述：在技术很幼稚的，

---

[1] 原稿如此。——编者注

小的农业生产的基础上（当时制造工业还没有独立起来。），建立了许多虽大却极严密的自然经济的团体，即农业公社。在公社生产的某部分，需要（？）[1]一种统一的组织者的意志，于是便产生了封建诸侯的政权，这些诸侯在生产方面和分配方面都执行一部分组织者的职能。因为需要一种范围较广的军事的合作，于是便创立一种复杂的、不稳固的宗主保护制。这种制度是以一部分诸侯对另一部分诸侯之有限的隶属为基础的。还有其他许多社会需求，已经不是军事封建的组织所可满足的了。因为这组织的性质太偏重于军事方面，同时它亦太散漫了。这些需求便由僧侣们的一般的组织者职能来满足它。这种职能同样亦不仅发生于生产范围内，而且亦发生于分配范围内。同时交换关系又补足了有组织的经济联系的空隙处，它（交换关系）在社会生活中，执行了一种虽不显明却很必要的职能。这种交换关系大部分还是邻近交换胚胎形式，但有一部分已经成为各集团之间的，甚至各国间的交换了。"

所以，根据波格达诺夫的意见，封建制度是发源于封建诸侯们在生产和分配中所尽的组织者职能，是发源于"需要一种统一的组织者的意志"。关于阶级关系和剥削形式，他根本就没有提起。

以上所引证的，各家对于封建制度的定义，有一个根本缺点，就是他们没有见到封建的生产方式，没有见到封建社会的各阶级，没有见到农民，更没有见到封建制度所特有的"从直接生产者榨取剩余劳动的专门经济形式"。这些定义关于各封建诸侯的相互关系，关于从属制度，关于封建诸侯和国家政权的关系说了许多话，但关于生产方式，关于农民和封建诸侯之间的生产关系，关于封建制度所特有的统治隶属关系，连一个字都不曾

（1）原稿如此。——编者注

提及。

这些定义疏漏了最根本的一点：封建制度与其他一切社会形态一样，是以生产方式和生产进程中的人的分配，即生产关系所决定的。

二、封建制度的实质

在前面我们已经说过，关于封建社会和农奴社会的答案，要在这社会的特殊的生产方式中，在直接生者（耕作者）和生产条件所有者（主要是土地所有者）的特殊的相互关系中探求。而代表封建制度的那种生产方式是以农业和家庭工业之结合为基础的。

到以后，我们可以看到，在农奴制的地租（那以力役为主的地租）过渡入货币地租和资本主义地租的时候，常有实物地租存在。例如，当自然物的年贡制起来代替强役制的时候，我们遇见那种从力役地租过渡为实物地租的古典形态。在这种场合之下，"实物地租是以直接生产者的较高的文化水平为前提的"，换言之，是以"他的劳动的和一般社会的高的进化阶段"为前提的。

但是在研究具体的历史的时候，则可以遇见"无尽数的，各种不同的混合体，在这些混合体里面，融合着并隐藏着各种不同的地租形式"。封建社会和农奴社会的具体研究告诉我们，往往会先从实物地租和货币地租转入力役地租，然后再复从力役地租转入实物地租（自然物的年贡制）或货币地租（货币的年贡制），最后，再转入资本主义的地租。

譬如以具体的俄国史为例。在十四世纪至十六世纪间，实物租和货币租是最通行的地租形式，力役地租只占极小的一部分。然后，随着强役制经济之发展，到十七世纪，尤其是十八世纪时，力役地租又发展起来了，而且成了通行的和最足以代表这个时代的典型的地租形式。最后，到十九世纪时，随着农奴制度的崩溃，力役地租又开始让位于实物地租和货币地租，最后复转入为资本主义的地租。

所以实物地租之本身是不足以决定封建制度的，实物地租要与某种一定的生产方式和某种一定的生产关系联在一起的时候，才能来决定封建制度。如今我们来看，实物地租与哪一种生产方式和哪一种生产关系联在一起的时候，就能成为封建制度的标志。

三、封建制的生产方式

封建的生产方式是以"农村经济和家庭工业之结合"为前提的。在封建制度之下，"农民家庭差不多完全是自给自足的。因为这种家庭是不受市场束缚的，是不为生产的变化所牵制的，是不为社会上其他部分的历史变动所牵制的"。这完全是由于自然经济的性质造成的。在与家庭工业结合在一起的，自然经济性的小农业生产制度下，"地租成为剩余价值或剩余劳动的唯一的，最通行的形式"。这种剩余劳动是直接生产者"被强迫着，白白地为了他的劳动的主要条件的所有者（土地所有者）做的"。不论这土地所有者是私人抑或是国家，都是一个样的。

在这种生产制度之下，在实物地租之下，直接生产者对土地所有者的隶属形式，没有像农奴时代那样苛刻。在农奴时代，农民都是农奴，地主们可以把他们像任何物品一样，随便买卖的。但如今，已经不必用劳动的直接形式去完成剩余劳动。因此直接生产者亦不在地主或他的代理人的直接监督之下完成这剩余劳动；反之，直接生产者应该自己负责去完成它。生产关系的驱使力代替了直接的强制力，法律的规定代替了皮鞭的笞打。剩余生产的意思就是超出直接生产者的必需消费以外的生产。这种生产

封建制度的本质问题

已在实际地属于他自己的,且为他所享用的那块土地上去完成,而不是在主人的土地上去完成。这种情形在这里已是不言而喻的通例了。

实物地租与力役地租的不同点如下:在实物地租之下,土地私有主所收的直接生产者的剩余劳动时间不是"直接拿它自身(劳动时间)的自然形式,而是拿这时间所体现的(造成的)生产品的自然形式"。

"生产者为自身而做的劳动和他为土地所有者所做的劳动,其时间上和空间上已经分不开了。"以上所言是指实物地租的纯粹形式,但实物地租亦有与力役地租结合在一起的可能,不过力役地租所占成分是极低的。

因为要同土地所有者做工常使自己的工作时常发生间断,这间断是一种很苛重的负担,常视强役制劳动之如何调度而成为或大或小的障故;但自从纯粹形式的实物地租发达以后,这样的间断便不存在了。即使因为与实物地租并立着却还保留着若干强役制的残余,那么这种间断在一年之中亦已经变为无数短促的间断了。

以下是以实物地租为特征的整个生产制度之分析。"虽则实物地租的残余可以继续生存于较发达的生产方式和生产关系中,但纯粹形式的实物地租仍旧是以自然经济为前提的:即是经营经济的各种条件全部分或大部分由该经济单位自身制造,从这经济的总生产量中直接再生产起来,直接取得代替。此外,它(纯粹形式的实物地租)更以乡村的家庭工业和农业之结合为前提;构成地租的那个剩余生产品就是这种农工业合一的家庭劳动的生产品,同时在实物地租中,多少可以参入一些工业生产品(这种情形在中世纪时代是常见到的。),但亦有全以农业本身的生产品缴纳的。在这种地租形式之下,体现剩余劳动的那个生产品地租,有时并不包括乡村家庭的全部过剩劳动。反之,生产者在这里比了在力役地租的形式下，已较为松动一些。他有时间去做过剩劳动，这劳动所制造的生产品亦与满足生产者的必需消费的劳动所制造的生产品一样，是属于生产者自身的。随着此种形式之发生，在各个直接生产者的经济地位上亦发生了极大的差异。至少亦有发生这种差异的可能性。同时又发生了另一种可能性，即此种直接生产者已有可能获得某种资料，以便自己直接去剥削他人的劳动。"

四、封建制度的基本特点

前面所引证的文章已经把封建制度的情形说得很明白了。我们已经知道，成为封建制度的基础的那个生产方式是建立在直接生产者、耕作者的自然经济之上的。在这些直接生产者的经济中，自然经济性的农业经营是与家庭手工业结合在一起的，不论是必需生产品抑或是剩余生产品都在这经济的范围内生产。剩余生产品则以实物地租的形式为地主收纳去。"生产条件（在本场合之下便是土地）的所有者与直接生产者的直接关系"——这便是真正能够揭开整个封建制度有最深奥的秘密和最深藏的基础的那把钥匙，当然这钥匙同时亦就能揭开封建制度所特有的国家形式。

普通被一般人所认为是代表封建制度的特征的那些上层建筑方面的现象，都是从封建制度所特有的这个生产方式和生产关系——直接生产者（耕作者）和土地所有者之间的关系中发生起来的。封建诸侯对于农民的统治权——与土地私有和土地享用直接相联的统治权，亦就是在这基础上生长起来的。

因为封建时代以自然经济最占优势，所以封建制度的政权是以地方分权为其特色，而土地所有者与土地享用者之间亦形成了一种特殊的关系，即所谓从属制的系统。但很显明地，这些都不过是次要的特征，而且这种次要的特征，由于各种不同的实证环境，在它的外现时可以发生各种无尽数的变形。

正因为从这观点出发，所以说封建制度是不一定要有大规模的土地私有制的。例如，东方各国，在集约耕作制之下，比了粗放耕作制的谷物经济，可以允许一种小得很多的土地私有制存在。譬如说，中国的或印度的封建主的所有土地面积，虽则比了法兰西贵族所有的要小去很多，但封建制度所特有生产方式和生产关系（土地私有主和直接生产者之间的生产关系）并不因此而变更。这些较小的印度的或中国的封建主以实物地租的形式去榨取农民的剩余劳动，是与欧洲中世纪时代贵族所采取的方法完全相同的。

关于国家政权集中与否的问题，亦是同样的。前面我们曾说过，因为封建时代的经济是自然经济，所以封建政权的特征便是地方分权制。但这一个特征亦可以因为实际环境之不同而大改其面目，甚至使这特征完全消失。

譬如，在封建时代的欧洲，在某一时期也曾建立过中央集权的国家。但这些事实并不曾根本改变农民和统治农民的土地所有主之间的生产关系，即是说，并不曾改变封建制度所特有的各种生产关系。

那种从属制度的关系（即藩属、诸侯和君主等之间的相互关系），是以各级土地私有主和土地享用者分配实物地租为基础的一种关系，而普通一般人就把这种关系认作是封建制度的典型的特征。

但是不一定要这些藩属，诸侯和君主等都直接亲自去榨取农民的实物地租。剥削农民的形式并不会因为国家自身做了土地所有者而有所变更。在这种场合之下，税捐已与地租合而为一，但生产方式和生产关系之本身都不会因此而变更，即仍旧是一个封建制度。

有许多人只是根据些次要的特征，即土地私有财产、政权与土地的关系等，来决定封建制度。显然，这种人在没有大规模的土地私有财产和没有相当的从属系统的地方是看不见封建制度的，哪怕那里是有很显明的封建生产方式和封建生产关系存在着。他们不了解封建制度的实质，因而便否认了这实质。凡是以不正确的标准来度量东方各国的，特别是中国和印度的封建制度的，都将发生这样的结果。

封建制度的本质问题

谁只根据企业的大小，只根据生产工具之个人私有，或是只根据一个政权的形式，例如根据资产阶级民主共和国的形式——即是只根据次要的特点去决定资本主义制度之是否存在，谁便犯了严重的错误。资本主义的生产方式和资本主义的生产关系的特征是雇佣劳动者和资本家的相互关系——雇佣劳动者是出卖自己劳力的工人，资本家便是占有生产资料而把它当作资本去使用的那种人；凡是辩证唯物论者，对于这解释是不会发生任何怀疑的。

同时，我们亦不管这是只雇用一个雇农的乡村富农，抑或是生产范围较广的资本主义手工业作坊；是私人主办的大规模资本主义工厂，抑或是股份公司经营的巨大的工场，即是说，我们不管这是私人资本的形式，抑或是股份公司的形式；我们不管这一切是否是发生于资产阶级的君主国家，抑或是发生于资产阶级的共和国，——总之，这些都是资本主义的生产方式和资本主义的生产关系。

在决定封建制度的时候亦是同样的：不管这土地私有主有多么大小；不管这土地私有主是直接指挥农民的，抑或是经过了政府官吏或警察的手指挥的；不管他是否系土地私有者，抑或是采地制之下的土地享用者；不管他是处于代表他意志的中央集权的国家制度下，抑或是他自己直接设立法庭以裁判农民的；总之，这些都没有决定的（主要的）的意义。倘使农民所经营的是一种与家庭工业结合在一起的自然经济性的农业，而且他们（农民）自己的一部分生产品要以实物地租的形式缴纳与那个统治着他们的剥削者——土地私有主，那么，这种关系便是封建关系。重要的是在生产方式和生产关系，即是说重要的是在阶级关系。至于土地所有和土地享用的上层建筑的现象，在它的法律形式和范围大小方面发生何种变形，土地私有者自身间的相互关系采取何形式，国家的形式如何形成，这些当然都是受现有经济基础之决定，受现有生产方式和现有阶级关系之决定，但是因为各种实证环境之不同，可以发生无数不同的变形，要了解这些变形，只有分析当时的实证环境。

五、封建制度与其他社会机构的结合

为封建制度所特有的这种农业生产方式和为它所特有的阶级生产关系常与它种社会机构相结合。同时，在封建社会中，城市及其手工业制度，和商业高利贷资本已起有极大的作用。

当我们说及封建制度的自然性（自然经济性）的时候，我们对于这自然性的了解应该是相对的。倘使在一方面是原始社会的绝对自然性的经济，另一方面是发达的资本主义社会的绝对商品性的经济（这时候连劳动力都变为商品了，一切生产都已商品化），显然，从第一个极端走向第二个极端的时候，我们必然会遇见无数不同的变化。从根本方面说，封建制度的特征，是自然经济，但这并不是否认农民的一部分剩余生产品，甚至一部分必需生产品输入市场出售的事实。同样，封建诸侯土地所有者收得实物地租以后，亦会把这地租的一部分出卖于市场，以购买奢侈品及军火等。

正是因为这缘故，实物地租是常和货币地租同时并存着的。在本场合之下，这种货币地租是一种变相的实物地租。在这里还

应该补充一句,即使与实物地租和货币地租一起,同时亦可以并存着力役地租。农民们缴纳与地主的地租虽以自然物的年贡制为主,但农民们往往同时还需要做许多劳动的服役:如修补道路、建筑教堂和修道院、盖造地主的住宅等。此外,就是乡村的手工业者亦可以是直接为地主做工的;木匠为地主盖房屋,石匠为地主筑堡垒,铁匠为地主制造各种铁器等。

封建制度的本质问题

所以,具体的封建制度是非常复杂的。它不仅是以农民和地主的相互关系为其特征。在这里亦已存在很发达的都市制度,和它的闭塞为封建制度所特有的手工业行会制度。同时,商业高利贷资本亦已有相同发展,它(商业高利贷资本)的影响主要是在城市方面,只是局部地经过了当地的市场才达及乡村经济。

正是因为这缘故,在研究封建制度的时候,除了分析农民和地主的关系以外,更要分析城市中的关系,特别是作坊主人和工匠们的关系。到以后,我们将研究,如何因于城市的发达和商业资本的发展,货币关系逐渐更厉害地侵入农村,并破坏自然经济性的封建关系,此后,这种关系或者是转生为农奴经济,或者是直接转生为资本主义经济。

所以,封建制度完全不是一个简单的原始社会。这是各种社会关系的一个复杂的混合物:这里有独立的僧侣,这亦是特种的封建诸侯,他亦同其他封建诸侯一样,向农民榨取地租;这里有商人高利贷者,有商业资本的代表;这里有行会中的许多复杂的关系,即作坊主和工匠之间的相互关系。同样,封建时代的文化亦是很复杂的,当然,由于各国的不同的环境,这文化亦可以产生各种不同的式样。

自然,在每个国度中,甚至在同一国度的各个区域中,封建制度各有其不同的特点。

在往时,历史学者只是到欧洲去找寻封建生产方式(正确些说,是找寻封建社会)。甚至,在俄罗斯,封建制度之存在与否,都成了一个争论的问题。至于在现今的历史学界，关于俄罗斯封建制度的问题，自从博克洛夫斯基的著作发表之后，在辩证唯物论者的队伍中对于俄国曾经存在过封建制度的事实已没有人再怀疑了。而且大家都已承认，俄国所存在的封建制度亦具有其他封建制度所共有的一切特征，当然俄国的封建制度同时亦具有它所特有的许多特点。

往时一般地主资产阶级的俄国历史学者公认为俄国所特有的各种特点，现在已经知道是与欧洲的社会关系很相类似的。现在已经知道，在俄国不仅存在过封建的生产方式，而且存在过适应此生产的上层建筑——在这里亦曾有过采地（封地）的制度，亦存在过封建关系的整个从属系统以及其他等。俄罗斯的土产的各种术语原来是很可以翻译为法兰西封建制度的文字的。

至于东方诸民族，只因为缺乏具体的历史分析，因为对于封建制度之了解不正确，以至于有许多人还怀疑到中国印度和其他东方国度中存在封建制度之事实。但是毫无疑义地，在细心分析之下，就可知道这些国度的社会关系，在某个时代（即为封建制度的生产关系所统治的时代），是很可以翻译为欧洲封建制度的语言的。当然，这并不是否认中国或印度的封建制度的特点（即异于西欧和俄罗斯封建制度的各种特点）。

农奴制度的本质问题

一、农奴制度的生产方式——强役制

农奴制度的基本特点，就是强役制的经济，即是力役地租式的剩余生产品之生产。关于强役制经济的定义，已包括在乌里雅诺夫的下列这一段简明的文字中："当时的经济制度的实质是这样的：每个农村经济单位的全部土地，即一份世袭的祖产，分为贵族的和农民的两部（分）；后一部分的土地便是农民所得的分有地（农民们除了这一部分土地以外，还分得其他生产手段，如森林、牲口或其他等等），农民以自己的劳动和自己的农具来耕种这一部分分有地，而从这中间获得自己的生活资料。农民劳动的这一部分生产品，若以理论政治经济学的术语来称呼它，便叫作必需生产品——这生产品对于农民是必需的，因为它给了他们（农民）以生活资料，对于地主们亦是必需的，因为它给了他们（地主）以劳动力；这与抵偿可变资本的那一部分生产品成为资本主义社会之必需生产品是完全一个样的。农民以自己的农具在地主田地中工作，便是农民的剩余劳动；这种劳动的生产品是为地主所获得的。所以在这里剩余劳动与必需劳动在空间上是划分

---

* 本文署名 Dubrovsks 原著，席矩节译，原载《中国农村》，1935，1（8）。原题名《农奴制度底本质问题》。

开的:为地主耕种贵族的土地;为自身耕种自己的分有地;每一星期的某几日是为地主耕种着,其他几日是为自己耕种着。所以在这经济制度中,农民所得的'分有地'若应用近代的观念来说明,差不多就等于自然物的工资,或者就是为地主保证劳动力的工具,农民在他的分有地上的,'自有的'经济是地主经济的一个条件,其目的不是为农民保证生活资料,而是为地主保证劳动力,这种经济制度我们称之为强役制经济。"

二、农奴制的束缚关系的作用

农民之被束缚于土地,实际上便是土地所有者(农奴主)对农民统治势力的表现,这种束缚对于农奴制的经济系统是必需的。因为这种经济系统是以超经济的强制力为基础的。力役地租的存在是以"直接生产者"占有自己的生产手段为先决条件的。可是这种条件下,"农民的剩余劳动之榨取,对于名义上的土地所有者,只有用超经济的强制手段才能达到,不管这种强制手段系采取何种形式"。

而这种超经济的强制手段是以直接生产者之不自由为先决条件的。"在任何形式下,只要生产自己的生活资料所必需的各种生产手段和劳动条件还是直接劳动者自己'占有着'的时候,财产关系一定是统治和隶属的直接关系,因此直接生产者一定是不自由者,这种不自由可以从农奴制的强役制劳动减轻而至单纯的年贡制的义务。"

这种农奴制的束缚,往往几乎变成真正的奴隶制,如在俄罗斯一样。但无论如何,农奴制和奴隶制是两个不相同的社会形态。农奴制基本特点在于农民总是分割到若干生产资料的。农民是被束缚于土地上的,是这土地的"附属品"。"这形式是与奴隶制或拓植经济不相同的,因为奴隶是依借别人的生产条件工作着的,而且不是独立工作着的。"

彼得路摄夫斯基曾断定贵族和农民之间有一种调和存在。这种话对于被束缚的或半被束缚的半独立的农民简直是一种嘲弄。他在瓦特·载莱之《暴动》一书中曾写道:"贵族府邸和农民公社之间的经济的调和亦就是两个经济自治(?)⁽¹⁾ 团体之间的调和,这两个团体之中的每一个(?)⁽²⁾都自己决定自己的经济目的。"

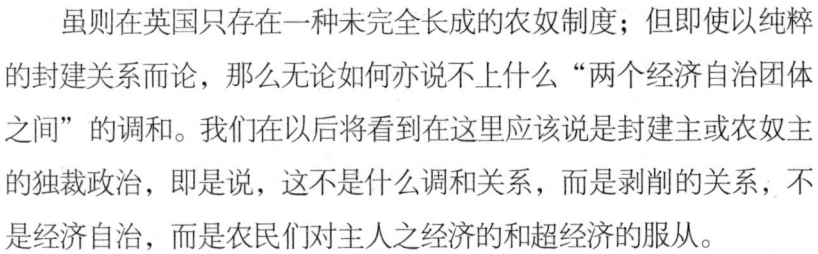

虽则在英国只存在一种未完全长成的农奴制度;但即使以纯粹的封建关系而论,那么无论如何亦说不上什么"两个经济自治团体之间"的调和。我们在以后将看到在这里应该说是封建主或农奴主的独裁政治,即是说,这不是什么调和关系,而是剥削的关系,不是经济自治,而是农民们对主人之经济的和超经济的服从。

我们对于农奴制经济已经一般分析过了,现今再来研究农奴制度所特有的土地分配情形和直接生产者(即农民)的经济组织。

三、农奴制经济中的土地所有和土地享用

每个生产制度(农奴制亦然)必定有一个它所特有的土地关系的制度(尤其是土地所有制和土地享用制),因为这就是生产关系在于财产制度中的表现。

在农奴制度中,应该存在国家或私人占有土地的制度,同时又存在直接生产者分得分有地的制度。为要使农民能够为地主制造必需生产品起见,地主便以分有地分给农民。"所以在这种经济制度中,农民分得分有地,就是一种自然品的工资(倘使我们借用近代的术语来说),或者就是为地主保证劳力的一种工具。"

每个厂主愿意尽可能地少付些工资给工人,同样每个地主亦

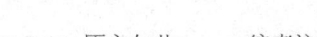

(1)(2) 原文如此。——编者注

愿意尽可能地少分些分有地给农民。因此在农奴制度中,农民的分有地有逐渐减少的趋势,随着劳动生产力的发展,农奴主想尽可能地少给一些分有地给农民,使后者少有一些必需生产品,同时使得更多的劳动力可以解放起来去从事强役制劳动,即从事剩余生产品之生产。

农民所得分有地之相对减少过程在农奴制度的末期最为显著。在整个农奴制度时代中,这种趋势使农奴主们造成了许多零细的田块,后来在农奴解放时代(实际上即是农民继续失去田地时代),田块的零细达到了最极端的程度。但是又如我们在前面已说过的一样,虽则分有地之相对减少,是农奴制时代的一般趋势,但是农民完全失去土地亦不是农奴制度(成为一定的经济系统的农奴制度)的典型现象,资本主义制度需要那种完全失去土地的无产阶级。但在农奴经济中,完全没有土地的农民家庭,只是一种例外。在农奴制度中,只有那些不与农业劳动发生联系的农奴才完全没有土地;例如贵族府邸的家奴们是完全没有土地的。为要经营强役制的农业经济起见,地主们对于新成立的每一对农民夫妇的家庭——这种家庭在俄罗斯、被称为"脚辫洛",都分给若干分有地。因为只有这样才能完成一种环境,使得在强役制之下,可以剥削此种"脚辫洛"的劳动。

因为地主所得的剩余生产品的数量是直接为强役制之下所剥削的劳动力的数量决定的(若以近代的术语来表示,即是直接为可变资本的大小所决定的。),所以地主们总愿意尽量繁殖自己的"脚辫洛",繁殖他所有的农奴人口,犹如精明的主人,愿意繁殖他的牲口一样。恰是因为这原因,地主们便订立了婚姻和家庭法等条例(如农家的成年的男女青年到了一定年龄必须娶亲或出嫁等。)。所以在农奴经济的基础上,不仅建立了这制度所特有的《婚姻法》和《家庭法》,而且还形成了一个特殊人口繁殖律。

以后我们可以看到,在俄罗斯曾利用乡村公社作为分配土地的机关，专管分配土地给每个新组成的"脚辫洛"，并收回已死亡的"脚辫洛"的土地。所以在农奴制时代，公社对于地主们好像是一个特种的土地分配者。

所以在农奴制度下，土地分配的基本特点是如是的：所有土地集中在土地所有者——地主或国家的手中，地主土地之一部分是用以组织公社，另一方面，又把一部分土地割分为许多极小块的分有地以分给农民。

地主以分有地分给农民，其目的只想使农民家庭可以在这土地之上生产必需生产品，至于剩余生产品是在地主土地上执行强役制劳动时生产的；因此在农奴制时代，形成了那种土地之"粉碎化"，形成了那种闻所未闻的所谓农业人口过剩；凡是经历过某种程度的农奴制关系的民族，这种农业人口过剩便是这民族的历史发展的某个阶段的一种特征。

所以当这民族过渡入资本主义的时候，便发生了大批农村贫民失去土地，并使这些土地集中于那些随着资本主义一同生长起来的富农们的手中。于是资本主义便走了农奴制度时代所造成的那种土地的割裂现象。

现今我们再来分析直接生产者的制度（特别是乡村公社）是如何在乡村中形成的。

农奴制度的本质问题

四、农奴制和直接生产者的组织——乡村公社

前面我们分析了封建时代和农奴制时代的直接生产者的制度，我们曾断定这是以农业和家庭手工业之结合为特征的自然经济性的制度。我们曾指出公社亦可以是这种制度之一部分。如今我们再来研究农奴制度对于直接生产者的制度发生了何种影响；即是说，在农奴制度的影响下，公社本身发生了何种变化。

我们马上可以发现，这种制度，即自足农业和家庭工业共同结合成的这个制度和它的公社组织，在农业经济的某个发展阶段上，非但不曾为农奴制度所否定，而且反成了农奴制度的一个坚固的基石。

我们暂且把原始公社放在一旁，专来研究较晚近的公社。这种较晚近的公社亦就是农民的生产组织，它在某种耕作制度下，能保证正确的轮流播种法。当农民独自耕种某一方土地的时候，它能保证农民正确地使用耕畜。但这种较晚近的公社，曾为农奴主们巧妙地利用过。当然，农奴主们不是利用这组织去保证农民的生活，而是利用这公社去建立农民经济正当的组织，以便保证强役制经济所需要的劳动力。

乌里雅诺夫在《民粹派的计划书的宝物》那篇文章中，曾指出农奴制经济与农民被束缚（被束缚于土地）的关系，曾指出农奴经济与农民公社中的等级制的闭塞风气的关系。地主们曾很巧妙地利用了乡村公社的组织：他们把公社变成了一个土地分配机关，变成了乡村中的行政机关，他们利用这公社来保证自己的庄园所需要的劳动力。此外，农奴主的政府更利用公社做财务机关，使它摊派并征收赋税和徭役。

正是由于上述原因，所以当半农奴制的经济尚未废除的时候，俄罗斯的地主们曾长期地维持这种公社组织。直到后来，资本主义的发展已破坏了公社的组织，同时地主们自己亦已急速地转向资本主义经济了（在这时候，地主所需要的已不是力役者的农民——此种力役者的农民必需要有若干分有地和最低限度的生产手段，而是雇农了。）；直到这时候，地主们才开始坚决地去破坏乡村公社，如在史道里平改革制时代所发生的一样。在殖民地和半殖民地亦往往发生相同的现象，当帝国主义者在那里开始发展资本主义的农村经济的时候，它们（帝国主义者）立刻便开始去破坏农民们的公社组织，并破坏公社的土地享用制。土地确定地成为私有财产之后，帮助乡村资本家可以顺利地去掠夺土地，因此便促进了细碎的分有地的集中，而在殖民地国家中，土地私有财产的确立，不仅是帮助了土著资产阶级去掠夺土地，而且帮助了帝国主义者去掠夺土地。

五、封建的农奴制和自由的农村经济生产者的制度

农奴制度的本质问题

被束缚的小的直接生产者的制度是与自由农民的制度不相同的，甚至与封建农民的制度都不相同的。例如，在自由农民的公社中，全部生产品，不论是必需生产品亦好，抑或是剩余生产品亦好，都是公社所自有的。在封建制度下，必需生产品和剩余生产品都是在公社内部生产，不过剩余生产品，则需以实物地租形式缴纳与土地所有者。在农奴制度下，只有必需生产品是在公社范围内生产的，至于剩余生产品是在地主的庄园中生产的。

不错，有时亦有例外的情形，即农民在公社经济的范围内，不仅可以生产必需生产品，而且还可以生产剩余生产品。但农奴们的财富，是靠传统习惯所造成的。假定依照传统习惯为土地私有主所做的强役制劳动，每一星期要占到三天，农民便在其余三天中创造必需生产品。但是由于劳动生产力的发展，使得农民在三天之内，不仅可以制造必需生产品，而且可以制造些剩余生产品，而这种剩余生产品还是因为传统的习惯未被农奴主所掠夺去。历史告诉我们，这种情形的确会发生，个别的农民有时的确会积累相当的财富，例如在俄罗斯从农奴的队伍中甚至产生了厂主的资本家。但显然的这是例外的事情。整个说来，地主们总是用尽了种种方法（不是强役制的劳动，便是各种各样的实物的或金钱的苛征），从乡村中榨取全部的剩余劳动（他们有时甚至更侵夺了一部分必需劳动）。

在农奴经济制度中，要在公社的耕作范围内制造剩余生产品，那只是一种例外，而不是经常的情形。

所以在农奴经济时代，直接生产者的制度，在外表上看来，似乎仍旧保持着旧有的一切特征，它似乎仍旧是以自然经济的农业经营和家庭工业之结合为基础的，而且往往仍旧以公社的土地享用制为基础的。但实际上，它已经发生了极重大的变化，它已变成强役制经济的附属物了。在直接生产者的经济范围内只能制造必需生产品，这必需生产品是用以保证地主经济所必需的劳动力之再生产的，至于剩余劳动是要在地主经济的范围内去生产了。

六、强役制经济中剩余生产品的生产之发展

剩余劳动的发展便是证明劳动的生产率的发展，如果在农村经济中，已经有可能使农民在三天之内，便生产必需生产品，以便在其余三天之内去生产剩余生产品，那便是证明劳动的生产率已经相当发展了。

"直接生产者应该要有充分的劳动力，同时他的劳动的自然条件（首先就是他所耕种的土地），应该相当良好，换言之，他的劳动的自然生产率应该是相当地充分，使他在必须劳动——为满足必需消费所必需的劳动——之外，还有从事剩余劳动的可能。"但"这可能性尚未能创造地租，必需再有了一种强制力之后，才能把这可能性变为事实。但这可能性本身是与主观的和客观的自然条件有连带关系的"。随后剥削者所得的剩余生产品的数量和他的财力全以劳动生产力的大小为定的。

虽则农奴经济的技术是非常落后，一般的生活程度是非常低微，但剥削者以这经济为基础，已积累了许多财富。例如，在俄罗斯，在这农奴的古典国度中，当十八世纪时农奴经济的黄金时代，财富增殖已很迅速，农奴主们已过着非常奢侈的生活，那个曾繁华一时的贵族文化就是以农奴所创造的这个剩余生产品为基

础的，这文化的遗迹有许多至今还保存着哩。

在前面曾引证过乌里雅诺夫的一段话，他认为农奴经济还是自然经济，因商品生产只是资本主义经济的特点。当然这是无条件地正确的。但只是与资本主义相较而言，若与封建制相比较，则农奴经济所生产的剩余生产品已增加很多，而且整个强制经济的货币性和商品性亦已扩大不少。

封建经济和农奴经济有一个共同的特点，即在这种经济的某一部分即农民经济的部分，是以自然经济为主的。农民所生产的生产品只有一小部分是输入市场的，这便是封建诸侯或农奴主所获得的剩余生产品之中的一部分。他们所收入的剩余生产品，有一部分就在地主的庄园内消费掉了——这部分剩余生产品是被地主家庭的无数的仆役和随从们所吃用完了。但是随着农奴劳动的生产率之发展和农奴主所收获的剩余生产品之增加，农奴主渐渐地把更多的生产品出售于市场。地主们不仅在发展农村经济，而且已开始去发展农奴制的制造工业。我们在俄罗斯的历史中，曾见过不少农奴制的矿山、手工业作坊等，这种矿山或手工业作坊完全是以农奴的劳动为基础的。这一部分农奴在工场中做工亦与其他一部分农奴在农村经济的工偿制之下做工是一个样子的。

我们在前面已说过，在封建制度中有一种特殊的现象，即在实物地租中不仅包含有农产品，而且还包含有工业生产品。到了农奴制时代，在乡村中的农民经济方面，家庭工业虽则仍旧与农业合而为一的；但在农奴主的经济中，制造工业已开始独立地存在了。这样便组成了整个农奴制经济：一方面是农奴的农村经济，另一方面便是农奴的工业。在农奴制时代，城市便是非农奴制经济的"绿洲"。城市中有自己的手工业制度；有自己的，正在发育中的，资本主义的手工业工场；有相当发达的商业资本和高利贷资本，这种商业资本和高利贷资本侵入了农奴经济的每个毛孔。

所以很显明地可以看到，农奴经济的发展与封建制度相较，前者可以说是商业资本主义的发展过程中的一个新阶段，是货币商品经济的发展过程中的新的成功。往后我们将看到，这种新的发展便是农奴经济崩溃的前提。从此，再经过了许多中间的形式，便过渡为资本主义的经济制度。

七、从封建制度到农奴制度的过渡

商业资本的发展（这发展是以生产力的增加和社会分工的增加为基础的），打破了封建的闭关自守，打破了相互隔离的许多小市场。商业资本在封建制度的范围内，以后又在农奴制的范围内，逐渐地巩固了自己资本主义的联系。由于经济中相对的商品性扩大，农奴制的强役制经济便逐渐发展，封建的生产方式亦逐渐地被消灭。于是封建式的地方分权制亦逐渐消灭，并建立了统一的中央集权的专制国家，即建立了农奴主的国家，或农奴主们的独裁政治。封建制度的一个特点，便是统治阶级内部各集团的整个从属制度，和封建诸侯的各种不同的等级，这些都须与地方分权的政治制度相适应的，但如今农奴主们已团结成为一个以专制君主为首的统一的农奴主阶级。

从封建形式的国家过渡为专制君主制度的时候，曾经发生一次残酷的斗争，这便是农奴主们（他们是在封建制度的范围内便长成的）反对封建诸侯的斗争（造成了俄罗斯依凡四世皇帝的特选亲卫兵的基础）。实际上这斗争便是新兴农奴主阶级反对旧的封建诸侯阶级的斗争。此外，在这过渡时代，更发生了全体农民反抗旧的封建诸侯和新的农奴主地主的斗争。

从封建制度过渡入农奴制度的这条界线，我们在全欧洲的历史上都可以找得出的。这一方面表现于侯爵的中央政权反对封建贵族的斗争中，另一方面表现于农民暴动和农民战争中，这种暴动或战争便是农民对于这过渡——从封建制度剥削转入农奴制剥削之过渡——的答复。

我们已经解释过,封建经济是怎样从宗法经济中生长起来的。我们已说过,劳动生产率的发展和剩余生产品的发现就是产生封建诸侯占有直接生产者的基本的生产条件,所以他们便占有了直接生产者的剩余生产品,且把它变为地租。

农奴制度的本质问题

随着剥削的继续扩大,除了实物地租以外,更产生了力役地租。倘使在以前,封建诸侯只征贡税,但如今他们更要强制农民们做某种徭役了。例如,修补道路、建筑堡塞,并为诸侯们执行各种经济工作。但是生长于封建经济范围以内的力役地租,在初时只是使农民们在诸侯经济范围内做些非经常的劳动而已。每一星期中大约只是一天的样子。随着剥削之增强,这力役地租便由每星期一天而增为两天,这还并不曾创造新的"质量"。虽则在封建制度中,既有经济的强制,同时亦有超经济的强制,但农民在形式上,还是相对地独立的,他可以从这个封建主势力范围内跑向另一个封建主的势力范围中去,封建主是没有权利可以出卖或购买农民的(在当时他只能买卖奴隶和仆役等),即使农民们从地主处取了土地和牲口,但只要他能把债务偿清,仍可以脱离地主们的(在这种场合之下,农民向另一地主借了债来还旧地主的债务)。

但是到了封建社会的第二个发展阶段,力役地租已变成了剥削农民的经常形式。地主们为增加剩余生产品的数量起见,开始逐渐地扩张自己的耕地。生产品的大部分出售于市场去了,于是这种"数量"的变化之积累已变为新的"质量"——农奴制的质量了。

生长于封建经济的怀抱中的那些直接剥削农民的旧时藩属地主们推翻了诸侯贵族的政权,他们(藩属地主们)以流血的恐怖手段消灭了很大一部分的贵族诸侯,他们建立了自己的、农奴主独裁政治式的中央政权，并完成了农民之被束缚制度。自由的或半自由的农民变成了农奴，变成了与地主的土地、地主的牲口农具等相同的一种物品，这样便形成了一个完整的农奴经济的体系。这体系有它自己的土地占有制和土地享用制，有它自己的强役制劳动的体系，并有相当复杂的经济组织。这种剥削制度的典型形式的特征如下：农民在自己田地上耕作三天以创造必需生产品（这生产品是农奴主的劳动力的再生产的条件），其余三天便在地主的田地上耕作，以创造剩余生产品，这便是强役制劳动。

八、从农奴制度到资本制度的过渡

随着经济的继续发展，地主们逐渐把向农民收来的生产品变为商品。到了这时候，地主所给予强役制经济的任务已不是"获取若干有益的生产品，而是在于剩余价值之生产"。"倘使有一个民族，它的生产还处于奴隶劳动或农奴劳动的较低级的形态中，但是它踏入了那受资本主义的生产法则支配的世界市场，而且把自己的商品出售于国外市场的事情，已成为这民族的主要利益。——在这市场合之下，除了奴隶制和农奴制的旧的悲惨景象外更加上了一层过度劳动所造成的"文明化的悲惨景象"，我们可以举美洲棉花拓植场上剥削黑奴的情形作为实例，来证明这个意见。

只有以这立场为出发点，才能了解强役制劳动日趋强度化的原因。例如，在十八世纪后半期，在俄罗斯曾发生了这种强役制劳动的强度化。俄罗斯的农奴主们开始把自己的粮食、亚麻和大麻，甚至金属生产品（这些金属生产品是农奴劳动的工场中制造的），向当时的欧洲市场出售。

但是农奴制劳动和农奴制强役劳动之强度化的结果，必然要促成强役制体系之被否定，并使农奴制度过渡为资本主义制度。

事实上，倘使地主强制农奴们做的强制劳动不是一星期三天，而要增加到一星期四天、五天，甚至六天，那就很明显地，农奴们已来不及在自己田地上生产必需生产品了，已不能使自己的劳动力再生产了。地主们便不得不从农奴们在自己的强役制经济中所制成的生产品中，提出一部分来，以自然工资的形式，支付给农奴们，作为后者的"必要生产品"。这情形在俄国便形成了所谓月给制，在这里，地主们以一种自然物的月饷支付给农奴，同时要求农奴们以全部劳动时间去做强役制劳动。

农奴制度的本质问题

很明显地，这已经是强役制的崩溃的开端了。因为从农奴的自然物工资进化到自由雇佣劳动者的货币工资相差只有一步路的程度了。所以由于生产的扩展和商品经济的扩展，由于农奴制生产关系的继续发展，必然的要促成农奴制的消减并形成自由雇佣劳动的发展。而且事实上，各地的地主们自身亦开始感觉到强役劳动是没有自由雇佣劳动制有利。同时，农民们亦不再愿照旧制度生存下去了。这许多原因多造成了农民"解放"之前提。

自然这绝不是说，整个农奴制经济一下都转变成为资本制度了。当某一个地主的经济实际地开始由农奴制劳动转变为自由雇佣劳动的时候，其他地主的经济正在转变为各式各样的混合制度（例如，从强役制转变为自然物的或货币的年贡制等），而有一部分经济——整个地主阶级中的弱者，甚至根本就从此崩溃了。

所以从实物地租转变为力役地租的时候，生产关系的发展，本身必然会促进封建制度的崩溃，并引起农奴制度的产生和繁盛。但力役地租的继续发展和它的增加必然会形成它自身之被否定，并使农奴制转变为以自由雇佣劳动为基础的资本主义制度。

这个进化过程便是推动普鲁士、俄罗斯和其他国家废弛农奴制的主要动力，但这个过程并不是一个和平的过程。在德意志农奴制度的残余是受了农民运动的打击——特别是1848年革命之打击而退却的，在俄罗斯和罗马尼亚，促成了1860年的农奴"解放"的原因，亦是农民群众的革命运动。

因为那次农奴"解放"的改革是由上面发起的，因为那改革是农奴主自身想把自己的农奴经济去适应资本主义发展的需求，所以显然地农奴主们是不会完全把农奴制度铲除尽的。因此农奴制度的全部废除便成为下一次民主革命的任务。

当农奴制度过渡为资本主义制度的时候，普通往往相陪着发生了许多过渡形态：如自然物的和货币的年贡、力役制度、分租制度等。但是同时必然随着发生整个农村的自然经济体系之被破坏，并发生农民内部之阶级分化，——从农民中分化出了农村无产者和农村资本家。这些资本家便随着资本主义的发展，开始以资本主义的地租支付给土地所有者的那些企业家。

九、对农奴制的几个基本结论

我们可以引用乌里雅诺夫的一段话来做我们分析农奴制度的结论："强役制经济之统治，是以下列的必要条件为前提的：第一，自然经济的统治。农奴主的庄园应该是很少与外界接触的、自给自足的、闭关自守的团体。地主们为了市场而生产的现象（这现象特别发展于农奴制时代的末期），已成为旧制度崩溃的信号。第二，在这经济制之下，必须使得直接生产者分到一部分生产资料，特别是分到一部分土地；除此之外，还必须把直接生产者束缚在土地上，因为不如此地主便不能保证有劳动力了。所以强役制经济和资本主义经济的剩余价值榨取方式是完全相反对的：在前一种经济中，必须以土地分割予生产者；但在后一种经济中，必须使生产者失去土地。第三，这种经济体系的条件，便是农民自身之受地主束缚。倘使地主对于农民个人失去了统治权，那么他们便没有方法可以强制那些农民——各自分割一部分土地且经营自己经济的人们——为自己做工作了。所以这里要有一种'超经济的强制'存在。这种强制也有各种不同的形式和程度，以农民之被束缚起，至农民的社会等级的法律地位的不平等为止。第四，这经济体系的另一条件和结果便是落后并简陋的生产技术。因为经营农业的都是些被贫困所压迫，为个人的不自由和智识之落后所屈服的小农民。"

农奴制度的本质问题

帝国主义铁蹄下的阿比西尼亚[*]

译者序

阿比西尼亚（现译"埃塞俄比亚"，下同）已经在帝国主义列强的铁蹄下被蹂躏了数世纪之久。它的沿海区域已经统统被英、法、意三国所侵占了，它如今完全在这三国的殖民地包围中。它是世界各帝国主义列强共同宰割下的半殖民地。它没有新式的产业，它的经济是异常落后的。如今阿比西尼亚的领土只有80万平方千米（约当东四省的6/10强），人口只有1000万余（约当东四省1/3）。若在一两年以前，当意大利、阿比西尼亚纠纷未曾发生的时候，一般人恐怕除了在学校里上地理课以外，不会注意到地球上有这么一个国度存在；即使偶尔在新闻纸的国际电报中发现了它的大名，也不一定会引起读者的注意。然而如今这个一向不被人注意的半殖民地国度居然吸引了全世界的视听。如今，阿比西尼亚的人已"举国一致"地起来反抗欧洲一等强国的侵略，他们用标枪和大刀来抵抗帝国主义的飞机大炮，以自己的热血来争夺民族的生存权。不管他们的领导者是如何不坚定，他们的前途是如何艰难，但他们英雄的民族独立斗争精神早已激

---

* 原著：[苏联] 克莱脱涅尔，新知书店出版，单印本，1935，10，10。1936年再版。"阿比西尼亚"现译"埃塞俄比亚"。

动了中国大众的心灵。我们敢说，在这次意、阿比西尼亚事件中，世界上任何民族所受的刺激没有像我们中国人所受的这样深刻。这大概是因为阿比西尼亚人所处的境遇太和我们相同了，而双方对付这境遇的办法又太不相同了的缘故吧！

阿比西尼亚问题已成了时局的中心问题。报纸上天天登着意大利、阿比西尼亚事件的新闻。但是至今没有一本关于阿比西尼亚的系统的著作。这便是我们出版这一本小册子的原因。

出版这本小册子的拿里马诺夫研究所是培植苏联驻东方各国的外交商务等机关的工作人员的学术机关。在这研究所之下设有一个科学研究会，它是由这个研究所里面的教授和优秀的毕业生所共同组织成的学术研究组织，它的性质大概就和普通大学里面的大学研究院相同。本书作者便是这研究会的阿拉伯阿非利加洲系的科学工作人员。

原序中提及，这本小册子是站在先进的社会科学的立场上研究阿比西尼亚的历史、政治、经济等问题的第一部著作，并自称是贡献给青年的先进的东方问题研究者的。全书分三章：第一章总述全国的自然环境；第二章分述帝国主义列强对阿比西尼亚的侵略史；第三章分析阿比西尼亚的社会经济机构。附录中有关于阿比西尼亚的风俗人情的有趣材料，和一部分对外贸易的统计图表。

正因为这本小册子是苏联学术界对于阿比西尼亚的第一部——即初步的——著作，同时它又为篇幅所限（全文仅五六万字），所以它并不是一部很详细的著作。原序中也说："严格地说来，这小册子还够不上说是什么科学的研究。"但唯其因为这不是一部专门的科学巨著，这仅是"推动日后阿比西尼亚问题的科学研究的初步工作"，所以它是关于阿比西尼亚问题的最适宜的一种大众读物。读者只需费两晚工夫便可以把这本小册子读完，对于阿比西尼亚的社会经济机构和各帝国主义列强在东非洲国家

帝国主义铁蹄下的阿比西尼亚

的角逐情形得到一个明晰的概念。

从该册子第二章中，我们可以知道，当世界大战以前，在阿比西尼亚进行帝国主义侵略的有英、法、意、俄四大国，大战后，帝俄已退出了世界政治舞台，代之而起的，则有美、日两国。但在阿比西尼亚的争霸战中，主要的角色只有英、法、意三国，美国还在其次。在这次意大利、阿比西尼亚冲突发生以前，法国几乎是最活跃的一个；1896年时，阿比西尼亚就是在法兰西的直接支持下，才在阿杜华地方击溃了意大利的远征军。1923年时，法国想利用国际联盟的机关来支配阿比西尼亚，所以唆使后者加入国际联盟。在这时候，英国还联合着意大利起来反对法国的计划。可是在这次意大利、阿比西尼亚事件中，英、意冲突反成了中心问题，而法国反采取又可又不可的极冷淡的态度。本月10日意大利代表在国联大会上辩护本国对阿政策的时候也曾说"国联于中、日争案会拖延至17个月之久。于大厦谷争案会拖延至两年之久。国联对于中、日之争与玻、马之争，并未援用制裁，意国民众殊不解国联曷为以不同之待遇施诸意国"。为什么在1923年时，英国联合意国，起来反对法国的对阿比西尼亚政策，而如今反同墨索里尼作对，硬要迫着法国一同起来在国联中提倡对意制裁呢？站在意帝国主义的代表地位的阿洛锡，对于英国态度"转变"之原因自然是很明白的。他在大会上所以要提出上述问题来，仅是故意同英、法领导下的国联为难，故意说出后者隐病，给它一个不好看而已。但"不在其位"的读者们对于这幕戏的背景或有不甚清楚的地方。

本书出版刚在此次意大利、阿比西尼亚争执发生之前夜，对于此次争执中列强关系之重新组合，未有所论及。但我们从第二章的帝国主义对阿比西尼亚侵略史中，可以知道，英国政策之"转变"是必然的事情。本书作者在第二章中曾说，"尼罗河水源是了解英国对阿比西尼亚政策的锁钥"。而这尼罗河水源——直言之，即查纳湖的统治权问题——也就决定了此次英国对意大利、阿比西尼亚战争的态度。大家知道，英国兰开夏的纺织工业是建立在埃及和苏丹的棉花基础上的。但埃及和苏丹的棉花田全靠尼罗河水灌溉，而尼罗河水则起源于查纳湖。谁统治了阿比西尼亚，谁就握有查纳湖水量的支配权。它甚至可以利用水闸建筑在阿比西尼亚境内灌溉新的棉田，造成埃及棉有力的竞争者。但这无异于打击大英帝国的半壁江山——轻工业。因此英国对阿比西尼亚的政策是：一方面不让阿比西尼亚发展本国经济，不让它自己利用查纳湖之天然富源；另一方面，不让任何其他帝国主义强国独霸阿比西尼亚。所以，英国在阿比西尼亚的政策有时对意大利是取支持态度；有时则又取旁观甚至反对的态度。在1885年意国占领马萨华港以前，英国为阻止法国势力之前进并压迫苏丹马赫琪❶主义者的骚动，对意大利的侵犯阿比西尼亚政策是取支持态度的。但意大利自从在伊利特里的地位确定以后，它的势力又逐渐向西南推移直向查纳湖一带侵入。于是英国便又丢开了意大利。1896年，阿比西尼亚在法国的直接帮助下反抗意帝国主义侵略的时候，英国便取旁观态度。意大利军在阿杜华之惨败，一半也是由于失去了英国的援助。但自意大利被击败后，法国人的势力大为扩张，且获有吉布蒂铁道之建筑权。阿比西尼亚且有沦为法国殖民地之可能。于是英国复联合意国起来反对法国。法国则利用帝俄作为自己的助手。这时候，英、法冲突之尖锐程度已达极点。1898年，英、法两国的非洲远征军已在苏丹边境地方相会面。两国战争大有一触即发之势，其紧张程度大约不下于今日之英、意冲突。此后英、法间冲突虽因协约国之缔结（为反德）而稍缓和，但两国间在东非方面的矛盾终未消灭。这时期内英、法两国在这方面的冲突远胜于英、意间的冲突。所以这时期中的

---

❶ 马赫琪相传为穆罕默德的人间使者，这里所说的马赫琪主义的骚动，系指一种民族独立运动而言。

英国对阿比西尼亚政策之特点便是联意制法。1923年，英、意两国在国联大会上共同反对法国邀请阿比西尼亚加入国联军之提案，便是这一时期之结果。但自此以后，法西斯党独裁下的意大利履行生产合理化，加强劳动剥削，以发展全国产业。若干工业部门在这时期内，有了相当发展。其中，又以纺织产业为最。近年来意大利的棉织品且在近东夺取了英国的许多市场。不过，意大利很缺乏棉花及一般的原料。它每年要花很多的钱从外国输入很多原料。1931年棉花输入占意大利输入总数的9.3%；1933年11.3%，在输入货中已占第一位。意大利很想在自己的索谋里兰（现译为"索马里兰"，下同）和伊利特里栽种棉花，但是这两个地方都是不毛之地，它的栽种棉花的计划统统失败了。最适合栽种棉花的地方是阿比西尼亚境内，即今回发生国境冲突的区域。此外，阿比西尼亚国境内丰富的煤、铁、硫黄、铜、黄金、白金等资源亦是意国所最缺乏的东西。这些都是引起此次意帝国主义者对阿比西尼亚侵略战争之主要原因。当然，意大利法西斯党企图把国内民众对法西斯统治之不满转向外面发泄，亦是促成此次事变之另一原因。但我们从上面对于英国政策之分析中，可以了解此次英国之所以要极力反对意国的侵阿比西尼亚计划是必然的道理。英国此次对意态度之"转变"是一世纪以来英国对阿比西尼亚的传统政策之必然结论。至于法国在此次事件中，始终站在被动的地位，采取调解人的态度，也是很明显的：因为它如今正操心着一个更切身的问题，这便是德帝国主义之复活。它现在正以全力对付这个旧的敌人，它没有余力来管到东非殖民地的事情；何况它在对付德国的时候，很需要意国之帮忙，所以它更不敢在阿比西尼亚问题上开罪于意国了。

然则，阿比西尼亚人民的反帝战争的前途如何呢？这想是读者们所必然要问的问题。我们不能做测字式的预言，但估计这事件的一般的发展前途是可能的。阿比西尼亚的封建统治者因于：

(1) 另一帝国主义者（英国）之暗中支持；(2) 国内社会矛盾之不甚尖锐化，尚无后顾之忧；所以还敢领导人民反抗意帝国主义的侵略。但很明显地，他们是不彻底的，是靠不住的；他们很容易被收买，很容易向敌方投降，出卖全体人民的利益（最近报纸上已常见阿比西尼亚各地酋长携械向意军投降的消息）。同时，阿比西尼亚人民是在封建农奴制，以至于奴隶制的束缚下。他们这次是带着这个苛重的桎梏走上战场的。他们的这副桎梏如不被解除，那么他们的战斗力绝不能发展。所以这种情形要是不变的话，那么即使意帝国主义在英国的压力下不能达到完全吞并阿比西尼亚的野心，阿比西尼亚的人民也绝不能从帝国主义铁蹄下解放出来，甚至他们所受的束缚将越加深重，以至于完全为英、法、意等国"和平"瓜分掉。

所以，阿比西尼亚的人民要想彻底反抗意国的侵略，要想完全从帝国主义的铁蹄下解放出来，那么应当利用此次反帝战争的机会，解除土著的剥削者所给予他们的一切桎梏。他们应当了解：真正能够领导他们做彻底的反帝战争的不是他们的酋长、国王，且也不应该到帝国主义者的队伍中去找寻自己的同盟者。他们的出路只有一条：在全世界的劳动大众和被压迫民族的同情拥护下，冲破土著的封建剥削者和一切外国帝国主义者的联合战线。

1935 年 10 月 10 日，译者

序

一般人把非洲称作黑色的印度。事实上，非洲也像印度一样是散居着千百万的殖民地奴隶（在印度，住有 3.25 亿人；在非洲，住有 2 亿人）的一个广大的大陆。非洲也像印度一样，是一个富饶的资源所在地。国际垄断资本的王者从这里吸取大量的殖民地超额利润和大量的廉价劳动。非洲也像印度一样，被帝国主义者变成了一个残忍惨酷的地狱；在那里，殖民地所献纳的贡税只要稍为迟缓一些，"文明"的欧洲人便会烧毁掉整个村落，把土人们整批地屠杀，甚至对于妇女儿童们都不加以丝毫怜惜之心。非洲也像印度一样，是帝国主义冲突的汇集点，是瓜分世界的帝国主义斗争的对象。最后，在非洲也像在印度一样，正燃烧着反帝国主义的民族解放运动。

然而，无论如何，非洲绝不是印度，这中间有很大的差别。殖民地半殖民地国度会被区分为两大类。在第一类的国度中，"已存在相当的工业胚胎，有时甚至已经存在高度的工业发展……但在全国的经济方面也好，或是在政治构造上也好，封建中世纪的关系尚占优势……主要的工商企业，银行，基本的交通机关，农业庄园，种植场等，都集中在外国帝国主义者集团的掌握中"。关于这一类的国度，首先便是印度和中国。属于另一类的，"都是较落后的国度，在这里，没有（或者几乎没有）雇佣工人；在这里，大多数的人民尚在部落风气的条件下生存；在这里，还保存着原始民族形态的残余；在这里，没有民族资产阶级，即外国帝国主义者，主要也不过是侵占土地的军事占领者的角色"。

以整个印度而论是属于第一类国度的。非洲的绝大多数是属于第二类国度的。但是这不是说，非洲是清一色的；不是说，非洲的各区域完全处于社会经济发展的同一历史阶段中。北非洲的许多国度，所谓"白色的"阿拉伯非洲的许多国度，差不多完全可以归入殖民地国度的较发展的那一类去。埃及可以与印度的前进的、最发达的各省并立在一起。反之，中部非洲，即所谓"黑色的"非洲，或黑人非洲，是许多落后的宗法国度的区域，在这里统治着部落的风气和原始氏族形态的残余，在这里，帝国主义"主要是成了侵占土地的军事占领者的角色"。

这本小册子里所叙述的阿比西尼亚便是横在白色非洲和黑色非洲的交界处的一个国度。在这国度里，还保存着原始氏族形态的残余。但是在这里工业的胚芽已经存在，当然这胚芽是非常纤弱的。在这国度的整个社会制度上——在它的经济基础方面也好，在政治的、法律的和文化风俗的上层建筑方面也好——保留着鲜明的封建中世纪关系的痕迹。垄断资本的各个集团已经掌握着阿比西尼亚的银行，阿比西尼亚的铁道、汽车公路、商业机关，以及现在国内已经存在着的若干少数的工业企业。除此之外，这些集团已经开始经营阿比西尼亚的咖啡种植场，或者至少已经独占了阿比西尼亚咖啡在世界市场上的销路。所以，阿比西尼亚竟可以说是属于第一类较发展的殖民地国度的。

帝国主义铁蹄下的阿比西尼亚

但是如果埃及可以称为非洲的印度，那么阿比西尼亚便是非洲的阿富汗。如果在埃及亦像印度一样，存在许多资本主义的欧洲式的大城市，很多的工厂和发达的铁道网，工业和铁道的无产者；那么在阿比西尼亚亦如阿富汗一样，城市只是一种设有市集的大村落而已；工厂是没有的，少数的工业企业仅从事于矿物之开采，唯一的铁道和若干汽车公路还不足以解决道路交通之不便，无产者还在萌芽状态中，部落风气仍旧很浓厚。在国家组织上，阿比西尼亚亦同阿富汗很相像。这是一个君主专制式的封建地主政府所领导下的半殖民地国家；在形式上是独立的，但在事实上，它受着各个帝国主义集团的束缚，许多帝国主义国家的顾问官，满布于所有的国家机关中，它们利用这些顾问官的职位，去支配阿比西尼亚。阿比西尼亚的社会斗争史（关于这社会斗争的主要潮流将在这本小册子中叙述到），在很多地方颇与近年来阿富汗的社会斗争相类似。所以如果把阿比西尼亚的社会斗争史加以深刻的研究，那么这研究所得出的结论将不仅对于阿比西尼亚有宝贵的意义，而且对于阿富汗，对于其他许多处于同等状态中的阿拉伯国度（甚至对于波斯），都有重大的意义。

但是在如今，深刻的研究，不仅对于阿比西尼亚不可能，甚至对于整个黑色非洲都没有可能，这是将来的事情了。先进的社会主义科学对于印度、阿富汗、波斯和其他许多亚洲国家，已经有过相当多的研究。不错，在研究这些国度的问题的时候，会发现不少机会主义的错误和违反国际政策的倾向。所以，反对这些不正确倾向，并为这些国度的革命运动建立正确的科学的分析，仍旧是今日东方问题研究者的基本任务。但从大体上说来，代表这些国度的经济社会机构的若干基本事实——帝国主义侵入这些国度后所发生的社会经济演变，以及社会斗争和民族解放运动的一切经过事实——是大家所熟知的事情了；我们这里已经有很多著作。有时，这些著作对于好些基本问题虽然解释得不十分正确，但都包含很丰富的事实材料。

反之，我们对于阿比西尼亚、怯尼亚（现译"肯尼亚"，下同）、刚果、尼日利亚和黑色非洲的其他许多国度，还没有先进的科学的著作。我们才开始来研究这些国度，所以免不了还要经过一个实际资料的"原始积累"时期。这本小册子还是苏联关于阿比西尼亚问题的第一次著作（除去一二杂志论文以外）。

当年卡尔·马尔克司（现译"卡尔·马克思"，下同）对于印度曾说："印度社会没有什么历史，或者至少是没有什么著名的历史。在这里，我们所能称为历史的，仅是各朝代的征服者相互更迭的历史而已。这些征服者在停滞不发生任何抵抗的社会的消极基础上建立起自己的国家。"

自从卡尔·马克司说了这一段话以后，已经经过了八十年之久，在这时期中，印度已经获得自己的历史。自从新的征服者——帝国主义者——到来以后，"停滞社会的消极基础"已经改变了。这还不算，而且从消极的变为积极的了，如卡尔·马尔克司所预言的一样。如今印度对于自己的征服者已开始反抗，产生了强有力的民族革命运动。无产者大众正为夺取运动的领导权而斗争，为揭露民族改良主义者而奋斗，为彻底地解决印度人民的前进任务而斗争。这已经不是征服者的历史，而是真正的科学的历史，真正的社会斗争的历史。亚洲和北非洲的其他许多民族亦获得了同样的历史。

帝国主义铁蹄下的阿比西尼亚

反之，对于黑色非洲仍旧可以适用卡尔·马尔克司对印度所说的上述那一段话，仍旧可以大胆地说，黑色非洲"还没有任何历史"。在大多数研究者影像中，黑色非洲还是一个未开发的处女地，它被各帝国主义征服者的刀枪分割了，又被它们重新分割了。整个黑色非洲的历史，成为这些分割和再分割的历史，成为这些交相更迭的帝国主义侵略的历史。非洲社会成了征服者的"消极基础"，成了这些征服者的超剥削行为的舞台，在这里这些征服者还没有碰到什么严重的阻力。我们关于黑色非洲的主要著作，就是在这种视点下写成的。❶

在黑色非洲的占领时期和分割时期，近乎原始式的土人部落的暴动，对于全副武装的帝国主义军队，几乎构不成什么威胁；可是如今，在无产者运动和殖民地运动的时代，这些骚动加入了世界的阵营，于是便成为一种严重的问题了。如今，尼日利亚和怯尼亚（现译"肯尼亚"，下同）的骚动成为印度、巴勒土登（现译"巴勒斯坦"，下同）、埃及、缅甸、塞浦洛斯岛等地方的反不列颠骚动的整个锁链的一环。如今，法属刚果的骚动与摩洛哥和安南的骚动连在一起了。黑色非洲正在获得自己的历史，"黑色的"国度加入了运动的总战线。先进科学的理论研究之任务，永远是被实践所决定的，如今我们的先进科学之任务，便是彻底地、全面地研究这个"黑色大陆"。

---

❶ 达尔姆施得吉尔：《非洲瓜分史》；孟：《帝国主义和世界政治》；巴甫洛维契：《亚非各洲争霸战》。

在这一方面，勇敢的，但并不是十分成功的初步工作已经做好了。已经发现了好些著作，不是仅把非洲看作帝国主义侵略的对象来研究，而是作为社会经济发展的问题来研究，把社会斗争和革命运动问题也提出来单独研究。❶ 我们这本小册子便是属于这些著作之一种，它提出这些问题来研究，且给以正确的答复。

我们研究亚洲和北非洲各国是以直接的经验为基础的。在土耳其、波斯、阿富汗、我国新疆等地，苏联政府派有自己的外交或商业的代表；在中国、高丽（现译"朝鲜"，下同）、东印度、安南、印度、波斯、土耳其、叙里亚（现译"叙利亚"，下同）、巴勒士登（现译"巴勒斯坦"，下同）、埃及、阿尔及利亚和突尼斯等地有我们的友党的活动，它们根据自己的经验研究各国的现状；此外还有英、法等国的友党在英、法各殖民地领导革命工作，在这种条件下，先进的东方问题研究者，可以获得这些殖民地半殖民地的丰富的实际资料，即我们的研究所必需的真正科学的客观的资料。除此之外，在这些国度，还有各种资本家阶级的资料——报纸、杂志、统计报告，民族主义者的宣言和小册子等，这些都可以供给我们许多关于经济革命运动的丰富资料。

但是在黑色非洲各国和阿比西尼亚的情形完全不同。在这里没有活的联络，没有经常出版的报纸和统计材料，没有民族主义的经济政治出版物——便是这些国度的特点。在这种条件下，我们只好利用那些帝国主义者的旅行者、教士、冒险主义者、外交官等的著作——当然，这种著作就是在实际资料上说，亦不能满足科学研究者的需要。

在这种条件下，我们对于阿比西尼亚，尤其是对于这个国度的革命运动，要从事真正的研究工作，还未免太早。我们只能阐

---

❶ 右辩：《帝国主义在黑色大陆》（这本书里有许多错误观点）；右辩：《东非洲的不列颠殖民地》；巨伐尔：《法帝国主义在殖民地》（本书作者系非殖民地化论者）。

明若干基本的事实，提出几个基本的问题，并指出这些问题的解决办法。对于这个问题的全面的答案，只有等到先进的科学的研究者，能够直接与该国度接触之后才有可能；只有除了依靠资本家和神父的著作以外，有了别的办法之后才有可能。

但是我们不能等到那个时期到来以后，再开始非洲问题的研究。世界一步重似一步地打击了非洲经济，社会骚动接连发生，在1930年就发生了一次大骚动。这次骚动有许多地方和阿富汗的内战相像，可是世界上一般人对此好像是完全不知道似的就过去了。非洲的大众——世界改造运动的两万万的后备军——已经开始发动了。而先进的科学的东方问题研究者，应当马上起来研究这个大运动中所发生的一切问题，绝不能把它推延到适当的时期到来以后再开始研究。

因此，我们——东方问题研究所的科学研究会之下的阿拉伯阿非利加系——虽是明明知道这本小册子是很不够的，虽明知道严格地说来，这小册子还够不上说什么科学的研究，但仍旧觉得有把它出版之必要。我们认为，对于青年的先进的东方问题研究者，这本书是很宝贵的一部著作。这部书是第一个把阿比西尼亚的历史、政治和经济等问题在读者面前单独提出来研究的。这个第一步工作将能推动日后阿比西尼亚问题的科学研究。我们的这个初步工作将为研究"黑色大陆"之革命事件的、青年的科学研究者们开辟一条未来的大道。

拿里马诺夫东方问题研究所，阿拉伯非洲诸国研究系序。

第一章　全国形势鸟瞰

（一）阿比西尼亚的地理形势

阿比西尼亚位于非洲东部，与赤道相接近；它的地域自北纬

3度起至15度止；又自东经35度起至42度止。它的东西方向的宽度是很不相等的：最窄的地方只有450公里，最阔的地方达1350～1400公里。

阿比西尼亚的地理形势早就引起了欧洲人的注目。在印度洋和红海的巨浪冲洗下，阿比西尼亚的地形（特别是它的东部），突出于海中；这是从欧洲经过非洲到印度和中国去的商业大道中的一个驿站。在原始积累时代，在"伟大的地理发现时代"，欧洲的商业资本不仅追随着哥伦布的足迹向新大陆发展，而且沿着达伽马所发现的航道向遥远的亚洲发展。

当印度和安南成了欧洲的初期的殖民地（葡萄牙人、荷兰人、法国人）之后，阿比西尼亚驿站的意义更加显著了。从那时候起，欧洲人就想与阿比西尼亚往来，并且在它的海岸各地建立根据地，但这些企图都失败了。此后，在19世纪，法国人和意大利人，同沿海各地的小的封建诸侯们协议，获得了阿比西尼亚的沿海许多地方（阿萨白、奥卜克），他们想利用这些地方做自己停泊船只的码头。

到了帝国主义时代，因苏伊士运河之开通，阿比西尼亚的意义更为重大了。阿比西尼亚成为英国到印度去和法国到安南去的要道上的必经之地。这些强国之中，每一个都想独霸海上的航路，都想保障自己与殖民地的联系，以能无阻碍地榨取这些殖民地。因此，便引起了它们想夺取"帝国航道"上一切沿海要地的野心。这是很显然的事情：这些列强抱着同样的野心，想夺取同一个对象——阿比西尼亚，所以必然要引起它们之间的剧烈的冲突。关于这些冲突的详细情形，我们可以留待以后再谈。但是冲突的结果，使阿比西尼亚遭受到了真正的殖民地分割：目前，阿比西尼亚没有半寸沿海的土地，但在从前，它的海岸线从苏亚金起至达夫伊角折向方向，再沿着东非洲的海岸一直到桑给巴尔为止。如今一切海港完全为欧洲诸强国所侵占去了。在过去许多时期中，阿比西尼亚被迫和英、法、意三国订立了好些不平等条约。根据这些条约，这三个国度不仅夺取了阿比西尼亚的沿海各地，而且占领了内地许多地方：北部诸省被意大利所压，西北各区被英国所占，且被后者并入苏丹的领土中去了。

结果，阿比西尼亚本国是在帝国主义各国的殖民地的包围中，这些殖民地大部分领土都是以前阿比西尼亚的地方。在西北方面，阿比西尼亚与英埃、苏丹为界；在北方和东北方面与意大利的伊利特里为界；在东方与法国和英国索谋里兰为界；在南方与不列颠的东非洲和意国索谋里兰为界。

经过了阿比西尼亚的长期的独立斗争，和列强相互间的不断的争论（为了每一公尺的侵占地），直到20世纪的初期，才把阿比西尼亚和这些国度的界线割分清楚。

但是阿比西尼亚之所以惹起帝国主义列强的注目，还不仅仅是它的地理形势；它的富源亦足以引起帝国主义列强的野心。

帝国主义铁蹄下的阿比西尼亚

（二）阿比西尼亚的富源——农村经济

整个阿比西尼亚是一个极高的、多山的三角形的高原地；这高原地的西北方向尼罗河流域倾斜着，在西南方向河流甚多的谷地倾斜，在东方向红海方向倾斜。

这高原地的高度在海拔1800～3000米。个别的山峰达4500米，一年之中，有大部分的时期堆积在白雪中。

由于地面上山峰之多，阿比西尼亚的气候是非常不同的。在海拔1500～1600米之间的较低的地带，气候是热带性的。在这里，可以栽种许多热带的作物，即最足以使帝国主义列强垂涎的、最贵重的热带产的原料（树胶、咖啡、棉花）。在较高一些的地带（有的在海拔1600～2400米之间，有的在2500米以上），气候是温带性的，在这里，值钱的农作物较少。最后，在海拔3500米以上的地带，便是积雪地带了。

当年，昂格斯在研究东方的土地所有形式的发展的时候，特别注意到"气候和地质"问题。他曾说，在东方横着一个"伟大的沙漠地带。这沙漠地带起自撒哈拉大沙漠，经阿拉伯、波斯、印度、鞑靼以至于最高的亚细亚高原为止"。昂格斯又说，"在这里，农业的第一个条件便是人工灌溉"❶。后来昂格斯在反杜林那本著作中，更明确地指出："从波斯起到印度为止，从埃及起到中国为止，在那里所有的国度中流行着一句民谣：没有水便没有农业。"

阿比西尼亚在"伟大的沙漠地带"的南部，它有很充足的水源，有许多山溪和大河流过阿比西尼亚的领土，在本国境内，也有许多大的水源，如查纳湖的水源等。除此以外，阿比西尼亚的农业还有自然雨量——赤道雨——做保证。同样阿比西尼亚的土壤亦很肥沃，这与邻接的阿拉伯诸国的多石和多沙的脊地是完全不同的。

所以，阿比西尼亚农业的自然地理环境是非常优越的。这是阿比西尼亚与其他许多殖民地国度不相同的地方。

阿比西尼亚的西北部是尼罗河的发源地，由此一直流入地中海。大家知道，尼罗河是世界上几条最大的河流之一。尼罗河发源自两个水流——白尼罗河和蓝尼罗河。蓝尼罗河发源于阿比西尼亚的小谷中，它自发源地起，经过了150英里路程流入查纳湖，然后复在距离1100英里的地方与白尼罗河合流。在尼罗河的水分中夹带着不少冲积的沉淀物。

近年来，尼罗河水源问题常带有重大的政治意义。各帝国主义列强之间争夺水源的斗争在19世纪中便已开始，但因查纳湖的水闸建筑问题之发生争夺情形更多了。

不仅是阿比西尼亚的农业，甚至于整个尼罗河流域——苏丹

---

❶ 1853年六月六日致马克思信。

和埃及的农业都有赖于阿比西尼亚山中的岩石和泥地中冲洗下来的沉淀物。被冲洗下来的泥土为湍急的流水沿着高山的斜面向下流去。在这里，蓝尼罗河和它的主要支流（发源于山谷中的支流如阿脱巴拉河）起着重大作用。为能够获得埃及的经济政治生活的全部监督权起见，英帝国主义者预备在尼罗河的两大支流上建立许多水闸和运河，它预备利用这些水闸和运河去调节尼罗河的水流，使埃及永远处于水源恐慌的威胁下。查纳湖的蓄水池和水闸的建设计划便是英国这些建筑计划之一。但同时，美帝国主义者亦加入了夺取查纳湖的斗争，于是这个湖便成了国际政治和帝国主义冲突的对象。

帝国主义铁蹄下的阿比西尼亚

除了尼罗河和查纳湖以外，在阿比西尼亚还有许多较小的河流和湖泊。这些河流中，较大的有马立勃、阿脱巴拉和雪季脱。这些河流都是注入尼罗河的，并且都夹带着许多肥沃的火山岩的总和物。除了查纳湖以外，在南部还有许多湖泊，其中最大的便是罗特尔甫湖，这湖的大半部是在邻国肯尼亚境内。

阿比西尼亚的丰富的雨量（900～1000～1200毫米）也助长农作物发展。雨量的降落是定期的，所谓非雨量是从9月起至次年6月中旬为止，雨期便是从6月中旬起至9月为止。在大雨之前，先要经过一个小雨期（2、3、4月）。

阿比西尼亚的气候足以助长许多有价值作物之生长。但沿海岸的地域（吉布蒂和奥卜克等）是一个例外，关于这个地域的情形有一个叫作莱伊的英国人曾说过："这些地方，只把它看一次是很有趣的，但是你绝不愿意看第二次。"有一位帝俄政府的代表，司克拉独夫斯基曾用道地的俄国式的事物来形容这地域。他说道："你可以想象你是住在澡堂子的阁楼上一样，当澡堂里的蒸汽向上蒸发的时候与这地方的情形有些相同。"事实上，沿海岸90～120公里以内的地带，都满布着石子、泥沙和火山岩。所以，在这区域之内是完全没有植物生长的。

但是阿比西尼亚其他地域差不多是"地上的乐园"。这里的土壤非常肥沃，所以虽则农具和耕作方面是那样幼稚，虽则灌溉制度是那样的原始式（这里的全部灌溉工程仅是田旁的水沟——在雨季里，这些水沟中蓄积满了水，以备作非雨期之需用），虽则有一个较长的旱燥季节，可是阿比西尼亚的农民每年仍能收获三次，在有些地方竟能收获到四次。

但是"地上的乐园"并不能保证居民的生活。阿比西尼亚的农业处于非常低下的水准上，土地是用木制的锹和锄或木制的犁耙所耕种的。金属的工具非常稀少，而且农民们亦没有办法可以获得这些金属工具。同时，在保存着农奴制的、奴隶制的廉价劳力的地方，在合法的赋役劳动制的条件下，地主们亦没有采用机器的必要。

莱伊曾引证一位阿比西尼亚地主的话，这地主说："我为什么要利用机器犁耙呢？在我这区域内的每个农民都应该带着犁耙和耕牛到我的田里来耕田；我要他们做多少天工作，他们就得做多少天工作。为款待这些农民，我只要宰割几条牛便够了，但几条牛值不了多少钱。除此以外，我便不要任何其他开销。仅是为了耕田迅速一些，我何必花费很多金钱去购买机器呢？"

其余的耕作过程也是同样的原始而落后。五谷成熟后，便用小刀、镰刀齐着穗剪割。割下来的穗堆在场上由牲口践踏，这样便代替了打谷的工作。然后把谷物当着风播扬，这样便代替簸谷机的工作。

农业的技术水准之落后，也可以在农业自身之构成上表现出来，这里所种的作物大半是不值钱的东西；谷物以高粱、大麦和小米为主。高粱和小米是人民的基本食物，大麦用以制酒或饲牲口。

高贵作物——咖啡、棉花、胡椒的栽种办法也是非常落后。野生的咖啡到处都有，但野生咖啡之大部分是没有人去采集的，因为土人所采集的仅是村落附近的而已。土人们并不特别栽种咖啡。虽则个别的地主亦有经营咖啡种植场，栽种上等的咖啡的；但这样的种植场为数甚少。垄断了阿比西尼亚咖啡出口贸易的外国资本家，很想自己来经营咖啡的生产事业。在阿罗咀区域，有若干他国公司所经营的咖啡种植场。但直到今日为止，阿比西尼亚咖啡之大部分是土著人民的零细经营，以极原始的办法去采集来的。

棉花的好些区域中也是野生的。以棉花的质地而论，并不劣于世界上最上等的埃及棉，但并不专门从事栽种。虽则在阿比西尼亚，棉花生产可能性是非常大的，虽则苏丹的棉业新提卡和英国其余的托拉斯早有利用阿比西尼亚栽种棉花的计划，但资本家们终于未能在这里发展棉花种植事业，未能建立起棉花种植场。还在世界经济危机爆发以前，全世界的棉花市场早已充满了剩余生产物；到了如今，在经济危机的条件下，资本主义体系的生产的可能性，在植棉业中一般说来已经枯竭了。事实上，如今苏丹地方的原有的英商棉业新提卡都已经陷于破产，埃及的棉花耕地面积都在想法缩小，在各地的堆栈里，充满了卖不掉的存棉（美国产的和东方产的）；请问在这种情形下，在阿比西尼亚那里还有开设棉花种植场的可能吗？

因此直到今日为止，阿比西尼亚人仅仅从事于野生棉花之采集，以供给手工业的土布生产之需要。

阿比西尼亚的林业也处于这样落后的原始状态中，虽则它的自然条件是非常优越的。同时这里的森林遭受到一种近于掠夺行为的摧残。在从前，山坡上栽种着树木，但如今这些树木统统被砍去建筑住宅、桥梁、道路、牧场，等等。虽则阿比西尼亚的森林中有许多极贵重的树木（如无花果树、眠草属树、椰子树、橡树等），但没有人去专门培植，所以这些树木的工业用途是没有的。橡树是一种很贵重的原料，仅生产于东非洲的森林中。苏丹

帝国主义铁蹄下的阿比西尼亚

在事实上已成了这种贵重原料的垄断生产者，出口数量甚多。但在阿比西尼亚这种贵重的原料几乎没有人去采集。椰子的收获差不多还不够土人们自己的消费。同样，各种各样的果树供给土人们以各色水果。但在这里，园艺事业之经营差不多是没有的。果树（主要是橘子、无花果、柠檬、香蕉等）都是野生的，采摘无定时，往往一年采摘数次之多。

比较发达的事业是畜牧业和狩猎，这也足以证明阿比西尼亚的经济发展之落后。阿比西尼亚的大宗出口货品是畜产品，其中又以皮革为主。这也很能表示阿比西尼亚经济之特色。

最后，阿比西尼亚矿物的蕴藏也很富饶。这可以算是阿比西尼亚的自然财富之一。但这些矿藏都还没有开采。在阿比西尼亚会发现丰富的金矿（沙金和石英岩矿）、宝石矿、铁、铜、白铜、褐炭、加里等。此外，和英国索谋里兰相邻接的地方，会发现石油矿。有一个英美合资的托拉斯获得了这一区域的石油采掘权。但这个石油矿到现今还没有被开采。

阿比西尼亚因有富饶的天然资源，所以便成了帝国主义国家间的争夺对象。复杂的气候，丰富的雨量，肥沃的土壤——这些都是发展贵重的农作物的天然前提。畜牧事业之发展可能性和棉花咖啡之种植场经营之发展可能性，是非常大的。此外再加上阿比西尼亚全国的富饶的尚未开发的宝藏，这都是使帝国主义列强——英、法、意，在过去还有帝俄，如今则加进了一个美国——要如此热烈地争夺着统治阿比西尼亚的原因。

不错，如我们在前面已说过的一样，这些自然富源大半还没有被开发。原因就是帝国主义者在开始经营阿比西尼亚的时候，资本主义已进入了腐化时期。在这个时候，资本主义社会的生产可能性是很受限制的。在日趋死亡的社会形态的范围内，生产力发展在大体上说来，已经是停滞了，甚至是退化了。

但是这并不是说，在这时代，夺取原料的斗争已经缓和了。

反之，帝国主义者且以更大的努力去获得生产原料（煤油、矿产等）和商业原料（咖啡棉花等）之垄断。他们要垄断这些原料的来路，其目的不在开发这些资源并扩大种植场经营，而是在限制生产，减缩生产量，保持生产品之高贵价格（甚至在危机时代）。正因为这缘故，阿比西尼亚有许多矿山和煤油田的开采权虽然早已租让给外国资本家了，但并没有被开采。正因为这缘故，阿比西尼亚并没有建立起新的咖啡种植场和棉花种植场。但同时，争夺阿比西尼亚和阿比西尼亚原料的斗争非但没有缓和，反而更激烈了。

还在各帝国主义者开始获取新的土地并开拓殖民地的时候，还在它们初次分割世界的时候，阿比西尼亚便已成了帝国主义冲突的目标，成了它们宰割下的肥肉。到如今，当资本体系的诸矛盾异常尖锐化的时候，阿比西尼亚更成了世界事变中心问题之一。资本主义体系的崩溃过程愈是迅速，那么夺取市场、原料生产地和资本投殖场所的斗争亦愈加激烈化。阿比西尼亚绝不能站在这斗争之外。资本主义的矛盾愈是尖锐化，那么各帝国主义侵略者瓜分阿比西尼亚的斗争亦愈激烈，而阿比西尼亚亦将由形式上独立的半殖民地而沦为正式的殖民地。

第二章　帝国主义侵入阿比西尼亚的历史

（一）帝国主义时代以前夺取阿比西尼亚的斗争

这本小册子开首便指出过，欧洲商业资本想把阿比西尼亚沦为殖民地的初次企图发生在原始积累时期，即15世纪和16世纪时代。

在15世纪末（1492年），葡萄牙的商人初次派遣"外交"

代表至阿比西尼亚。数年之后,又派遣过一次代表。在 1541 年有一个葡萄牙的冒险主义者,叫赫里斯督福尔·达·咖马,在四五百名葡萄牙籍的剑客帮助下,领了一支阿比西尼亚的军队,跟阿比西尼亚北部的一个封建公国恭达尔作战。在宗教统一的假面具掩护之下,葡萄牙的商人想在阿比西尼亚获得新的榨取对象和新的活动区域。但葡萄牙的资本未曾能够把阿比西尼亚变为自己的商业膨胀领域。

在 16—17 世纪,偶尔也有天主教的教士去访谒阿比西尼亚。在 18 世纪末,便有英国人侵入阿比西尼亚。

但阿比西尼亚之殖民地分割是从 19 世纪开始的。

阿比西尼亚位于到印度去的航道上。自从法兰西人的势力被逐出东印度,而后者(东印度)又完全变成英国殖民地之后,法国和英国便在印度航路的各段发生了激烈的冲突。还在 19 世纪初,拿破仑一世曾远征埃及、巴勒土登和叙利亚等地,他想征服阿拉伯诸国的首长。在整个 19 世纪,法国想巩固自己在埃及的地位,并且想驱逐英国人在埃及的势力。英法二国在阿比西尼亚境内,亦发生了同样的冲突。

阿比西尼亚全国分裂为无数独立的,有时甚至是相互仇视的封建小国;所以在帝国主义者看来,阿比西尼亚是一个较易征服的猎物。各帝国主义者在阿比西尼亚利用了各王朝之间的倾轧和各部落、各教派之间的冲突,暗中制造了不少阴谋。它们一双手维持了这一批封建诸侯,但另一双手又拉拢另一批封建诸侯。它们用尽种种方式来挑拨这些封建诸侯之间的军事冲突,以便削弱这些封建诸侯的实力;然后自己就起来做仲裁人,以便获得割让土地和特殊权利等谢礼。在 1847 年时,英国人便同一个叫作赵的封建王国订了条约,1849 年又与阿姆哈拉和蒂格勒二王国订立条约。同年,法国亦与赵王国订立条约。

（二）帝国主义时代瓜分阿比西尼亚之开始

自从帝国主义时代开始以后，瓜分世界的争斗愈呈积极化，英法两个帝国主义继续着原来的阴谋挑拨政策，同时复转向积极的侵略行动。

1862年法国借口"建立煤站"，用一万美金购买了奥卜克港。1884年奥卜克港完全成了法国的属地。1885年连奥卜克港周围的地方都为法国所有。法国的土地占领，得到了当地封建诸侯的条约的承认。在以后四年（1884—1888年）中，法国的势力扩张到塔柔拉、杜尔纯、苏匀、萨加洛、安巴独等区，最后，自从占领了海岸各岛屿（木达赫岛、巴勃岛、兄弟岛等）之后，便在吉布蒂建立了自己的根据地。这样便形成了法属索谋里兰。吉布蒂之成为法国法属索谋里兰的中心地点，是1892年以后的事，那时候已完全证实奥卜克港不能成为一个良好的海港。

在这时期，英帝国主义也并不是袖手旁观的。为获得印度航路的监督权，英帝国主义占领了阿拉伯的红海沿岸的亚丁港和丕林岛。

然后，英国便开始侵略阿比西尼亚的领地。在1884年（与法国之完全占有奥卜克港在同一年，这当然不是巧合，而是秘密协商之结果），英帝国主义占了阿比西尼亚的齐拉港和贝比拉港及其附近地域，这便形成了所谓英属索谋里兰。1888年英法两国相互承认了自己所占领的利权（1888年2月2日和2月9日的协约）。

意大利帝国主义登上历史舞台较晚于英、法二帝国主义，因此它是没有殖民地的。如今在英法二国的上述那些领土侵略之影响下，也开始企图扩张自己的领土。1870年，意大利亦借口"组织煤站"而收买了阿萨勃，1885年复占领了玛萨华。在致占领地带居民的布告中曾说："意大利政府是英国、土耳其和埃及的友

帝国主义铁蹄下的阿比西尼亚

邦，因此它有权利占领玛萨华。"❶ 阿比西尼亚政府宣称埃及没有权利把自己非法占领的土地让给意大利，同样英国亦没有权利可以批准这种领土让渡。不用说，阿比西尼亚这种宣言是毫无效果的。不果。英国之援助意大利亦不是无代价的。一方面，意大利之出场可以阻止法国的前进。另一方面，英国需要一个联盟者帮助它去抵御苏丹的马赫主义者的暴动。在阿比西尼亚的东北方向（伊利特里），由意大利军队在卡萨拉区建立成一个纵的掩护线；并利用意大利军队从北方去压迫马赫主义者，向南推进（即使他们向阿比西尼亚推进），英国利用了声势浩大的马赫主义运动，作为压迫阿比西尼亚的新工具。英国在这里，利用"客观"情势，实行它的两重政策。❷ 英国的政策是成功的，阿比西尼亚被牵扯到马赫主义的战争中。阿比西尼亚军队遭受到了重大的损失，蒂格勒区的国王且于此次战役中阵亡了。

意大利利用了阿比西尼亚的军事失败，就从玛萨华向南进攻，直到蒂格勒省为止，于是便形成了现今的意属伊利物里。

当时，整个阿比西尼亚分裂为无数封建小国，这种分割形势使帝国主义的侵略更为轻易。互相仇视的封建诸侯们都去求助于各帝国主义国家；因此阿比西尼亚的情势便更显复杂了。例如，蒂格勒省的国王约安曾援助英国人纳普耳的远征军去反对另一个封建诸侯。赵省的国王密涅里克又利用意大利人的帮助去反对约安，❸ 经过几年之后，又在别的欧洲强国的援助下去反攻意大利人。

---

❶ 事情是这样的：玛萨华在以前曾为埃及总督伊兹马伊耳的军队所占领，但埃及在当时是土耳其的一个省份而同时又为英国所占领着。因此在这宣言中提及英、埃、土三国的国名。

❷ 关于这时代的情形，请参考 P. T. 孟所著《帝国主义和世界政治》，第七章。

❸ 意大利（根据乌溪阿里条约）以数十万枪械，若干大炮和弹药等供给密涅里克，使后者去攻打约安，因当时意大利亦在攻打约安。后来密涅里克又利用这些枪械和意大利作战。

（三）阿比西尼亚国家之形成，意大利之对阿侵略和阿比西尼亚之反意斗争

19世纪末，在阿比西尼亚发生了政治的统一运动。这个运动的目的是统一各个封建王国，以建立统一的中央集权的国家。这个统一运动是阿比西尼亚全国经济商品化之结果，是成立国内市场之结果（当然，这是很狭窄的、很原始的国内市场，因为这个国内市场是建立在封建农奴制的基础上的，是以保持封建的和半封建的关系，以保持封建农奴制的剥削方法为基础的），这是土著商业资产阶级的势力扩大之结果，是这一阶级想铲除国内封建割据的意志表现。这个运动的领袖便是密涅里克二世；法国作者把他称作阿比西尼亚的"彼得大帝"。

如果密涅里克不把阿比西尼亚统一起来，那么毫无疑义地，在相互仇视的各诸侯的封建割据下的阿比西尼亚，到20世纪初年，就很容易沦为各帝国主义侵略者的战利品。密涅里克削弱了各封建诸侯的势力，统一了这些封建诸侯的领土；除此以外，他还征服了许多重要的游牧民族。

1901年征服了最后一个封建王国考怯姆。于是密涅里克创立了一个统一的国家，统一的民族，以与各帝国主义者相对抗。不断的内战外患，以及帝国主义占领的各区域中的殖民地的剥削，造成了一般人民的不满意，这也是密涅里克能成功的另一原因。

在反抗意大利的斗争中，充分表现出了民族统一之效果。还是当密涅里克在意大利人的援助下反对蒂格勒王国的时候，他便与意大利订立了一个亲善互助的条约，即所谓的乌溪阿里条约（1889年）。当密涅里克做了全阿比西尼亚的国王之后，意大利便想利用这个条约以建立自己对阿比西尼亚的保护权。但意大利的这个野心企图遭到俄、法二国的反对。"和平"地占领阿比西尼亚的沿海地带的时代已经过去了，"友谊"地分割独立国家的时

代早已完结了。帝国主义列强的利害关系又重新冲突起来了。

1891年英、意二国共同划定了自己的势力范围。

根据1891年3月21日和4月15日所订立的条约，英国承认了意大利对于阿比西尼亚各区的保护权，连法兰西的经济势力所统治的哈萨克拉尔省亦在内；但是把尼罗河的发源地除外。意大利的军队充满了阿比西尼亚的北部（蒂格勒），且逐渐向南进展，同时在东部和南部也采取同一步骤。❶

密涅里克两次抗议意大利的行动，且通告废弃乌溪阿里条约；但这抗议不会产生效果。法国也起来反对意大利的势力扩张，它怂恿密涅里克与意大利开战，并且答应给阿比西尼亚以各种援助；因为意大利想占领全阿比西尼亚的野心将威胁到法国在阿比西尼亚东南各地的已得"权利"。战争正式开始了，1896年意大利军队大败于阿杜华地方。这次军事失败对意大利的影响是非常重大的：意帝国主义的意识代表者——克利司比——所领导的意国内阁因此而下台。这次战争使意国资本家阶级对红海方面的冒险政策的态度大为改变。战争公认失败了。意大利给了密涅里克很多赔款，且放弃了自己的侵略计划。

战后所订立的和约（1896年10月26日）首先便废弃了乌溪阿里条约。为免除误会起见，新的条约是用阿姆哈利克文和法兰西文写的，但没有用意大利文。可是阿比西尼亚需得酬谢法国的"援助"。

法国获得吉布蒂至奇立达瓦的铁道建筑权，阿比西尼亚最终

---

❶ 1892年，意大利在英国的援助下，获得了索谋里兰沿海岸的一部分地方。这区域对阿比西尼亚说来，不是什么贵重的地方，因为它在这里，本来亦只有一些名义上的政权而已；但在英国说来，也不是什么贵重的地方，因为这里都是贫瘠的沙土，人口极少，商品流转甚微。自阿萨勃向北至玛萨华为止的一部分沿红海的地方（达拿勾耳），亦被承认为意属领土。这一部分沿海区域亦没有什么贵重的价值。法属索谋里兰和意属伊利特里间的界线直到1908年才划定。

没有获得通港海港的自由出路。吉布蒂完全成了法国的海港。英国同样要求获得"保守中立"的谢礼，它的这个要求是被满足了：它得到了密涅里克对于英属索谋里兰的正式承认。

所以，就是阿比西尼亚获得军事胜利之后，它这胜利亦被各帝国主义者利用着作为继续实行瓜分的借口。不错，由于阿比西尼亚胜利之结果，意大利退还了蒂格勒省的大部分地方，但阿比西尼亚的北部和玛萨华港仍旧握在意大利人手里。这个区域自1890年起就被称为伊利特里。

（四）英法争夺尼罗河水源的斗争
——帝俄和阿比西尼亚——

但阿比西尼亚之被瓜分，并不因对意战争而中止。法国想扩充自己的非洲领土——自刚果起，通过整个中部非洲（连阿比西尼亚在内），直达索谋里兰。法国的野心企图同英国的利益发生了直接冲突：英国想把东非洲的属地，从开罗起至好望角为止（也包括阿比西尼亚在内）打成一片。而在意大利方面也热望着创立一个自地中海起至印度洋为止的大帝国。在这种局势之下，阿比西尼亚得以能利用各帝国主义国家的相互冲突以维持自己形式上的独立，虽则它也已经因此丧失了许多领土。

在过去，意帝国主义者是经常获得英国的援助的。英帝国主义者为抵抗自己的主要敌人（法国）起见，会利用意大利的势力；但法国提出了自己的反对计划。据法国宣布，由吉布蒂至奇立达瓦的铁道仅是整个泛非洲大铁道的第一段而已。这铁道将使非洲的法国属地能相互连接起来，建筑这铁道的动机完全是政治的。这铁道的经济意义直到后来才显露出来。在开始建筑这条铁道的时候，有英国的资本参加。但不久以后，法国很迅速地把英国人手里的股票买回来。法国想获得使用这铁道的垄断权，并保证绝对的行动自由。这铁道是在非常恶劣的气候和土壤条件（岩石性的地质）下建筑起来的，但建筑的速度异常迅速。在 1902 年时，至奇立达瓦的一段已告筑成。这条铁道再往前建筑的时候，遭受到英国方面之坚决反对。❶ 法国不能为了一个阿比西尼亚而公然与英国交恶，于是被迫接受了英国的要求。经过长期的谈判，法国已放弃了独占阿比西尼亚的野心企图，且答应与英、意两国共同分配势力范围之后，英国才在 1909 年答应法国把这铁道延长到阿京亚的斯亚比巴。这一段铁道是在 1917 年建成的。

法国的势力扩张，对英国有什么危险呢？首先，英国所害怕的便是法国想把整个阿比西尼亚（查纳湖在内）变为法国属地的野心企图。阿比西尼亚的水源便是了解英国对阿比西尼亚政策的锁钥。埃及和苏丹是靠尼罗河过活的。英国自从占领埃及和苏丹之后，就绝不能让阿比西尼亚在自己的势力范围以外。尼罗河的水源——查纳湖，便是最使英国人不能忘情于阿比西尼亚的主要原因。调节尼罗河水流的一切水利工程统统应该受英国人管理，这原则便是英帝国主义的整个阿比西尼亚政策的基础。从这一点上来说，可怕的倒不是阿比西尼亚本身；因为它自己绝没有那么多资本来建筑这水利工程；可怕的是不断向阿比西尼亚内地扩张自己势力的法兰西。因此，英国便想尽了办法来阻碍法国的活动，它或者采取直接威胁的政策，或者怂恿其他国度起来反对，这中间主要是意大利。

在反对法国的斗争中，形成了英意同盟。于是法帝国主义便想利用帝俄的帮助来反抗英、意。帝俄对于阿比西尼亚事件亦是

---

❶ 法国的成功不仅威胁到英国在阿比西尼亚的利益，并且如果"铁道建筑完成以后，吉布蒂将成为英属亚丁港的劲敌。吉布蒂的地位则是在法国到马达加斯加岛和安南等殖民地去的要道上，亦就是往南非和澳大利洲去的要道上；因此吉布蒂成了一个发展非常迅速的商港，它抢过了亚丁港的地位。我们可以预料到，吉布蒂——富饶的阿比西尼亚的门户和法属殖民地的要港——在不久的将来，将成为印度洋中的马赛港。"（俄国驻阿比西尼亚公使馆的前任医生高汗诺夫斯基致外交部长萨重诺夫的报告书，1913 年 6 月 1 日）

积极参加的。

帝俄政府所以对阿比西尼亚发生兴趣，因为它觉得这是用以打击英国的最好机会。"建立一个阿比西尼亚帝国，以便利用它作为抵抗埃及的堡垒，不使英属非洲殖民地连接起来——这政策对于俄国有非常重大的意义"❶。还在 1888 年时，俄国便由尼热哥洛特省的省长，巴兰诺夫将军建议，派遣了一支哥萨克队伍去占领阿比西尼亚的沿海区域，队伍的领袖是一个叫作流施诺夫的冒险人物。在巴兰诺夫给亚历山大三世的奏章中，曾提议建立一个俄非公司以便开发阿比西尼亚。巴兰诺夫在奏章中曾说道："当地的财富对于推销我们的商品是一种很好的前途。"但阿施诺夫"太恍惚"了一些，他去占领了法属奥卜克港，于是他被法国人俘虏了去；这闹成了一个外交上的大笑话。帝俄政府只得马上丢开了阿施诺夫和随着他去的管长巴伊克。但是经过了五年之后，帝俄政府又去从事阿比西尼亚的冒险了——不过这一次行动是得到法国承认的，并且是同它联合着干的。

帝国主义铁蹄下的阿比西尼亚

1894 年俄国政府派遣了自己的代表立昂吉夫到苏丹和阿比西尼亚去。他归国以后，便派了一个"教会团体"到阿比西尼亚去。根据正式发表的理由，派遣这团体的宗旨，是为联合阿比西尼亚和俄罗斯的教会❷。1895 年阿比西尼亚为报答俄国教会团体的访问，派遣了一个公使团到俄京彼得格拉。1896 年，在阿京亚的斯亚比巴成立俄罗斯的公使馆（立昂吉夫）。阿比西尼亚代表在宗教会议上热烈地讨论教会联合问题。使节之交接引起了欧洲报纸的注目。叶夫立姆管长曾老实地写道："我们要利用宗教的亲善以达到政治上的目的。我们的祖国应该在红海沿岸，在黑海与印度洋相接的地方建立一个强大的基础。只有这样，我们才有

---

❶ 高汗诺夫斯基致萨重诺夫的报告。

❷ 关于此次旅行的详细情形，参考叶夫立姆（俄国代表团的领袖）所著《阿比西尼亚之行》，1896 年版。

可能在印度边疆处阻住英国,才能保证我们的舰队通到远东的洋面去。"❶

但俄帝国主义所热衷的计划是命里注定不能实现的。"为日本所打败后的俄罗斯已抛弃了自己在世界政治上的支配地位。它裁减了自己派在阿比西尼亚的使节,减缩了自己对阿比西尼亚的用费,放弃了以前的友人保护者的行为。"❷

不用说,俄帝国主义者放弃这个侵略计划不是出于自愿的。

在其他帝国主义国家——主要是英国——的压力下,战败后的俄国被迫放弃了许多原有的势力范围。当然这并没有完全阻止帝俄政府在别的区域(如在近东)中的帝国主义活动。

在19世纪末,英法两国争取尼罗河水源的冲突达到了最紧张的地步。在有名的勾庆奴卿(后来在世界大战中被任命为英军司令)指挥下的英国远征军,以最残忍的行为镇服了苏丹的独立运动,然后从埃及南下,一直向尼罗河的上游进军。同时,法国的远征军也从西面的法属赤道非洲向尼罗河上游进攻。1898年两支远征军在苏丹的法叔得区域碰头了。法国的军队和英国的军队面对面碰在一起了。在这时候,外交战有转成正式战争的危险。全世界的注意点都集中于"法叔得事件",大家都深恐第一次世界帝国主义大战将在这两个大国间爆发起来。但法帝国主义感觉到自己的力量还不足以发动战争,于是法国便投降了。法国政府命令远征军的司令退出尼罗河的发源地。

当然,法叔得事件并未减弱帝国主义间的矛盾。帝国主义战争的危险,仅是暂时地延期了而已。

在法叔得事件发生后数年间,整个国际政治局面已经改变了样子。在20世纪初期以前,当帝国主义列强正在瓜分世界的时候,基本的冲突是发生在参加此瓜分的两个最积极的帝国主义者

---

❶ 前引书第114—115页。
❷《新东方杂志》第五期,第326—327页。

之间，即发生在英法两强国之间。但是自从20世纪开始以后，瓜分世界的工作大致已经完结了，在这时候的问题，已经不是世界之瓜分，而是世界之重分配。这时候，在世界政治舞台上发现了一个新的帝国主义国家——德意志。于是基本的冲突便转移到英德两国之间来了。大家知道，青年的德意志帝国主义的发展是非常迅猛的。德国的五金工业、造船工业、铁轨和一切铁道设备的生产，非常迅速地发达起来，德意志垄断资本的势力非常迅速地扩大起来。迅速地发展起来的德意志帝国主义带来了强烈的殖民地侵略的野心。但德意志帝国主义的殖民地膨胀，到处碰到了先辈的殖民地强国即英法两大国的封锁。"日光所照的地方"统统被占领了，德国想要获得这些地方只有先同以前的殖民地占领者争斗。于是德意志便向近东各国（土耳其、美索不达米亚、波斯等）进攻，它为的是要争取英属印度去的道路。同时又发生了德法两国在北非洲、摩洛哥的争霸战。此外，德国在非洲各地、中国，在海洋上亦开始积极活动；但是在这里，它也和旧的帝国主义列强发生了利害冲突。

帝国主义铁蹄下的阿比西尼亚

（五）协约国的成立

——列强在阿比西尼亚的势力范围之划分——

在英、德冲突和法、德冲突日益扩大的局面下，英、法间原有冲突退到次要的地位去了。当然，英、法间的冲突在事实上并未减少；但如今英、法两国已经组成了一个同盟。双方互相让步，建立成一个帝国主义集团，即有名的协约国。协约国便是第一次帝国主义世界大战和第一次的反苏联武装干涉的组织者。建立协约国的目的主要是为着共同抵抗新兴的德意志帝国主义。俄罗斯自从对日战争失败以后，也加入了这个腐败的充满了内部冲突的协约国，同时意大利也加入了协约国（以秘密形式）。新的联盟者马上便开始谈判殖民地之和平分配。英法二国在1904年所订立的第一次条约，就已经是一种典型式的殖民地掠夺条约。如今接踵着这一个条约，又开始划分其他地方的势力范围。1906年在英法意三国之间成立了一个"三国协商"，划分这三个国度在全阿比西尼亚的势力范围。从此，阿比西尼亚便从形式上的独立的国度，而变为外国资本的半殖民地。

无疑义的，这协约之缔结，一方面是新的帝国主义竞争者在世界舞台上出现后所促成的，另一方面也是竞争者在阿比西尼亚出现后所促成的结果。1903年，阿比西尼亚与北美合众国订立了通商条约。1905年又与德国订立通商条约。在英法两国看来，德国是比北美合众国更可怕的一个竞争者。1906年，德国在阿比西尼亚设立公使馆。1905年，奥国与阿比西尼亚订立条约。

三国协商在形式上承认了"阿比西尼亚的完全独立"，各缔约国答应不破坏阿比西尼亚"宗主权"，并且往后在阿比西尼亚也应该采取共同行动。但这个阿比西尼亚已经被划分为三个经济的势力范围：与意属伊利特里相衔接的北部阿比西尼亚，被公认为意大利的经济活动地带；本部和南部阿比西尼亚是英国的经济活动地带。所以这次协商也可以看作是过去一个时期中争夺阿比西尼亚的一个总结。阿比西尼亚已被帝国主义列强所瓜分，已经完全成了它们的半殖民地。

（六）大战后争夺阿比西尼亚的斗争

阿比西尼亚之被分为经济的势力范围，仅足以造成"大国"间的形式上的和平而已。

欧洲资本在阿比西尼亚的商业膨胀，逐渐深入到全国最闭塞最遥远的区域。列强间争取阿比西尼亚的冲突，也日益激烈化。

除了夺取阿比西尼亚市场的冲突以外，同时夺取租界的冲突仍旧继续扩大着。每一个帝国主义国家总想占有阿比西尼亚经济的支配中枢，但是它们的这种野心企图，往往同另一个国家的同种企图发生了冲突。同时抢占尼罗河水源的斗争也日益尖锐化,并且在这争斗中又加入了一个美帝国主义。

各帝国主义列强间经济斗争的主要对象,便是阿比西尼亚的市场和交通。交通足以帮助商品之推销,因此铁道建筑的让与权(租借地)之获得,足以保证该铁道范围以内全区域的经济监督权。

还在1894年时,法国因为自己在意大利、阿比西尼亚战争中守了中立态度,且以各种军需品供给了阿比西尼亚,所以得到了吉布蒂港至阿比西尼亚内地的铁道建筑权。这铁道之建筑直到1897年才开始,即在建筑该铁道的股份公司征集到了必要的资本并克服了英国方面的阻难之后。

帝国主义铁蹄下的阿比西尼亚

自吉布蒂至奇立达瓦的一段铁道(共长306公里)建筑了五年,于1903年正式通车。由于其他列强对于日益扩张的法国势力之阻挠,这条铁道之继续铺设,在1909年之前,未能继续进行。但是自从三国协商成立之后,这铁道之建筑又重新开始了。自1909年起至1917年为止,这铁道已延长到阿京亚珠斯亚比巴(该段共长406公里)。这条铁道连停车道在内,全长783公里。于是代表阿比西尼亚的两个主要省份(赵省和哈拉尔省)之商品流转的基本动脉的铁道建筑就算完成了。❶ 这条铁道经过奇立达瓦地区——这是最富饶的哈拉尔省的经济中心,是山岳高原地前门;同时这铁道以亚的斯亚比巴为终点——这是阿比西尼亚的首都,是赵省的中心点,而且整个东北区(卡发省和考怯姆省)在经济上都是以这地方为归宿的。如今,阿比西尼亚的对外贸易,有70%~75%是经过这条铁道的。

吉布蒂到亚的斯亚比巴的铁道成了法帝国主义者垄断阿比西尼亚中部商业的绝好工具,而同时亦是做政治压迫的有力武器。

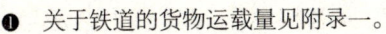

❶ 关于铁道的货物运载量见附录一。

157

但经过这条铁道运往阿比西尼亚内地去的不完全是法国的商品。虽则在哈拉尔省和赵省，法国货是最流行的，但是其他各国货物的竞争也很厉害。各外国商行侵入阿比西尼亚内地以后，便极力从事夺取市场的斗争。全阿比西尼亚的商品流转，若以价值计，有70%是经过铁道运输的；但是法国所占的比例恐怕还不到25%，其余的便是英、德、比、美、日、意和其他国度的商品。然而无论如何，这一条铁道已足以保证法国在阿比西尼亚的政治经济生活中的领导作用。

但如果法国的势力是在阿比西尼亚的中部，那么与意属伊利特里和玛萨华港相衔接的地方（蒂格勒、拉司塔、捷蒲尔、孟罕德尔、安姆哈拉、查纳湖），即阿比西尼亚的北部，便是意国的势力圈了。

蒂格勒是阿比西尼亚的几个富饶省份之一，共有人口250万～300万。意大利想独占这一区域的商业，它差不多已经达到了这个目的。从玛萨华港经阿斯玛拉（意属伊利特里的首都）至阿戈达特，已经建筑了一条铁道。如今正在建筑阿戈达特向南至奥姆哈弼拉（邻接阿比西尼亚的一个小地方）的支线。所以，从意属海港至阿比西尼亚边境区域的铁道也已经建筑成了。

除了这条铁道以外，在意属伊利特里的全领域内，建有无数汽车公路。这些汽车公路或者与铁道并行，或者走别的方向，但都与阿比西尼亚的边境相衔接。在阿比西尼亚境内，交通非常不便，从南部跑到蒂格勒省去是非常困难的，因此整个北部阿比西尼亚便成了意大利的经济势力范围。目前意大利在这个区域内还没有碰到其他外国资本之竞争。玛萨华港的设备，并不劣于吉布蒂。玛萨华港的商品流转量的十分之九，是与北部阿比西尼亚有关系的；因为在意大利输入伊利特里的商品，只有很少一部分是供给伊利特里的人民（总数40万～45万）的。

法、意间的经济冲突发生在沃洛和达拿勾耳省，这是与伊利特里东部相邻接的地方。

在伊利特里的南部有一个叫作阿萨勃的小港。在阿萨勃港和沃洛区之间的道路是非常恶劣的，甚至连骆驼商队的交通都不甚方便，因为这里所过的道路不是狭窄的山路，便是灼热的沙漠地。但法国人到沃洛区去的道路就比较便利些，法国从南方运入沃洛区的商品，并不少于意大利经过蒂格勒运转进去的商品量。

为要排斥这一个区域内的法国资本势力，意大利人预备建筑一条汽车道，从阿萨勃港起，直达沃洛省的中心点——台西地方，共长430公里。到阿比西尼亚边境的那一段路（54公里）已经完工了。这条汽车路的意义，就在于改善意属阿萨勃港到沃洛省的商品运输，并阻碍其他竞争者的商品输入。这条道路之建筑实际上就等于对法国的经济宣战，意大利政府经过了长期的踌躇，才决定投资建筑这条道路。主张积极的殖民地政策的激烈分子，且因此而责备政府行动之不活泼，甚至说，这是政府之懒惰。他们说"我们的竞争者将因为我们的懒惰而得到抵御意大利竞争的保障"❶。

但法国方面也并不会把光阴蹉跎过去，它以非常快的速度，着手建筑亚的斯亚比巴至台西的道路。但是当建筑了96公里的道路之后，才发现这条路之继续建筑是不可能的，因为所经过的地方统统是坚固的岩石，且须从很远的地方绕过去。于是法国这条道路之建筑就此中断了。但意大利政府却在1930年投放了350万里拉的资本，以建筑阿萨勃港到台西的道路，并改良阿萨勃港的本身设备❷。

然而意大利还并不因此而满足，它同时又设计建筑一条贯通阿比西尼亚的铁道——这条铁道将从阿比西尼亚与伊利特里边境处的一个小地方奥姆哈辔拉筑起，一直通到意属索谋里兰的克里

帝国主义铁蹄下的阿比西尼亚

---

❶ La camiouabile Assab–Dessie, *Lolremare* No. 10, 1929。

❷ 建筑费的总预算，为1200万~1500万里拉。

齐玛约港为止，全长1500公里。这条铁道建筑计划是在世界大战前便存在的。1913年时，在共达尔地方且已开始进行测量工作，在米兰且已创立了一个意非商业公司，有资本25亿里拉。战争之爆发阻止了这计划之实现。但是我们可以预先断定（根据大战前英法报纸的论调），如今其他列强将用尽方法来阻挠这铁道之建筑。在目前，这只是一个空的计划而已。但就是这个空的计划，亦他足以表示法西斯意大利对于殖民地侵略的野心。这个计划如果实现，那么在阿比西尼亚的任何区域内，意大利对于它的竞争者，将占有绝对的优势。

站在意属殖民地的内部联络的立场上说，伊利特里至索谋里兰的直达铁道也有重大意义。

英帝国主义也想夺取阿比西尼亚的市场，它用了种种方法去促进苏丹和阿比西尼亚之间的贸易。英国的货物是先用轮船从苏丹运到巴诺河的迦姆培拉埠头，然后再用骆驼向各地运送，这样不仅费用贵，而且所需时间亦很长。因此英国人也预备筑一条铁道，以迦姆培拉为起点，把考立、密阿督等阿比西尼亚西部的山岳区域连接起来。1928年英国的 Ethiopian Transport Co., Ltd. 托拉斯便开始建筑这条铁道。这条新的铁道将能提高英国在阿比西尼亚商业流转中的地位。除了铁道以外，英国人还建筑考立至迦姆培拉的汽车路（英国和希腊合资创办的）。考怯姆和卡发两省在地理形势上是与苏丹接近的，自从便利的交通道路筑成之后，这种地理的接近将成为经济的接近。法国的商品原来亦从亚的斯亚比马运向两个省份来销售了，但如今将因此而遭受极大打击。

最后，英国又想从东南方面的英属索谋里兰，夺取阿比西尼亚的市场。曾在一段时期，这条道路是很重要的。但自从吉布蒂铁道筑成以后，便完全失去作用了。英国用尽方法，想夺取吉布蒂港的一部分商品流转，使它改走英属索谋里兰的贝比拉港和齐拉港。为了这个目的，英国使海关上的检查工作简单化，改善贝比拉港设备，减轻港口的租金和转口税率，但这些手段都没有能够达到所希望的目的。在这一方面，法国资本和它的巩固的基础——吉布蒂铁道——是占了上风。

除了英、法、意三个帝国主义以外，美帝国主义也参加阿比西尼亚市场之争夺战。在世界大战时，美帝国主义者获得了阿比西尼亚市场之统治权；美国商品满布全国各地。直到大战终止了数年之后，美国在阿比西尼亚对外贸易中所处的地位，才逐渐低落下来。

但美帝国主义不仅想获得阿比西尼亚的市场，而且想统治尼罗河的水源，想在查纳湖建立一个极大的蓄水池，以便利用大规模的沟渠建筑，把阿比西尼亚变成一个美国的富饶的热带种植场。

查纳湖平均每年能供给 35 亿平方公尺的水量。1927 年，美国的瓦脱公司向阿比西尼亚政府提议在查纳湖建筑一个大水闸，这水闸筑成后可以使水的供给增加到 80 亿平方公尺。全工程的费用估计为 2000 万元，阿比西尼亚政府已经预备接受这提案了。但这时候，英国又出来干涉这件事，于是查纳湖问题成了一个很大的国际事件。这事件有什么政治意义呢？查纳湖的水是流入蓝尼罗河去的，该河复在苏丹境内与白尼罗河汇合。当然，这是很明显的：美国资本家绝不愿意把多余的几亿平方公尺的水去供给苏丹和埃及，使英国人得以利用不花钱的水在自己领土内去灌溉一个新的区域。美国资本家预备自己利用这增加起来的水量，去灌溉查纳湖和苏丹边境之间的那个区域，因为他们在这里已经成为全权的主人翁了。水闸之建筑仅是美帝国主义的大计划中的一部分而已。这个全面计划的内容就是想以"和平的途径"在阿比西尼亚西北部获得一个巨大的新的区域，想在非洲建立一个新的殖民地。但是英国人亦想占有尼罗河的水源，亦预备在这里建筑一个巨大的水闸。至 1927 年时，英国人的要求更为坚决了。在阿比

帝国主义铁蹄下的阿比西尼亚

西尼亚政府面前发生了一个严重的威胁：英国人借口"保障埃及和苏丹的生命利益"而直接占领尼罗河水源了。据埃及的民族主义者的分析，英国想占领查纳湖并在那里建筑水闸的计划，就是表示英国想把苏丹造成为棉花生产中心，供应英国纺织工业之需要；也就是表示英国想获得尼罗河的水源"调节权"，以便利用这"调节权"，作为压迫埃及的强有力的工具，使后者完全向英国投降，甚至放弃形式上的独立权。英国之所以没有占领尼罗河的水源，正因为它在这问题上与美国的利益发生了绝对冲突。阿比西尼亚若是把查纳湖的建筑权让给美国，那么它就要与英国破裂。英帝国主义者对于美国的计划马上做出了反应。伦敦方面发出了警告性质甚至威胁性质的通牒。美帝国主义便决定让步了。同英国公开冲突的时机还没有成熟，何况尼罗河水源问题在英美冲突的整个锁链中，仅是次要的一环而已。1930年6月，双方获得了一个妥协办法，这办法的内容便是：阿比西尼亚将被确认为查纳湖上一切水利工程的所有者；水闸之建筑将由瓦特公司承办；所积蓄的大半应该供给埃及和苏丹，但苏丹政府在前50年内，应该支付一种水费，以担保美国所发行的股票的利息。

但是发起这事业的美国银行家对于这条约颇不满意。于是又重新开始谈判，结果是查纳湖的水闸建筑到今天还没有开工。

根据英国报纸的消息，美国公司同苏丹、阿比西尼亚两国政府的协定将于1931年10月签字。同时，不仅将建筑查纳湖的水闸，而且还要建筑由首都至查纳湖，复由查纳湖至苏丹这边的道路。瓦特公司所派遣的美国工程师已经在1931年开始做测量工作了。但下文如何，报纸并未告诉我们。不过在这里，我们还要补说一句，即美国顾问在阿比西尼亚的政府机关中占有支配地位，阿比西尼亚的银行是在美国资本的影响下，所以美帝国主义在阿比西尼亚的积极活动是必然的事情。

我们绝不要以为1906年的三国协商，能够使阿比西尼亚完全避免政治分割的危险，以为各帝国主义者的活动将仅以经济斗争为限。进行新的侵略的野心企图仍旧存在着。没有一个强国不想把自己的"势力范围"和自己的半殖民地变为完全的殖民地。实际上这种侵略已经开始实现了，不过在目前，这种侵略还是用种种方式掩饰着的。各帝国主义列强在阿比西尼亚内部的社会斗争中，是积极参加的，它们暗中援助阿比西尼亚的各派封建诸侯，挑拨他们内讧，以便从中巩固自己的地位。

帝国主义铁蹄下的阿比西尼亚

各帝国主义列强对于阿比西尼亚除了建立经济的统治权以外，还想建立政治的统治权。为了这个目的，它们便极力宣传阿比西尼亚的混乱局势和奴隶制度。大家知道，奴隶制度在英国和法国的殖民地是存在的。但是它们对于这里的奴隶制度是从不作声的。各帝国主义者对于半殖民地国度中所存在的奴隶制度总是极力喧嚷着。它们所以要这样做，并不是真的想反对这种奴隶制度，而是想加强自己对于这半殖民地的统治权。它们嚷道：阿比西尼亚还存在奴隶制哩！国际联盟已开始同这奴隶制度斗争了。它（国际联盟）将增强自己对阿比西尼亚的"国际"监督。但是因为国际联盟是资本主义强国手里的工具，尤其是法国手里的工具，所谓"国际"监督实际上就是法国的监督，也就是给了法国以干涉阿比西尼亚内政的特权。为使阿比西尼亚完全接受国际联盟的指令，由法国发起，把它拉进国际联盟。这完全与法国的利益相符合。法国占有阿比西尼亚的外国投资的最大部分，它在那里握有最大的政治和经济的利权；同时它又是一个"世界的强国"，在国际联盟占有最重要的地位和最大影响力；所以法国利用了国际联盟的机关，想强迫阿比西尼亚接受种种"国际义务"——因这些义务之执行是有利于法国的。

阿比西尼亚不能拒绝参加国际联盟，因为国内奴隶制度之存在是铁一般的事实，虽则密涅里克已有取消奴隶制的命令，虽则阿比西尼亚在以前已经签订过条约，承认有各种义务。阿比西尼亚如果拒绝加入国际联盟，那就等于是对"欧洲文明"挑战，势必引起种种不愉快的结果。因此阿比西尼亚政府便接受了法国的提议。但英国和意大利却一致起来反对法国的计划。它们一定不准许阿比西尼亚加入国际联盟，且在联盟会议上屡次起来反对法国的提案。英国在意大利的援助下，提出了不能接受阿比西尼亚的种种理由：①其他较文明的国度（新西兰）尚未接受其为国联会员；②阿比西尼亚尚未裁减军备，并且不履行限制野蛮国家输入军火的各种条例等。英国和意大利的驻阿比西尼亚公使屡次警告阿比西尼亚的独裁者塔发利说：法国的行为是含有恶意的，它们（英、意两国）是阿比西尼亚的真正友邦。这种话当然是谁也骗不了的。同时法国也揭露英国自己想并吞阿比西尼亚的种种野心企图，因为如果英国能够占领阿比西尼亚，那么整个东非洲——从埃及起至南非洲联邦为止——将完全受英国的统治。从开罗起至好望角为止的铁道将能筑成一条直线，且完全从英国的领土内经过，以获得最大的安全保障，并成为法国非洲属地的经常性威胁。

结果，国际联盟的第四次大会（1923年9月）通过阿比西尼亚为国际会员，并且准许它在日内瓦驻设经常的代表。但是由于英、意两国之联合抵制，法国未曾能够完全利用自己这个提案（使阿比西尼亚加入国联的提案）所应发生的一切利益。

直到今日为止，英国仍旧是反对平等对待阿比西尼亚的。英国报纸为制造这种舆论起见，甚至捏造了许多事实。其中最可笑的就是把共产主义罪名加之于阿比西尼亚政府。1929年12月25日出版的第275期东阿非利加杂志甚至说，阿比西尼亚国王是与莫斯科政府相勾结的，说阿比西尼亚驻英、法、意各国的代表是苏维埃的代理人，因此主张阻止阿比西尼亚加入国联。

英国除了在报纸、杂志上做宣传，要求重新考虑阿比西尼亚加入国联的问题以外，并且利用意法冲突以组织英意共同战线，反对法国在阿比西尼亚的活动。

1925年，英国"赞助意大利的阿比西尼亚大铁道（由伊利特里至索谋里兰的铁道）的建筑计划。英意间且已订立了一个划分阿比西尼亚的经济势力范围的协约。为报答英国的援助，意大利须赞助英国建立查纳湖水闸的计划"❶。1926年5月1日阿比西尼亚针对这协约在国联提出抗议，当然它的抗议是得到法国支持的。结果，这协约还是没有改变现实的情势。欧洲各列强间的关系还没有变动，阿比西尼亚仍旧是外国资本的半殖民地。而且外国帝国主义强国仍旧继续着进行瓜分阿比西尼亚的斗争，继续想把它变为完全的殖民地。

第三章　阿比西尼亚的各社会集团及其相互斗争

阿比西尼亚的社会经济制度是各种生产秩序和各种社会阶层的复杂的混合体。一方面，我们在这里可以遇见（特别是在边疆区域）宗法氏族制度残余，带有鲜明的自然经济色彩的游牧经济和原始共产主义制的公社。另一方面，在中央各省——赵省和哈拉两省，资本主义生产的胚芽已经出现，铁道建筑已经开始，对外贸易正在发展。但阿比西尼亚的生产关系之基本形式是封建农奴制的关系。人民之基本大业是在占有大规模田地的少数地主之封建农奴制的束缚下。在任何地方，封建地主阶级的重要部分都是僧侣和神父。在阿比西尼亚，除了封建农奴制关系以外，还保存着奴隶制度；但是这只有次要的意义。

基本的统治的生产方式是封建的生产方式。

然而由于帝国主义侵入之结果，阿比西尼亚的封建制度已经失去了许多基本特征。

❶ 伊凡诺夫：《英法衍突》（1919—1927年），第102—104页。

阿比西尼亚的农业经济有许多已经商品化了——它为着国外市场而生产商品。货币关系亦已发展，地租和税捐均以货币征收。国内市场已经形成，不过国内市场是适应对外贸易的利益的。封建农奴制的关系与相当发展的市场和相当发展的商业并存着，与帝国主义对全国经济中枢的统治权并存着。换句话说，封建形态已经在帝国主义的努力下，开始腐化并崩溃。但同时，帝国主义又维持这个腐败的和崩溃的形态，维持封建农奴制的关系，巩固封建农奴制的剥削形式。阿比西尼亚封建经济腐化——保持着它的腐化的形式，而不能过渡为更高的经济形式——亦就是阿比西尼亚的现存的社会经济制度的基本矛盾。在这一点上，阿比西尼亚不是一个孤独者，在这里所发生的演变是代表大多数殖民地半殖民地的典型现象。阿比西尼亚已被帝国主义的经济政策驱逐进了绝路。最后，又受到了世界经济危机的大打击。如今它应该设法从这绝路中逃脱出来。它如今正在找寻自己的出路，这可以以阿比西尼亚农民骚动为证据。这些农民骚动从外表上看虽带有反动性质，但实际上是革命的。

本章的任务是在提出阿比西尼亚社会发展的几个基本问题。我们对于这些问题，还不能给以圆满的解答，因为我们对于这个国度的研究还不充分；但我们可以指示这些问题之解决方法，而且这亦是一件必要的工作。

我们在目下就已经可以指示出阿比西尼亚的宗法氏族制度残余和封建制度的性质，指出现存的经济政治关系在帝国主义侵入后，如何改变了它的形态，使阿比西尼亚陷入于何等样的绝路，并且从何种途径可以使它跳出这绝路。

（一）前资本主义关系

A. 宗法氏族制度的残余

部落宗法制度的残余，主要是保存在游牧部落中；保留在定居的部落中的，仅是很少的一部分——在很闭塞的地方，在山谷中和国境地方。

但现今所保留着的这些残余，绝不是纯粹的形态了。

我们绝不要把这种残余看作是完全脱离了全国其他人民而孤独居住的原始部落。每一个这样的部落是在周围环境的影响下，是在全国所统治的生产关系之影响下，是在这部落和临近居民们的交换关系之影响下。因此宗法的秩序崩溃了，被新的封建秩序所代替了。目下正进行着某一生产方式转为另一生产方式的过渡工作。

帝国主义铁蹄下的阿比西尼亚

目下在阿比西尼亚所遇见的部落，是处于宗法制度崩溃的阶段中，是正在过渡为新的封建关系。

在每个部落的若干氏族中，有某一个氏族由于各种不同的原因（主要是由于占有基本生产资料的原因），变成了全部落的统治者。同样在这一氏族的内部，也发生了分化过程，政权逐渐移到某一个人的手里去。于是原来归该氏族公有的财产，现在也集中到某一个人的手里去了。

成为统治者的那个氏族便成了领导者：凡是全部落之移居，对其客观存在部落宣战等问题将完全取决于该氏族的族长。起初财产是集团性的，直到下一个发展阶段中才发生个人的财产，才产生封建关系。在这封建关系下，主要的部属、诸侯和家臣都变成为单独的个人。

在游牧部落中，在没有定居于某一地方的时候，就已经形成了封建的关系；牲口之私有制已代替了原来的集团所有制。

当某一个游牧部落在某一个地方定居下来的时候，在畜牧时代所形成的生产关系亦遗传到土地关系（即对基本生产资料的关系）中来。这时候的土地关系有两种形式：或者是一切土地都算作领袖氏族的集团财产（如在阿拉爱部落中）；这一个氏族自己选择了最好的田地，把其余的地分派给隶属于它的其他氏族，而土地之占有是带有集团性质的。或者是由于氏族内部分化之结果，土地分裂成为个人的田产，于是便逐渐过渡为小的私有财产，同时又发生了土地集中的运动。

有些部落中，统治和隶属的关系不是存在于各个集团（氏族）之间，而是在各个个人之间。在这里，统治和隶属的关系是个人化了（如敏隆、濮谷司和其他畜牧氏族）。臣属是没有权利改换自己的领主的。要离开这一部落的范围，只有得到主子的允许，并支付相当代价（牲口）之后，才有可能。牧场之占有是集团形式的，大家对于水和森林之利用享有同等权利。每个个人可以出售自己的私产，但先得尽自己同部落的人购买，要在部落的人不愿购买的时候才能出售给部落以外的人。

如像库拿玛部落就是一个"自由人的自由联合"❶。所有重要的问题都在部落会议上决定，在这会议上每一个人都有发表自己意见的权利（如关于战争或议和的问题、移居问题、法庭裁判等）。部落已与交换关系相接触，集团式的财产已经崩溃了，但私有财产还没完全形成。已占有的牧场是公有的。但是倘使该部落中的某个人自己去垦殖田地，那么这土地（他自己的劳动结果）便归他自己享用。

从上述这些实例中，已经可以充分证实阿比西尼亚还存在宗法氏族制度的残余。在统治的封建形式的社会经济生活之影响下，又在国内市场逐渐发展之影响下，这个宗法氏族制度的残余已经开始崩溃了。

B. 封建制度

根据古代阿比西尼亚的历史纪述，各游牧部落之逐渐地、大批地过渡为定居的生活是在西历纪元前便开始了。所谓的封建关系在那时候开始产生。到 8 世纪至 10 世纪，便已完全形成为一种

---

❶ Carlo Conti Rossini, Princ pi diritto consultudinario dell Eritrea. P. 777。

社会关系。这种社会关系在阿比西尼亚，直到今日还差不多完整地保存着。氏族的或部落的属员都受一个酋长的指挥，有许多精选的武士做这个酋长的禁卫队。酋长之产生是由于他执行了许多社会职务："解决争讼；镇压个人侵占分外的权利；监视水槽，……以及宗教的任务。"❶

氏族内部各属员之间的经济不平等增加了。在酋长（和他的亲信者）的手里，积聚了许多礼物和谢仪，这都是要求保护并支付贡税的人送给他们的。往往一个酋长同时兼做军人、僧侣和法官。僧侣的职务也是有很多利益的。

但是这些领袖逐渐"从公仆而变成了主人"。"他在社会上的独立地位，日益扩大以致变成了社会的统治者。"所以会发生这样的变化是因为他已经成了基本生产资料的垄断者。他已经把全部落的公有财产，变成了自己私有的封建财产。在这基础之上产生了阿比西尼亚的封建土地所有制，产生了阿比西尼亚的封建制度。

在目前，阿比西尼亚的土地差不多完全集中在封建地主的手里，农民的土地是非常少的，大多数的农民都向地主租借土地。在有的场合中，农民不得不向地主租种土地，因为自己的土地不够耕种；但在有的场合中，是地主好去强迫农民们租种他的田地，虽则有的时候农民连自己的土地还没有时间去耕种。

在农民的土地和农民的住宅附近，便是地主封建主的土地。地主封建诸侯对于农民，好比阿比西尼亚国王或各省拉司（拉司即各省督军）对于全阿比西尼亚的权力还广大。仅是根据法律上的规定，每四天之中，农民就应该为地主封建主做一天工。

根据法律上的规定，一切土地都属于阿比西尼亚的国王，后者把这土地交给各省长官和其他人员暂时享用。但事实上，所有

帝国主义铁蹄下的阿比西尼亚

---

❶ 昂格斯：《反杜林》。

的土地早就归个人所有，且成了他们的世袭财产。阿比西尼亚全国满布着这种小的（但有时亦有很大的）、闭塞的世界，在这世界的范围内农民是完全无权力的，是完全被地主的意志所屈服的。地主们帮助政府代理人（长老）向农民们征收税捐。长老是直属于各省督军的。政府创设长老之目的，就是要使国家向农民所抽的税捐不落入地主的私囊，且能越过了地主的掌握直接归入国库。但实际的情形并不能如政府所期望的一样。长老们往往成了地主的管账人，成了他们的代办人。长老们的工作主要是去帮助地主监视农民们执行赋役劳动，而不是去监视农民们缴纳国税。国税的很大一部分落入长老和地主的私囊中去了。农民们对于地主的非法行为、非法的待遇和苛重的诛求是无处申诉的。不论是谁——是督军也好，是长老也好，若是同万能的封建主们闹得不好，那他是一定要吃亏的。地主们可以把农民送到国王的军队里去，可以使农民倾家荡产，可以把他们的土地并入自己的田产中去；谁亦不能阻挡地主的行为。农民们也没有地方可以逃避；他们想到别的地方去耕田，但是别的地方的土地又为别的地主所有，那些地主也很愿意行使自己的职权。他们或者愿意加入游牧部落，但游牧部落是不会接受他们的，因为生怕接受了异族人将引起不愉快的结果。农民们在名义上是自由的，但实际上他们是农奴。

C. 奴隶制和农奴制

正式的奴隶贸易——人口买卖——在阿比西尼亚是被法律所禁止的，且要受死刑的处罚。阿比西尼亚政府曾签字承认各种反对奴隶制的国际义务。但事实上，奴隶制是存在的。奴隶之主要来源是：征讨反叛部落时所获得的俘虏、不肯缴纳税捐的人民和奴隶们所生的儿女。各省督军把获得的俘虏分给那些帮助他作战的封建主们。占有奴隶的人仅是大地主和商人。奴隶们是地主的家奴，但也利用他们做田间工作。在阿比西尼亚，虽则没有公开的奴隶市场，但奴隶是可以交换的，是可以用作抵偿债务的。

农民的地位亦同奴隶相像。很多农民因为债务，因为无力支付租金或无力清偿债务，而成了地主们的负债劳役者。他们不能到别的地方去；他们被束缚于地主和地主的土地上。在交换关系发展的影响下，农民之被束缚的程度也愈增加。地主们加强了对于农民的剥削，他们尽力榨取农民的剩余生产品，因为他们需要很多的生产品去做商品交换。如果农民不把债务偿清，不执行地主命令，而企图逃开地主，那么他将遭受到残酷的处分。凡是教会、法庭、地方政权和民团等机关完全是站在地主一边的。

阿比西尼亚的封建关系，以及这关系所造成的生活秩序和风俗等，起源于极远的古代。地主封建主阶级和军阀是不可分离的整体；这是反对变更现制度的最有力的一种政治势力，它将坚持一切旧有的制度而反对任何新的运动。

D. 僧侣是封建制度的柱石

现在阿比西尼亚的教会是最大的封建领主之一。这是完全独立的一个机关。在形式上，阿比西尼亚的教会是埃及亚力山大的考泼脱教会一部。但事实上，阿比西尼亚的教会并不受埃及教会的什么牵制。形式上的联系并不给以任何束缚，唯一的义务便是阿比西尼亚的主教要由埃及教会所委派的埃及人所充任。但这事实并不起什么重大作用。这从下列事实中可以得到证明：被派遣的主教没有权力可以离开阿比西尼亚，倘使他自己愿意得到真正的势力和地位，那么他就得随波逐流，跟着当地教会领袖所决定的宗教政策去跑。主教所管的仅是教义和神学方面的纯粹宗教性质的问题。关于都会财产、修道院和教会从属体系之支配等事务，全由主教的两个助手管理，后面这个人才是当地僧侣阶级的代表。教会于长期参与全国经济政治活动并勾结封建阶级之结果，是获得大批财富。封建主们把大批田产酬谢自己得力的同盟者；如今阿比西尼亚的土地有三分之一在教会的掌握中。英国的

帝国主义铁蹄下的阿比西尼亚

旅行家莱伊对于阿比西尼亚都会曾有一段很有趣的记载：

"教会之隆昌和它的势力之浩大，是世界上绝无仅有的。修道院和教会满布于全国，且占有无数田产。田产的收入用以维持无数的修道僧、牧师、神父们。据阿比西尼亚人告诉我，这些靠上帝吃饭的人们，共有一百万人以上——我很难相信这估计，但我可以断定，在阿比西尼亚的人口中有四分之一的男丁是这一类的寄生主义者。他们是寄生虫，因为他们并不做什么有益的工作，他们仅靠种田人所献纳的贡税过活；他们自己不仅不做任何工作，且解除了一切军役。他们几乎都是无智识的不识字的人，在他们之中能读文字的人很少，至于能够写的人是更少了。"

莱伊又写道：

"僧侣阶级而有这样大的势力地位——这绝不是阿比西尼亚的幸福。这种局面为各种不同的原因所造成：如传统习惯、财富、田产等，同时亦因为牧师（或者是他们之中的一部分人）是国内能够了解古代开士语的唯一种人，所有的法律和类此的书籍都是用这种开士文写成的。这给了他们很多特权，使他们成了一切法庭中的必然助手——全国所有的法庭可以说都在他们的掌握中。"

这是很明显的，阿比西尼亚教会既然拥有这样多的田产和其他财富，又是唯一的法律的解释者，于是它必然地成了一种大的反动势力。所以毫无疑义地，"这些都会人员亦将如其他都会的僧侣一样，成了一切进步和新势力的坚决反对者……"（莱伊）

教会的干部人员都是阿比西尼亚本地人，主要是封建诸侯、官僚、军人的子弟和无数修道院中所教养出来的生徒。所以教会组织带有世袭的等级门第性质。奴隶不能当牧师，就是贫农们——哪怕是纯粹的阿比西尼亚人——亦不能充任牧师，但是他们可以做修道僧。

僧侣阶级在内政方面竭力企图巩固现存的社会关系，并维持这种社会关系所借以生存的经济基础——这便是他们的反动作用。

（二）帝国主义在阿比西尼亚的统治中枢

帝国主义并没有改变国内现存的生产关系。反之，它巩固了封建奴隶制的生产关系；因为民族工业之建立和封建财产之废除，同帝国主义者的利益是不相符合的。但是帝国主义改变了阿比西尼亚的经济生活。

自然性的经济被破坏了。如果在以前，农民所供奉给地主的蜡，是用作地主住宅内点火用途的，所供奉的数量仅是地主家里所需要的数量；可是在如今，地主向农民们索要更多数量的蜡，并且强迫他们把蜡弄得很洁净，因为地主不仅要他们供给自己的需要，而且要拿出去销售。对于咖啡和牲口之供奉亦是如此。农村经济已经商品化了，已经形成了一个适应对外贸易之需要的国内贸易；而这都足以促成农奴制关系之建立。

帝国主义带了许多新的东西到阿比西尼亚去。骆驼的商队从亚的斯亚比巴到吉布蒂要走 40 天，骡子的商队要走 20~25 天。但火车只要 3 天工夫便可以把这点路程跑完了。这加速了商品流转的速度。在都市中，设立了外国商行的代理处和其他商业机关。阿比西尼亚商品之销路更扩大了，它与国际市场的关系更密切化了。交换关系愈加复杂化了，甚至连国内的最偏僻的地方都已经被牵入了日益发展的商品流转。然则耕种的方法改变了没有呢？农村经济强度化（集约化）了没有呢？最后，在帝国主义的影响下，生产过程中人与人的关系变更了没有呢？对于这许多问题的答复都是否定的。一般来说，农业生产的水准仍旧是很原始式的。虽则也有少数的地主迫着自己的农奴们到种植场上去栽种咖啡，但土地仍旧在地主们的手里，赋役制劳动照旧保留着，在种植场上做工的农民所受到的剥削始终是有增无减。大体上说，

帝国主义铁蹄下的阿比西尼亚

生产方式仍旧没有变更。新的汽车路,都市中的大街,两层楼的房屋,无线电台,电话线,铁道列车等,仅足以改变阿比西尼亚的外貌,但不会改变它的封建的生活形式。商业行为之形式是复杂化了:阿比西尼亚的商人已经脱离了简单的买卖而采取信用、期票、兑换券等方法。在阿比西尼亚甚至已经成立了银行组织。但这些新的事物,仅是被帝国主义者利用着去加强对于阿比西尼亚劳动人民之剥削,并增加自己的利润而已。

如果在以前,经济的统治中枢是在封建领主的掌握中,但如今,自从改变了它的性质以后,自从商品货币关系侵入之后,经济的统治中枢已转入外国资本的掌握中去了。

外国资本"主要是混入了商业范围,仅以高利贷资本的形式活动着……它所追求的目的便是想获得对于土著资本家阶级的形式上独立的各政府机关之全部监督权……"。"输入的资本集中起来……去获取原料及其初步的改制工作。……这些资本被利用着去发展交通机关……使能更便利于吸取原料……""垄断了全部对外贸易,于是便节制了殖民地经济和世界市场之间的一切联络,并且把它放在自己的监视之下"——这便是在阿比西尼亚活动的"财政资本的各个垄断集团之基本企图"。上面所指出的这些原则,在阿比西尼亚的实例中得到了明显的实证。然后,外国资本便开始建筑铁道和汽车公路,获取租借地,因为有了租借地便可以获取开采矿产原料的独占权,吸收农业原料(主要是咖啡),最后便统治了阿比西尼亚的银行、国家财政和政府机关。

A. 对外贸易

1923年时,莱伊曾写道:"阿比西尼亚的全部出入口贸易只有2250~2500英磅,像阿比西尼亚这样的国度,有这么广大的疆土,这么多的人口和这样富饶的自然蕴藏,但对外贸易只有这么一点,这真是很好笑的数字。"

莱伊是一个英国资本家，他的头脑是在发达的商品资本主义社会中培养起来的，所以在他看来，这数目只有好笑而已。

但事实上，在阿比西尼亚国内，直到今日为止，还是自然经济统治者，且在原始式的交换形式下，所以这数目是不好算少了。这数目已经是上面所分析的各种进步之结果。

在1909年，阿比西尼亚的对外商品流转还只有20万镑，在1916年时只有50万镑。但在1923年时，商品流转量已达300万镑（据莱伊说是250万镑）；在1927年达700万镑；而至1928年已达920万镑了。

直到危机开始为止，商品流转量是继续增加的。

阿比西尼亚的主要出口货物是咖啡和皮革。❶

但是阿比西尼亚出品在世界市场上的地位是很不稳固的。在这里，充分地显示出阿比西尼亚的社会技术的落后性。欧美商品有资本主义技术的高度水准作为保障，它的竞争力自然远胜于落后的殖民地阿比西尼亚商品。阿比西尼亚生产品之销售直到世界经济危机爆发以前，仍旧是年复一年地扩大着，这一方面是由于阿比西尼亚生产品（咖啡）的上等质地所造成的；另一方面是由于阿比西尼亚农民所身受的残忍之剥削所造成的。

在入口货物中，棉织物占第一位，这都是普通的棉织物，大半是用以制造土人的衣服的。❷

在前面，我们已经说过各帝国主义列强间争夺阿比西尼亚市场的斗争。因为阿比西尼亚的主要输入品是棉布，所以市场斗争主要是销售棉布的斗争。在大战年间，美国的棉布没有遇到过竞争者。亚丁、吉布蒂、亚的斯亚比巴和东部非洲的其他许多大都

---

❶ 在大战前，曾有大批的蜡流转向俄国，但自大战后，蜡的出口量大减。象牙出口本来也占有相当重要的地位，但由于象之大批残杀之结果，象牙的生产大为减少，而象牙的出口量亦减少了。

❷ 关于其他货物的出口量见附录二。

市（其实是整个近东——土耳其叙里亚等的市场）都塞满了美国商品；美国商品代替了英法意等国的棉布。这并不是说美国货排挤了许多国度的商品，而是因为这许多国度的商品退出了这些市场，而被美国货代替了它们的地位。

但是不久以后，在大战停止后的初年（1918—1920年）发现了一个新的竞争者，这便是日本。日本的货物比美国货便宜许多，它很快地代替了美国货的地位。

大家知道，大战以后，在全世界范围内，争夺市场的斗争非但没有减少，反而增强了——尤其是在1920—1921年的经济危机之后。在1922—1925年间，由于法意两国工厂（尤其是意国工厂）之生产合理化和技术改组之结果，使意法两国又在阿比西尼亚市场上出现了。如今这两个国度所供给的商品比日本货还便宜。

资本主义的生产合理化使各国间的矛盾更为深刻化，使争夺市场的斗争更为激烈化。在目前，意大利是阿比西尼亚的主要的棉布输入者，其次便是日、美、法三国。后面这三个国度所供给的数量，差不多相等。竞争之激烈简直可以把它与经济战争相比拟。

表示对外市场之容纳量的一切统计材料是不充分的，因为这些材料并不会把偷运的数目估计进去。然而据熟悉阿比西尼亚国情的人估计，偷运的私货总量在全国商业流转的15%以上。偷运入阿比西尼亚的货物有：酒精、烧酒、火药、军器等；从阿比西尼亚偷运出来的货物有：黄金、白金、宝石、乌木、象牙等。

照吉布蒂铁道局之估计，阿比西尼亚的对外贸易是入超性的。但是如果把偷运的货物和北部阿比西尼亚（经过伊利特里）的贸易算进去，那么我们可以断定，直到世界经济危机爆发为

止，阿比西尼亚的贸易对照和贷借对照是处于相对的平衡状态中的。❶

阿比西尼亚的对外贸易完全在外国资本的监视下。某几种入口货物是各外国托拉斯的垄断事业。例如，食监输入是法商食监公司的垄断事业。这公司在吉布蒂设有许多大规模的监灶，它供给了全国所需的食监。这专卖权是以40万元美金向阿比西尼亚欧洲大陆政府购买来的。煤油和汽油之输入，在事实上是被英国的世界煤油托拉斯（壳牌火油公司）所垄断了。❷ 但棉织品销售和阿比西尼亚土产品之购买，成了各垄断资本集团间的斗争对象。在阿比西尼亚境内，有许多外国的——意、法、美、英等国的——商行在活动着。除此以外，设立在伊利特里、索谋里兰和苏丹的外国商行亦在阿比西尼亚做买卖。所有这些商行在阿比西尼亚全国各地的买办资本家阶级——印度人、阿拉伯人、希腊人、叙利亚人、亚美尼亚人和一部分阿比西尼亚人——中间，满

帝国主义铁蹄下的阿比西尼亚

---

❶ 在几条基本的商品运送路线中，经济意义之比较如下：1927年时，700万金磅的商品流转中，吉布蒂方面占80%，伊利特里15.3%，苏丹占2.9%，英属索谋里兰占1.2%，意属索谋里兰占0.5%。此后几年中的数目字如下（单位金磅）：

	入口		出口	
	1929年	1930年	1929年	1930年
经过吉布蒂的………………………	49092	42163	21538	24950
经过苏丹、伊利特里、索谋里兰、怯尼亚的…	16364	14000	7180	8300

所以在1930年时，整个商品流转有75%是经过吉布蒂的。这些统计材料并不能完全表示各国在对阿比西尼亚贸易中所占的地位。各国在阿比西尼亚全部对外贸易中所占百分比大概如下（根据1927年和1928年的材料）：法兰西占30%，意大利占25%，美国占10%~12%，英国占10%~12%，日本占10%，德国占5%~7%，比利时占3%~4%。自世界经济危机发生后，这比例发生了相当大的变化。一方面对英（经过苏丹）贸易流转量是增加了，但我们没有充分的材料足以表示各国在阿比西尼亚对外贸易中所占比重之增减。

❷ 但煤油生产品之消费量是很微小的，这是因为工业不发达和汽车太少（全国共有汽车50~100辆）的缘故。

布着自己的代理人。这些买办资本家大半是为外来的欧洲人的老板"做工"的，他们仅是站在中间人和代理人的地位。

对外贸易仅是外国资本用以统治阿比西尼亚的国内市场和整个国民经济的一种杠杆。但阿比西尼亚的国内市场是极有限的。国内市场之发展，与阿比西尼亚乡村中现存的封建农奴制关系发生了冲突。且从大体上说来，它（国内市场）仅是对外贸易的一个附属体而已。

B. 工业

外国资本除了操纵商业以外，同时操纵工业——或确切些说，操纵开采工业，即"夺取并开采原料"的矿山企业。反之，改制工业是遭受了外国资本之摧残和破坏。这里的改制工业是很原始形式的——手工业或家庭手工业的形式。在入口货物——主要是大众消费品如棉布等——的压迫下，本地的改制工业几乎完全被扫除光了。所剩下来的仅是次要的手工业部分而已，如生产木器（马车、家具等）、篮子、食器和艺术品（马鞍、马缰、十字架、手镯、耳环等）的手工业部分而已。除此以外，在本地还保留着若干种农产品的初步制业，如制酒业和生皮革之原始的改制等。

阿比西尼亚的手工业劳动者还没有组织起来，手工业联合还没有成立。手工业者亦就是小的市场贸易者，他们自己出卖自己的生产品。当地的商人（普遍是骆驼队和骡子队的所有主）收买了手工业者的生产品，然后把它运到全国各地去，或向游牧民族去交换兽皮、象牙；或向定居的农民去交换咖啡、皮革、蜡和其他农产品。但这些商人所带的商品不仅是当地手工业者的生产品，更主要的是外国商品——棉布、酒、食器、金属、军火等。

在阿比西尼亚，虽则工业发展的自然前提是很顺利的，但大体上说来，手工业是在破产中。好像军器制造业、五金业、织布业等已完全被淘汰掉了，陶业几乎都被淘汰了。但在50年以前，阿比西尼亚的刀剑生产是很著名的，有许多手工业者专门从事煅炼刀剑的工作。在以前阿比西尼亚因为有自己的棉花和羊毛，所以穿着的衣服完全是自己生产的。如今仅有少数的织布匠以长久的岁月去为封建领主和牧师们制造衣服上的装饰品；但是他们对于自己日常所需的普通布匹之生产，已经完全放弃了，因为手工业作品已经没有办法同外来的商品去竞争。陶器的生产已经完全被破坏了；因为输入的食器比土制的出品还要便宜。

阿比西尼亚的手工业已经被破坏了，但是并没有现代式的工厂和作坊来代替它。垄断资本只把阿比西尼亚看作本国生产品的销售市场，所以用尽全力来阻碍其民族工业的发展。

但垄断资本极愿意获取原料的租借地——主要的就是矿山开采之租借地。

根据最近意大利的统计资料，❶ 阿比西尼亚政府在各个时代给外国资本家——希腊人、美国人、意大利人、德意志人的租借地，共有13个之多。但是到现今为止，已开始经营的，一共只有4个租借地。希腊资本家苏尼奥司在哈拉两地方开采云母矿；在阿比西尼亚北部，有一个叫作安得里安诺·马司督里的意大利人设立了一个开采加里矿的企业，这租借地有50平方公尺的面积，租借年限为50年。❷

阿尔培督·泼拉索，是欧洲人中最大的租借地主。他的租地的历史是很有趣味的。❸ 他本人是一个冒险主义者。他的一生在赤道各国过活，为的是找寻金矿和白金矿。他在罗得西亚探索的时候，发现了许多旧的，被废弃的矿坑。据说，这些矿坑是古代

帝国主义铁蹄下的阿比西尼亚

---

❶ "Rassegna economica delle colonie", No. 1—6, 1929, Leconcessioni minerarie in A bissinia。

❷ 1929年时，他已经把这租借地转让给"Sosiela mineraria coloniale de Torino"经营。

❸ 根据"African World" NO. 1419. 1930。

埃及人和其他几种现已消亡的民族开采黄金的地方。泼拉索开始搜索这些废弃的矿坑,而在阿比西尼亚真的发现了丰富的白金矿和黄金矿。他从阿比西尼亚政府得到了两个租借地;❶ 并用手工业式的方法开始工作。

1926年时,他在巴黎❷设立了一个公司,共有资本900万~1000万法郎,并且使开采工作完全近代化。1926年共采得26公斤白金,1927年采得50公斤,1928年采得100公斤,1929年采得200公斤。

由于租借地企业之活动结果,在阿比西尼亚形成了一个矿业无产者的部分。在租借地上,共有好几千土著工人在工作。工人们的生活条件异常艰苦。他们在草棚中,工资非常低,被剥削得非常厉害,工作是在欧洲人的工头监视下,这种生活,与奴隶的生活及其他的殖民地种植场上的强迫劳动者的生活,没有什么差别。在铁道上服务的土人(车房和工场中的工作以及脚夫等)所处地位也并不比较优待些。

C. 交通

"输入的资本被利用着去发展交通机关(铁道、港埠建设等),使能更便利于吸取原料,并使殖民地更密切地与宗主国发生关系。"我们在前面数章中已经用事实证明了这个原则。

难道法国所筑的吉布蒂铁道不是成了推销法国货,吸取阿比西尼亚原料,统治阿比西尼亚中部经济的一个工具吗?

难道从玛萨华至阿比西尼亚边境的意属伊利特里的铁道,不是促成了意国资本对北部阿比西尼亚的统治吗?意大利岂不是想建设横贯阿比西尼亚的大铁道吗?英资本家岂不是在赶筑苏丹的

---

❶ 第一个租借之期限为50年,从巴洛河起到阿比西尼亚西南边疆的一个小地方,名叫玛奇的为止;第二个租借地在伏立迦,面积32平方公里,期限也是50年。

❷ Societe Miniere des concessions Pradion on Abyssinie。

铁道吗？最后，英、法、意各国的资本家都在建筑汽车公路，以便保证自己对于某一区域的经济之统治权，使这些区域能够因这些道路而牵入商品流转。而且这些道路的建筑与各帝国主义国家在阿比西尼亚沿海各地（伊利特里和索谋里兰）的港埠建设，是同时并进的。

D. 财政

最后，外国资本在半殖民地国度内，"以高利贷资本的形式活动着，它所追求的目的，便是想获得对于土著资产阶级的形式上独立的政府机关之全部监督权"。

在阿比西尼亚，处于这种监督者地位的机关是阿比西尼亚银行。这是一个英国银行，成立于1904年；这银行的章程悉照埃及国民银行，因为它是后者的分行。该银行的职务便是信用放款和发行兑换券❶（兑换券之发行自1915年起，票面金额为：5、10、50、100、500泰立耳。❷根据该银行与阿比西尼亚政府所订立的条约，该行获得执行这两种职务的独占权，期限为25年。这独占权的期限于1931年1月1日终止，但得到双方同意之后，又得以继续延长。所以，外国资本已经得到了监督阿比西尼亚经济的主

---

❶ 在1929年12月31日，已发行钞票1524千泰立耳。

❷ 阿比西尼亚基本货币单位是银泰立耳，这种币是在维也纳制造的。阿比西尼亚国币之铸造是奥国政府的特权（自1919年起，奥政府把这特权之一半让匈京布连佩斯的造币厂）。自1926年，在维也纳共铸出84 599 500泰立耳；其中大半是送到阿比西尼亚去的，其余的送往也门和波斯湾诸国。泰立耳是28.0668瓣阑姆重的银货，上面经常刻有1780年的字样，但铸进的年限是不刻明的。泰立耳的银货在很久以前便从欧洲侵入阿比西尼亚，泰立耳的价值常因世界市场上银价之变动而发生动摇。泰立耳的比价大概为每10.36换一金磅。

除此以外，有一种叫作吉耳希的铜货——1/16的泰立耳也很流行。铜货没有一定的市价，由于国内各地的各种不同的条件而发生涨落，有时每泰立耳值10吉耳希，有时值16吉耳希，有时值16吉耳希以上。此外，还存在一种铁的铸币。有的区域中，岩石也当作货币使用。这种岩石在当地称为阿莫立，长10~12英寸，厚1.5~2.5英寸。在不同区域中，每1泰立耳可换10块岩石至40块岩石。在别的地方，枪弹亦当作货币使用。

要武器——发行货币的独占权。

资本主义的矛盾，造成了各资本主义国度间争取殖民地半殖民地的经济中枢的斗争。在前面，我们已经看到财政资本的各集团在阿比西尼亚争取交通机关和贸易统制权之冲突。英国在1904年把银行机关抢在自己手里头，这是法国资本家所未及预料的。随着对外贸易和商品流转之发展，银行的商业信用放款的职务大为扩张，因此银行的影响亦随着扩大了。

在条约快要满期的时候，争夺银行的斗争亦愈加尖锐化。1930年年末，大家知道阿比西尼亚国王已经决定向英国人收回银行，把它改组为国立银行，并同时实行金本位货币制。因为实行这工作需要大批金钱，所以政府于1931年年初颁行几种新的间接税；一方面增加了劳动人民的苛重的负担，另一方面妨碍了入口的销路。除了汽车发动机和机器以外（即除了美国所输入的货物以外），所有入口货物都要负担新的关税（除了10%的从价税以外，需另课5%～30%）。

这是很显然的事情，如果没有美国资本的代表（爱凡尔脱·高尔逊）做后台，那么一向在外国资本支配下的阿比西尼亚政府，绝不敢采取这样的步骤。

高尔逊于1930年被聘为阿比西尼亚政府财政顾问。阿比西尼亚政府完全听从高尔逊的提议，制定了关税和银行的改革问题。❶当然，这次决定并不能使阿比西尼亚政府脱离外国资本监督；反之，更加强了美国资本的统治而已。

这次决定是与美帝国主义的全盘计划有密切关系的，它正在

---

❶ 对银行还要补付15万金磅。改用金本位制也需要这么多的现款，此外改组银行所需要的准备金还不算在内。但政府只有10万金磅。有了两三年的新税收入政府就可以实行这计划了。但如果发行外债（以新税收入为担保），那这计划更可早期实行。高尔逊的这些计划，对英帝国主义者在阿比西尼亚的经济地位是一个重大打击。

企图建筑查纳湖上的水闸，并在这水闸周围兴办许多有价值的种植场，使阿比西尼亚成为美国资本家猎取热带原料的根据地。

（三）阿比西尼亚的国家制度

国家机关是外国资本掌握中的重要的领导中枢之一，帝国主义者利用了这个机关去统治全国经济政治生活。在形式上，这个机关是立宪性的。但阿比西尼亚就是在形式上也与资本家阶级的民主制度相去很远。有两个议院，议员由各省委任，但各省需由国王个别批准，这是1931年7月所通过的阿比西尼亚新宪法中的最大限度进步。这两个议院所通过的立法案须由国王批准后方生效力。

但在实际上，这种温和宪法也是一种虚饰的工具而已。实际的支配者是外国顾问。一切封建的法庭、军事领袖、督军大臣等都是这些外国顾问手里的工具而已。

从大体上说，阿比西尼亚的国家制度仍旧保持着各种封建的特点，还保存着封建割据的痕迹，虽则在形式上，阿比西尼亚是一个传统的中央集权的国家。

19世纪中叶，在现今的阿比西尼亚领土内共有10个王国和10大省。

自从阿比西尼亚统一以后，还剩3个王国——蒂格勒、安姆哈拉，和赵。其余的便改划为许多省和州。王国是由世袭的部落领袖所支配的，这些封建主可以说是第二等国王，他们受全阿比西尼亚国王之统治。❶ 因此阿比西尼亚国王亦称为王者之王。已被废弃的各王国（在过去独立存在的）之内的省和州，现在已成为国王的领地；这些地方或为世袭的部落领袖所支配，或为国王所委派的各级官吏所管理。❷ 蒂格勒王国以玛加尔为首都，共分

---

❶ 他同时也就是赵国国王。
❷ 这些省和州都属于三个基本王国。

20省。安姆哈拉王国以公达尔为首都，也分为20省。赵王国以亚的斯亚比巴为首都（它同时也是全阿比西尼亚的首都和王国所在地），共分三部分：上赵、下赵和沃迦登。不入王国领域的各省区，主要是在阿比西尼亚的西南部。这些省区或由当地的部落领袖所支配（国王便是这些部落领袖的君主），或为国王所委派的督军所支配。

委派的督军和世袭的统治者拥有全部民政、军事、立法诸权。乡村的长老或者是各级官吏直接受督军支配。这些长老倒是国家机关中主要的一环，因为一切财政收入和税捐都经过他们的手，而税捐之多寡一部分也由这些人决定。我们应该承认，在好些区域中政权既然握在有势力的世袭的封建主的手里，那么在这些地方，中央政权的意义是有限制的；我们绝不能把这种意义过分重视。每一个阿比西尼亚人直接受自己的封建主之统治，只有经过了这些封建主才受国王之统治。在国家行政事务上，有许多大臣做国王的助理，这些大臣是国王在阿比西尼亚显贵中挑选出来的，或是特别聘请来的外国专家。外人之参与国家行政并支配行政中枢，是半殖民地国度的特色。

英人哈尔普脱"帮助"阿比西尼亚政府履行税务制度之改革。法人里佛尔和莱内在公共工程部服务。美人高尔逊是财政顾问，伏尔克是国民教育顾问。不久以前，有一个叫作高尔莫琴的瑞士人被聘为外交部的法律顾问。各外国使馆极力主张阿比西尼亚政府应有熟练的顾问和咨议，并不时把本国的候补人介绍给后者。阿比西尼亚被迫接受了各使馆的要求，聘请外人到政府机关中来服务。站在首要地位的外国人顾问，便是政府所选聘的美国人高尔逊和伏尔克。这两个人是美帝国主义的代表，他们企图统治阿比西尼亚的全部政府机关，以便排除英国人和法国人的势力，并使阿比西尼亚完全变成自己的殖民地。

国家收入亦带有封建色彩。收入来源全是关卡进款，而主要是内国税。内国税中包括典型的封建的什一税（一部分是用实物支付的）、军队维持捐、地方捐和封建主所征收的个人徭役——即赋役制（照法定是每四日作徭役一日）。什一税和军队捐的是经过长老和督军的手，送交亚的斯亚比巴的国库的。地方税用以维持省内的机关。因为农民们在每四天之中就要为封建主做一天工（这是法律所规定的，但在其余时间内，封建主也可以强迫农民在自己土地上做工），所以封建诸侯们要以武装的战士和搬运军需品的脚夫供给政府。

帝国主义铁蹄下的阿比西尼亚

军队亦带有浓厚封建色彩。每一名封建主养有一批给养颇丰的近卫兵团。战争时，封建主应供给一定人数的、全副武装的军队。这军队的主要成员是农民，而其基本干部便是近卫兵团。封建主们可以利用自己的力量，征募管区内的农民来补充自己的军队，而农民们在死刑之威胁下也不敢不听从这些封建主的命令。倘使被征集的农民没有武装，则普遍仅以刀枪等军器来武装他们；他们或者以自己代替了车马之征派（在军队中当搬运夫）。至于近卫团的武装，则以火器为主。

国王自己也有好几万人的军队。他们的军饷和伙食是非常恶劣的，所以他们在战争和演习之余，常从事小买卖和手工业。国王或各省督军于必需时，可以命令各部落会长和地主封建主们供给必需的战斗人员（普遍是带有武装的）。督军只给自己很亲信的队伍提供现代的新式武器，把他们组成自己的警卫队和精选的近卫队。如今阿比西尼亚的军队正在专聘的比国军官团的指导下实行改组。目下已经组成了2000人的新式军队。政府已拥有若干军用飞机和飞机场。飞机操作师是外国人。但已经派了若干本国人到外国去学习航空技术，以便代替这些外籍飞机师。阿比西尼亚的裁判制度和裁判手续，完全为僧侣阶级所操作，且被利用着去保护大土地所有者的利益，现代阿比西尼亚的立法基础，还是4世纪时代定下来的法典。自13世纪起各法律条例已译为开士文,它的内容直到今日为止,未曾变动过(全部法典分为三部分:教会法、民法、刑法)。

在阿比西尼亚,一切琐碎的小问题,如掠夺牲口、小窃等,均由人民自己解决。较大的问题由政府的法庭解决;这是一种最简单的机关,它的职务便是解释那些谁也不了解的法典。这样便更扩大了教会的权势,并且使教会和地主封建主阶级之间的关系越显密切。以"一眼还一眼,一齿报一齿"的原则为基础的刑罚制度,充分表示出现代阿比西尼亚的司法制度之古代性;这司法制度还是在早期封建制度的生产关系的基础上形成的。刑罚是当众举行的。在都市的广场和街道上,时常可以遇见因凶杀而被绞死的尸体。莱伊曾描写阿比西尼亚监狱中凄惨的景象。监狱对于被禁的犯人不供给口粮,当政府不利用他们做公共工程的时候,就要靠亲属或路人的布施过活。在地方上,除了正式的法庭以外,部落和种族的领袖也受理案件。如在大多数的半殖民地一样,欧洲人是不受阿比西尼亚裁判机关管理的,欧洲人案件由三个人合组的混合法庭处理,混合法庭中的裁判长是阿比西尼亚人,其余两个裁判员中,一个是阿比西尼亚人,另一个便是欧洲人所属国度之驻地领事。

(四)阿比西尼亚的社会斗争和 1930 年的骚动

自从帝国主义侵入以后,阿比西尼亚的经济发生了激变。这激变影响到各社会集团之实力配置,加深了各集团之间的矛盾,增强了各集团之间的斗争。农村经济商品化了,农产品输到外国去了。国内市场之发展虽很缓慢,但终是在发展着;就是商业资本也在发展着。这许多变动是发生在保持封建生产方式条件下,发生在巩固封建农奴制度的剥削形式的条件下。

随着这些变动之发生,商业资本家阶级的作用也增加了。

欧洲资本侵入阿比西尼亚之前,商人们在全国政治舞台上是没有什么地位的，大概他们也从不曾想要此种地位。商人的活动差不多仅仅限于对外贸易方面。因为在原始的自然经济的条件下，和商品交换不甚发达的条件下，所有封建公国完全是闭关自守的，是各自为政的，所以国内贸易之发展不能有良好的前途。与某几个国度（阿拉伯、印度）的贸易在数量上虽不怎样多，但是利益甚大。从阿比西尼亚输出的是象牙、咖啡、野兽的皮毛等，输入阿比西尼亚的是香料和贵重布匹等。全部商品流转仅供当地显贵之需用，这不论是在阿比西尼亚抑或是阿拉伯和印度，都是同样的。

帝国主义铁蹄下的阿比西尼亚

充当商人的大半是封建主所委派的代理人，他们帮助封建主们推销农场上的剩余生产品以交换奢侈用品。地主们往往自己充当商人。直到今日为止，阿比西尼亚的商人仍旧与地主阶级不能分离；商人阶级好像是从地主阶级中生长起来的一样。许多阿比西尼亚的贵族往往从事商业投资，以股东资格赚取利润。

当欧洲的商人在帝国主义军队之直接援助下，占领了一切出海口，抢夺阿比西尼亚沿海各地的商人们的优越地位和丰厚的利润之后，阿比西尼亚的商人便开始有组织地活动起来，在他们之间便开始出现政治自觉的人物。有一部分土著商人把自己的优越地位让给了欧洲人，而自己做一个纯粹的雇员（买办、掮客、中间人等）。另外的大部分土著商人，便把自己的精力集中到国内贸易方面去。

这并不是说这两部分商人是绝对对立的，往往一个人同时执行了两种职能。以原料供给出口商行的中间人，时常亲自到国内市场上去收买货物；另一方面，收买商亦企图跳过了中间人之媒介，而与国外市场发生联系。

在独立的闭关自守的封建小国之统治局面下，在多头政治和无秩序的偶然性的交换关系中，商品交换也带有无秩序的偶然的性质。

于是便发生了阿比西尼亚商人阶级反对封建割据的斗争（但不反对封建的生产方式和封建的剥削形式），发生了阿比西尼亚商人阶级对于企图统一全国的密涅里克二世之援助，因为全国之统一，可以使国内商业处于常态的环境中，在这斗争中，商人阶级得以利用封建阶级之内部涣散的弱点，并且把一部分开始适应新的经济条件、主张发展商业关系的封建地主拉在自己一边。另一部分以自然经济为基础的封建地主，企图维持这自然经济，使它避免商品货币关系发展之影响下所不可避免的崩溃。这一部分的地主，便起来反对上述那个地主商人阶级的同盟。商人阶级以及与它相接近的封建地主阶级，是为了建立中央集权的国家而奋斗，反之建立在自然经济的基础上的那一部分封建地主，是为了维持地方分权的国家制度而奋斗。

在阿比西尼亚，也如在其他许多殖民地半殖民地国度一样，一方面可以看到土著商业资本家与外国资本之结合；另一方面，可以看到土著商业资本家与当地的封建地主集团的结合。由于同外国资本相结合之结果，阿比西尼亚的商人成了外国资本的代理人，他们帮助外国资本扩张势力，并为维持外国资本的利益，为造成帝国主义者之对阿比西尼亚统治权而奋斗。这一部分商人主要是通商口岸的资本家和内地商业中心区的一部分大资产者。他们是外国资本和阿比西尼亚劳动大众之间的一个连环，他们只起一些次要的作用；即使他们代替了外国资本家单独活动，但他们的行动仍以外国人为归依。所以，这些商人资本家们就是在政治方面，亦成了外国资本的代理人。在这一部分买办商人之内部，也有冲突发生，因为他们是与英、美、法、意等利害不同的垄断资本的集团发生关系的。

阿比西尼亚资本家之另一个重要集团，便是与封建地主发生经济关系的商人。这一批人中间，有一部分是商人兼当地主的；另外一部分是借了地主的钱经营生意的（他们要支付利息）；最后，还有一部分商人是国外市场和地主经营之间的媒介，但他们主要是以地主经营为依靠的。属于这一集团的人，现今在国内政治生活中起有很大作用。商业资本家们绝不是封建关系之仇敌。反之，在封建制度上生长起来，而自己的商业行为又以地主经营为基础的商业资本家们，只会加强了对于被束缚的农民的剥削而已。不过对于整个商人集团有一点是很明确的，这就是：要发展商业关系，必定先要增强中央政府的权力。为达到这个目的，首先就要铲除许多封建残余（直到今日为止，这些对封建残余及为阿比西尼亚国家机关之代表特征）；实施税捐制度之改革，使农民所缴税不至于被地主们中饱，而能全部归入国库；组织并巩固国王之中央军队，解除分权倾向的封建领主的军队。除了这主要政纲以外，还有改良裁判制度、调节商业契约等要求。

帝国主义铁蹄下的阿比西尼亚

整个纲领引起了封建的地方分权主义者的激烈反对。封建领主们对于自己的特权地位——例如：教会掌握中的法庭，任意破坏契约而不受处分，半路上拦劫队商之习惯等——绝不肯毫不反抗而就放弃这些特权。于是冲突就发生了。封建领主们在教会的援助下，为保持旧有的一切而起来奋斗。但商业资产阶级和与它有关系的封建地主集团，达到了统一全国和铲除地方上封建领主的政治独立权的目的。在 19 世纪末，他们就把密涅里克二世捧上了王位，他是领导中央集权运动、建立阿比西尼亚君主专制政体的领袖。

自从以铁腕掌握全国的密涅里克二世死亡以后，中央集权的国家，就有马上崩溃的危险，地方上的封建公国，也有复活的趋势。虽则在一方面这时候的教会仍旧是一个大封建领主，但另一方面，它自己已经参加了商业活动。所以它现今是站在中央政府方面的教会，大封建主和商业资本家们得能把密涅里克的女儿闹乌奇多捧上了王位（1916 年）。密涅里克的侄儿泰法利·玛康宁做了摄政王。但僧权扩大主义者的意志，与热望政治独立的地方分权主义的小封建领主的企图,是不相符合的。因此便爆发了内战。在这战事中,新政府军队获得全部胜利,泰法利成了事实上的统治者。对外贸易之发展,国内经济之商品化,欧洲资本之商业活动,这些都是以促成土著商业资本家之自觉,使他们发生了蓄积实力以扩大经济政治活动之自觉心。但是社会制度中的封建残余阻碍了他们在国内市场之范围内的活动。泰法利便起来做商业资本家运动的领袖,他成了阿比西尼亚的改革主义者。但改革之目的并不在于铲除封建制度,而是使这制度去适应新的经济条件。所以在这次运动中,仅仅铲除了封建社会形态中最陈旧的上层建筑(如教会对于裁判机关之独占权,教会和封建领主在纳税的优待等)。

教会和封建领主为对付此次改革运动,就起来反对泰法利,反对这一位阿比西尼亚的维新主义者。教会把全国的反动分子统统团结在自己的周围。闸乌奇多便成了这次反动的封建集团的旗帜,教会曾企图促成一次政变,以便推翻商业资本家和与他们有联系的一部分封建领主,以便推翻这个地主商人资本家的代表人——泰法利。

1924年泰法利往欧洲游历。教会和封建领主们利用了这个良好的机会,起来反对泰法利,说他想把国家出卖给外国人,并且用一个保护团去包围他,监视他的一举一动。但泰法利却违背了保护团的意志而去从事军队之改组,便于万一发生政变的时候,可以作为自己的支持者。

而在这时候,阿比西尼亚国内的一切条件也变了。封建剥削之一切重荷,本来就是完全压在农民的肩膀上的;但如今,由于商品货币关系发展之结果,他们的负担更加重了。封建领主们为了市场交换而索取更多的剩余生产品,但除此以外,高利贷者和收买农民生产品的商人也增强了自己的剥削。在农民中间,对于封建农奴制剥削和商人高利贷剥削的不满意,日益扩大起来。世界经济危机之发展，更使阿比西尼亚农民陷于绝路。白银（阿比西尼亚之货币单位）之继续跌价，和农产品价格之低落，更增加了他们的不满意。骚动是在酝酿着。反动分子便起来利用农民中的骚动，并且做了这运动的领导者。

骚动中的主要动力便是农民，农民是这次骚动中的主要参与者。但因为这次运动的领导者是教会和封建主，因此此次运动的革命意义几乎等于零了。这运动是在复古的封建口号下进行的，所以这运动如果在阿比西尼亚获得胜利，将等于反动势力之凯旋。那时候，封建制度非但不能被取消，而且将恢复旧状而继续存在。教会人士很巧妙地利用了世界经济危机对阿比西尼亚乡村之影响，以此证明泰法利之叛国，证明他已经把国家卖给外国人了。骚动的领袖是古达司·伐里督军，即女王闸乌奇多的丈夫。各封建主的联合军队在农民积极帮助下向亚的斯亚比巴进军。1930年3月31日发生了一次大战。叛军的力量虽胜于政府军队（10万人对5万人），但终于被击败了。在这次战争中飞机起了极大作用。❶ 在此次战役中叛军领袖古达司·伐里也被飞机轰炸死了。泰法利决定把阻碍他取得王位的一切仇敌，统统铲除干净。于是战胜的一日，女王闸乌奇多由于过分悲哀及其他未详原因，死于自己宫里（英国电报所载）。

帝国主义铁蹄下的阿比西尼亚

女王既已死亡，叛军又已溃败，各地的骚动也很快地平静了。于是泰法利即宣布自己为阿比西尼亚国王。

泰法利政权之巩固亦是商业资本之胜利的反动势力之衰退。但封建领主们很快地就发现泰法利是自己人，因为他所施行的法令没有一条会侵犯到地主的基本权利（即无限制地榨取农民并占有大批田产的权利）。但他们多少亦让了一点步。税务整顿工作之实施，使从前地主们在征收税捐时所中饱的那部分收入逐渐减

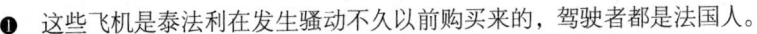

❶ 这些飞机是泰法利在发生骚动不久以前购买来的，驾驶者都是法国人。

少，而使国库收入增加。这对于军队之改组和新式武装之置备是很重要的。目前泰法利正在解除人民的武装，他的借口就是说要铲除各地的自由贸易之障碍。但在目前各封建领主仍旧保持着自己的自卫团。如果泰法利的中央集权政策要坚决实行的话，那么他或者会同封建领主们发生决裂。在泰法利针对创办学校所采取的步骤中，我们可以看到他所想教育的学生，完全是地主富商们的子弟。

泰法利所领导的商人地主分子，反对教会和封建领主等反动分子的斗争，并不是建立新的社会形态和反对旧有社会形态之斗争。这个斗争之结局，绝不会改变阿比西尼亚的社会机构，绝不会破坏失败阶级所赖以生存的经济基础。这是在同一社会形态之范围以内的斗争。这是剥削阶级中较先进的部分，反对落后部分之斗争。这斗争的目的是要团结该阶级之内部力量，要创造更适宜的条件，是要巩固剥削者阶级的经济政治地位，是要增加对被剥削者之榨取率。

（五）世界经济危机和阿比西尼亚❶

世界经济危机给了阿比西尼亚的经济政治生活以很大的变动。

好几种阿比西尼亚农产品在世界市场上的销路迅速地衰退。牲口之输出，自1926年之6690头，变为1930年之1928头。某几种出口货物之输出（如阿拉伯树胶和象牙）完全停止了。

其他各种商品之输出，在数量上即使没有减少，但总价值是减少了。如1931年之皮料输出量甚至比1929年还要增加些（8200吨对7136吨），但这种增加一方面是名义价格低落之结果，另一方面是阿比西尼亚银货跌价之结果。阿比西尼亚的另一种很

---

❶ 因本书作者到外国去了，这一节的结论是阿赫尔继写的。

重要的出口农产品——蜡——处于同一状态中。末了，咖啡价格之跌落，亦达到了惊人的速度，1931年时，阿比西尼亚的咖啡出口增加了4倍，但咖啡之出口总值几乎没有变动，因为价格在名义上差不多也跌了三四倍。但由于阿比西尼亚银货之跌价，实际上的跌落程度还要厉害。

价格之跌落，使阿比西尼亚农民更陷于贫困。事实上，阿比西尼亚农业经济的水准是非常低下的。巴西大规模的种植场上所生产的咖啡，在成本上比起零细的阿比西尼亚的农夫所生产的，要低廉许多。在危机发生以前，即在"常态的"条件下，阿比西尼亚的咖啡还能同巴西货相竞争：这完全是阿比西尼亚农民之野蛮的剥削所造成的。他们被迫以低于实际价值的市值出卖自己的农产品，同时把自己的生活要求降到了饥饿水准以下。但危机发生以后，情形更恶劣了。巴西咖啡的价格跌落得那么厉害，而卖不出的存货又积累得那样多，使得巴西的种植场主人和投机商人，把咖啡成千成万吨地向海里抛弃，或丢在火里烧毁。在这种种条件下，总觉得阿比西尼亚的咖啡已经绝对没有在世界市场上出售的可能了。但阿比西尼亚的农民又被迫接受了世界市场的新价格，这价格比危机发生以前的价格（即前面所谓饥饿水准以下的价格）更低廉了三四倍。农民们在工作中，榨取尽了自己的和自己家族的一切血汗，把自己的最后一文都交给了地主、收货人和代征税捐的长老。他们被迫过着更凄惨的生活。这怪不得连亚的斯亚比巴的英国领事在最近的报告书中，都承认道："农民的生活不论在哪一个非洲国度中，总没有像在阿比西尼亚那样艰苦的。"

除了名义价格以外，银价之危机亦给农民很严重的打击。白银是殖民地国度的基本货币单位，但如今白银的价格到处惨跌着：在中国、印度、也门、阿比西尼亚等国，到处都是一样的。阿比西尼亚的原料依照最低廉的名义价格出卖。即在名义上价格是停于同一水准，但因银价之低落，物价在实际也将跌落。阿比西尼亚农民之可怜的积蓄，也因此而减少了价值。但进口货物的价格与阿比西尼亚土产品相较，不论在名义上也好，抑或是实际上也好，都是上涨了。欧洲资本家供给同量的商品，但要求较多的银币。

曼奴夷耳斯基说过："在各个生产部门中，垄断化之不平衡发展，造成了价格涨落之不平衡性。在危机时代，高度垄断化的工业部门，比了未曾垄断化的工业部门，易于抵抗竞争之压力，易于自律，并易于防止物价之低落。但是在殖民地国度，对于宗主的垄断资本之压力，是完全没法抵抗的。因此殖民地原料之价格是不可挽回地惨落下去。这便是殖民地的危机所以异于资本主义国家的（在形式上也好，抑或在本质上也好）原因之一。"❶

事实上，这是很显明的：大规模的棉织工厂和棉织托拉斯——不论是在英国抑或是日本，是在美国抑或是法国——就是在争夺国外市场的斗争最激烈化的时代，就是在商品倾销的时代，也比阿比西尼亚分散的小农民易于抵抗价格之跌落。

阿比西尼亚的农产品价格之惨落程度是那样惊人，例如咖啡的价格在名义上跌到 3～4 倍，而在实际上，由于银价低落之结果，价格跌落的程度尚不止如此。但是在垄断化的生产范围内所生产的入口棉织品的价格，是从没有跌落得那么厉害的。

除此以外，我们还要知道，阿比西尼亚的千万分散的零细小农，在国内市场上的对手，是代表外商银行和外商托拉斯的少数外国资本家和土著商人。虽则争夺阿比西尼亚市场的斗争非常激烈，但这一部分商人总能把阿比西尼亚割成若干势力范围，以便用垄断价格来要挟阿比西尼亚的农民。即是说，以极低廉的价格收买农民的生产品，同时复以较高的价格把日用必需品出售给农

---

❶ 曼奴夷耳斯基于 1930 年 2 月 18 日至 20 日国际会议上的报告。

民——这里所谓日用必需品,不仅指比较垄断化的生产范围内所制造的工业生产品,而且还有输入的粮食(这是种咖啡的单一农作区中所非常感到缺乏的)。

工业品价格和农业品价格之间的剪刀形,资本主义宗主国商品的价格和被束缚的殖民地商品的价格之间的剪刀形,垄断商人所出卖的商品价格和分散的小商品生产者所出卖的商品价格之间的剪刀形,在阿比西尼亚的对外贸易统计中,表现得很清楚。关于阿比西尼亚对外贸易的完整的材料是没有的,我们所知道的仅是吉布蒂铁道上的出入口货物之运载量而已。但这材料已经足以反映出阿比西尼亚经济危机的殖民地性,这是大多数殖民地国度所通有的现象。

事实是如此:经过铁道所运输的出口货物以物量计是增加了,但以物价计反减少了许多。例如咖啡的运输量自1929年之13 683吨而增为1930年之14 412吨;蜡的运输量自326吨增为346吨;皮革运输量自7136吨增为8015吨。反之,入口货物运输量上是减少了,但物价之低落却远不如物量之迅速。例如布匹之输入自7077吨而减为5900吨,食盐自21 037吨减为19 314吨,食米从610吨减为297吨,高粱自1223吨减为126吨。糖的输入从1928年之3363吨改为1929年之2023吨,至1930年仍保留在低下的水准上。一切大众消费的入口货物(除了煤油以外),没有一样不减少的。这就是说,阿比西尼亚农民之收入是减少了,他们自己拿了很多的生产品只换得很少的粮食和布匹;这就是说,农民们的购买力是降低了,他们的贫困是扩大了,中小农经营的景况是退化了。至1931年,阿比西尼亚劳动大众的贫困化程度愈加厉害。亚的斯亚比巴的英国领事告诉我们[1]:"在1928年时,阿比西尼亚人民差不多购买了3000吨的棉织物,但至

---

[1] *Near Eeast and Indaia 5*, V. 1932, P. 374.

1931年时，仅购买了700吨。"即约减为原来的1/4。

阿比西尼亚的危机是与世界经济危机密切相联的，尤其是与世界农业危机密切相联的。这危机首先是生产过剩的危机，是生产机关之扩大和各资本主义国度和殖民地国度中，人民购买力降低之结果。

阿比西尼亚已经碰到过好几次危机，在每次危机时代，阿比西尼亚的农产品（特别是咖啡）在外国市场上的销售量便大为减低。但此次危机与以前历次经济危机，有许多不同的地方。

第一，这不是仅仅波及某一国度和某一经济部门的局部危机。反之，此次危机包罗了全体资本主义国度和殖民地国度，包罗了一切生产部门。如今在阿比西尼亚所发生的危机，是同那个震荡了全资本主义世界的深刻的经济危机密切相关的。

第二，这不是普通的生产过剩的危机；这是发生在战后资本主义总危机的基础上的危机。这危机一方面加深了资本主义的总危机；另一方面，自身又因为这总危机之影响而愈加尖锐。阿比西尼亚的原料价格从没有如此猛跌过，阿比西尼亚农民也从没有如此贫困过。

资本主义总危机扩大了殖民地阿比西尼亚经济机构之一切矛盾。帝国主义在这里破坏了旧有的一切生产力，但没有建立新的生产力来代替它。在这本小册子的开首曾讲过某一时代中相当发达的阿比西尼亚手工业之衰落情形，和特别落后的原始式的阿比西尼亚农业之退步情形。农业之退步，是由于帝国主义在这里保持了封建的和奴隶的剥削，保持了封建的生产关系；因为在这种范围内，生产力的发展，是绝对没有可能的。如果想提高阿比西尼亚农业技术之水准，那么先得消减阿比西尼亚农民的无地状况，把他们从封建农奴制的剥削下解放出来，把修道院和封建领主的土地交给农民。但不论是国王个人也好，抑或是他的政府也好，抑或是外国帝国主义者也好，都不会这样彻底地铲除旧有的土地制度，绝不会这样坚决地来清除一切束缚土地的封建关系；因为国王本人就是一个最大的封建领主和最大的土地所有者，他的政府又是许多大封建领主所组合成的，而外国帝国主义者也清楚地知道：这封建剥削和封建压迫是帮助他们掠夺阿比西尼亚人民的。

帝国主义甚至连灌溉工程和种植场经营等很赚钱的事业，都没有能力去创办。到今日为止，关于尼罗河水源之水闸建筑问题已经举行过不少谈判，但这建筑终未实现。当然，在现存的条件下，就是这水闸建设成功了，也不能改善阿比西尼亚农民的地位；这水闸所产生的一切利益将全部被外国资本家所享受去，后者且将利用这水闸作为剥削阿比西尼亚农民的新工具。

然而无论如何，这个水闸工程之完成，将是全国生产力发展之一大进步。这水闸筑好以后，将能扩大耕地面积，将能栽种许多新的贵重作物，并增加其收获量——虽则阿比西尼亚劳动大众要获得此建筑之全部收成，只有在驱逐帝国主义者并铲除封建领主之后。但是由于各帝国主义之相互冲突，这水闸至今还没有建筑起来；而在资本主义总危机时代（尤其在世界经济危机时代），帝国主义者的相互冲突愈加激烈化，且成了总危机最显著的表现之一。

"帝国主义国家的掠夺性质在危机的环境中表现得特别明显，这便是帝国主义的侵略者行为增强和各帝国主义者扩大自己的殖民地领土和势力范围之企图……""危机特别增强了英美两国争夺世界霸权的斗争。同时英意法等国争夺非洲殖民地的冲突也是危机之另一表现。"对于这些原则，我们都可以用阿比西尼亚的实例来证明。阿比西尼亚是一个被划分"势力范围"的"独立"国家。特别是在危机时代，足以引起帝国主义国家殖民地侵略者的野心，它们极力想把阿比西尼亚完全变成自己的殖民地。英美两国为了尼罗河水源统治权和全阿比西尼亚之霸权而斗争，查纳

帝国主义铁蹄下的阿比西尼亚

湖水闸建筑之冲突，美国资本之争夺阿比西尼亚银行和政府机关之领导中枢，英国人之内政阴谋和对于个别封建领主之收买，英国机关在阿比西尼亚各地宣传英属殖民地（肯尼亚、乌干达）的繁荣消息——这些都是英美冲突中之各个节目。此外英意法三国在道路建设方面的冲突，在市场争夺和内政方面的冲突，都在日益扩大着。

帝国主义国家想利用这次世界经济危机，来加强自己对于阿比西尼亚的统治权。它们共同派遣了一个调查团（以倍克斯顿为首领）到阿比西尼亚去考察奴隶制度并研究废除奴隶制度的方法（1932年3月）。当然，欧洲的"文明的"奴隶所有者绝不是真心想去铲除奴隶制度。他们觉得：为什么不利用阿比西尼亚政府的财政关系——当它失去了任何抵抗力的时候——以反对奴隶制度为借口，来握住阿比西尼亚的公开的政治统治权呢？

阿比西尼亚的国家财政困难，的确有使它沦为殖民地国度的危险。农民的税捐负担之重，已经达到了极点。但第一，所征收的税捐中有一大部分被封建领主和长老们私吞掉了；第二，农民已贫困到极点，他们出售生产品所得到的金钱非常少，所以在他们身上简直也榨不出多少油水来。在许多征收现物的地方，虽从农民所抽的生产品的数量很是不小，但由于价格低廉的缘故，亦卖不出多少钱来。

在这种局面下，阿比西尼亚真正的出路只有一条，这便是没收修道院和封建领主所有的一切土地和财产；没收他们的仓库（因为在邻近的村落中尽管有饿死的农民，但修道院和封建领主仓库中，总是经常充满食物的），没收寄生阶级的财富去救济饥饿的农民，使他们可以扩大自己的经济，提高农业生产技术，把他们从帝国主义的、农奴制的、奴隶制的剥削下解放出来——这是逃脱经济危机的唯一出路，可是这种纲领当然只有在推翻帝国主义者和封建领主的统治之后，才能实现。

然而，现存的封建政府觉得宁可选择别的途径来巩固自己的财政，它觉得在危机时代，宁可加强封建和剥削，宁可增加苛捐杂税地租贡役等（增加到超过于"常态的"水准以上），宁可以武力镇压农民的骚动，以帝国主义的赏赐来弥补预算上的漏洞。当然，殖民地的买办资本家和封建领主为了这一点赏赐将出卖国家之独立权，为了负债劳役式的借款将把全国的政治统治权让与帝国主义者。但是这些条件对于他们是并不心痛的，因为掠夺式的高利贷利息用不着他们来支付，而由劳动大众来负担；同时为了支付外债利息而冻饿死的不是封建领主，也不是商人，而是农民、奴隶、手工业者和苦力。

帝国主义铁蹄下的阿比西尼亚

在这一点上，泰法利国王并不孤立。埃及、伊拉克、阿富汗和其他类似的"国家"，没有一个不伸着手向外国银行和外国政府借债的；它们把本国的独立权（当这种独立权不保存着的时候）、领土、政府职位、铁道、飞机场、海关收入、煤油矿和其他富源作为借债的抵押品。这些"国家"如今都在帝国主义之支配下，而后者之所以能够获得这些"国家"之支配权，完全是得力于各该国内部的奴仆式的封建买办分子之援助。增加殖民地大众的桎梏，以新的外债去束缚他们——这便是帝国主义的、逃脱危机的纲领。这纲领是帝国主义的封建奴仆们（国王和封建领主、买办等）所竭力拥戴的。所以阿比西尼亚的泰法利国王要聘请美国顾问，并把财政监督权交给他们，同他们进行水闸建筑和种植场经营的谈判，并商借负债劳役式的外债（虽则对于外界仍旧发表了许多冠冕堂皇的宣言）。

但是这个逃脱危机的纲领，实际上只能增加帝国主义和封建阿比西尼亚人民大众之剥削，只能促成殖民地制度中一切矛盾之继续尖锐化，并造成普遍的饥荒而已。这纲领必然要促成阿比西尼亚民众之反帝国主义封建主的斗争，推动他们用革命的途径去逃脱危机。"在经济危机和农业危机相互密切结合之影响下，在帝国主义和封建高利贷剥削加强之影响和大众破产之影响下，推动了千百万大众起来反对整个帝国主义殖民地制度，起来从事民族革命运动，于是迅速地酝酿成了深刻的革命危机。"

在印度和中国，这危机已成了一种很显然的形式，但在落后的阿比西尼亚，这运动还在较低级的阶段上。然而这运动是在发展着，因为饥寒将迫使大众起来斗争。在这一点上，1930年年初的骚动和此后所发生的几次骚动，都是很值得我们注意的。❶

不错，这些骚动是与封建领主和教会的政治阴谋连在一起的。是与封建贵族间的内讧混在一起的。但同时，危机之加深，必然地要引起反对帝国主义和反封建主义斗争之发展，推动大众从革命的出路去逃脱危机，实行没收修道院和宫室的财产，占取并分割封建主和教会的土地，推翻封建主和他们的帝国主义后台老板的统治。"在这里（在封建中世纪关系统治下的殖民地半殖民地国度——著者注）反对封建制度和前资本主义剥削形式的斗争，彻底的农民土地革命，反对外国帝国主义统治和拥护民族独立的斗争，占有中心意义。"

这明确地指出了阿比西尼亚劳动大众的面前所摆着的基本任务——为独立和土地而奋斗，反对当地的剥削者和外来的剥削者的双重压迫。阿比西尼亚人民在这个斗争中并不孤立。在他们面前，反帝国主义运动和土地革命展开了非资本主义发展唯一可能的道路。阿比西尼亚将越过历史上已经陈旧了的、非必要的资本主义阶段性，而走向新社会之建立。

---

❶ 1932年6月，本书付印以后，在北部阿比西尼亚（考怯姆）又发生了一次大骚动，此次骚动是封建诸侯所领导的，但大概以农民为基础。详细情形如今还不大清楚。

附一 阿比西尼亚的风俗文化

封建的社会形态在阿比西尼亚的风俗文化上留下了很深的痕迹。中世纪的压迫、教会的压迫、农奴制度、宗法系第的残余，数世纪来与外界隔绝的孤立生活——这些现象如今在阿比西尼亚仍旧保留着，这促成了阿比西尼亚的异常落后的文化。因为这缘故，在阿比西尼亚保存着许多风俗文化上的特点。

A. 人种和语言

在阿比西尼亚居住的有好几种人民，"他们之间不仅存在种族上的差别，而且就是在语言、习惯、宗教和外表容貌上都有不同的地方。"

真正的阿比西尼亚人占全部人口的 1/3 以上。

根据意大利的材料，在阿比西尼亚的 1000 万居民中，迦拉司人占 400 万~500 万，阿比西尼亚人占 350 万~400 万人，内中属于部落赵的有 120 万人，属于蒂格勒部落的有 80 万人，属于安姆哈拉部落的有 100 万人，属于考怯姆部落的有 60 万人，等等。

阿比西尼亚人居住在蒂格勒、安姆哈拉、考怯姆之北部和赵省之中部。迦拉司人种以人数计居第一位（400 万~500 万）。他们散居在全国各地。在西部边境住有黑种人部落（腔卡拉人）；在东部边境住有达拿勾耳人；伊萨族和其他部落属于索谋里兰人种。

阿比西尼亚国内最流行的语言是阿拉伯语和阿姆利克语。除了这两种语言以外，便是哈迷源的迦拉语。许多迦拉司人种的部落都讲这种迦拉语，但每一部落都带有各种不同的方言。

B. 部落风俗

上面已经说过，迦拉司人在数量上超过了基本人种的阿比西尼亚人。这种迦拉司人主要是散居在阿比西尼亚的南部和西部的边境地方，虽则有几个部落——如打塔尔、阿齐部、叶湖、活洛、迦拉——也住在东部边境地方。各部落之间常在经济的基础（争夺牧场和狩猎区域等）上发生许多冲突。部落间的这种冲突时常牺牲了许多性命，直到今日为止，还是如此。这种冲突常为政府所利用。政府往往利用了某一部落之援助去压服另一部落，这样它（政府）便维持了它们之间的相当的"秩序"。

在文化水准上，迦拉司人还不如阿比西尼亚人。迦拉司人的衣服，便是粗制的兽皮，他们的武器便是镖枪和弓箭。生活之不衍生（如住处之不洁等）简直非笔墨所可形容。在家庭中男子占主要地位。在迦拉司人眼光中，女人还不至于如此没有地位，还不至于如此不自由。在那里，女人亦像男子一样在田间工作。但有一点是两方面（迦拉司人的部落和阿比西尼亚人的部落）所共有的现象，这就是女子不能参加税捐、选择牧场、租佃等问题之讨论。这些事物都是男人做的。

在这里，还有一种很有趣味的风俗；这种风俗可以说是氏族内部的残酷的生存斗争之结果。当一个青年要结婚的时候，他的父亲应该先得到他的全体亲戚的同意。同时，他要带着山羊、食器、牛皮等很重的礼物送给亲戚。全氏族差不多把这礼物看作是抵偿该青年出走后所蒙之损失，即低价劳动力之丧失；或者至少是因为青年在结婚以后，他的一部分时间和生产品消耗在妻子身上，这礼物好像便是用以抵偿这一部分损失的。但女孩子的父亲却可以为自己的女儿向亲属和朋友征集嫁妆。按照向来的风俗，这些亲属朋友应该毫不吝啬地尽自己的能力供给他一切东西，以帮助他嫁出自己"吃白食的"女儿。有时（大概视各部的物质条件而定），他们把新生的女孩子抛弃在树林中让野兽吞食。根据族法的规定，如果妻子离开了丈夫又去嫁了一个人，那么她和第二个丈夫一同生的男孩仍旧应送给原来的丈夫。迦拉司人的经济发展水准非常低下。莱伊会告诉我们，有一次他在一个偏僻的迦拉司人部落中，因为用火柴点火，引起全部落人的惊慌，可见在这次以前，他们没有见过火柴取火的事情。

在迦拉司人中间，以定居的农业部落和流浪的狩猎部落为最多，畜牧部落比较稀少。在他们中间，至今还保存着宗法关系的残余，这就足以解释为什么他们的文化水准是如此落后。

达拿勾耳人和索谋里兰人的部落完全过着流浪的渔猎生活。他们比迦拉司人的发展水准愈加落后。

酒精中毒之普遍，亦就是文化落后的一种实证。

一般人所通用的酒是叫作"吉琪"的蜜酒。这酒是用蜂蜜和忽布宝（蛇麻子）酿造成的。啤酒、烧酒、酒精等不论在什么地方，不论在什么时候都可以找得到，在有些地方，甚至已代替了货币的职能。外国人（尤其是法国人和意大利人）有鉴于酒类销路之广，把酒精和烧酒等大批私运入阿比西尼亚，以交换必需的土货，这种普遍的酒精中毒行为完全是教会所提倡出来的。狂饮烂醉是一切宗教节日中不可避免的事情，但在阿比西尼亚，宗教节日是非常多的。在伊斯兰教流行的时候，阿比西尼亚教会为要反对伊斯兰教，拉拢信徒并保持自己的经济地位起见，便奖励教徒们在宗教节日饮酒。这政策足以拉拢一般土著的教徒。于是狂饮烂醉便成了一种风俗。这种风俗常被封建领主、地主、教会所利用以达到自己的目的：被酒精所麻醉了的农民不用说要容易欺侮一些。在这里可以看出宗教之卑鄙作用，可以看出教会完全是一种反动的，属于某一社会集团的组织，它总是有系统地麻醉人民，以便保持自己的物质的优越地位。

C. 婚姻形式

严格地说，阿比西尼亚人不能算作是一夫一妻主义者，虽根据阿比西尼亚教会的教义，他们是不应该不如此的。在阿比西尼亚人的婚姻中，家庭组织以及一般人对于这些问题的观点都是非常原始

帝国主义铁蹄下的阿比西尼亚

式的，阿比西尼亚现在是从多妻制度而过渡为一夫一妻制度。教会对于现存的经济关系做了让步，它使离婚手段简单化，即是说实际上是放纵了多妻主义。在阿比西尼亚没有一定的婚姻形式。

普通男女间的关系不用任何法律上的手续，也没有什么宗教仪式，相互间也没有任何义务规定；同时，也不像资产阶级的礼仪社会中一样，非难或不承认这种关系。反之，在阿比西尼亚人看来这是很普通的一种婚姻形式。在这里，还流传着一种氏族社会的风气，所以不把婚姻问题看得那样重大，也没有种种结婚仪式，这些仪式都是私有财产和家族中的共同劳动制形成以后才发生的。

D. 教 育

除了大都市中的若干外国人办的教会学校以外，在阿比西尼亚没有什么教育机关。人民差不多是完全不识字的。莱伊写道，有钱的人照例是解放了自己的读书工作，而雇用一个识字的书记。他们甚至连签字都不会。在信札后面常以国章代替具名。懂得外国语的人只会教育学堂出身的生徒（他们大半是有产阶级出身的子弟）。语言、方言、土音之复杂（有几种语言还没有自己的文字）也足以阻碍阿比西尼亚人的识字运动。也像在任何其他殖民地国度一样，帝国主义输入阿比西尼亚的东西，除了酒精以外，还有梅毒和圣经。

各派基督教教会和外国顾问一样，也是统治阿比西尼亚的一种工具。传教士在各地设立学堂以便从阿比西尼亚的贵族子弟中训练自己的帝国主义的代理人。

成绩最好的是美国教会（在迦拉区），其次是法国教会和瑞士教会。

除了外国的教会学堂以外，在阿比西尼亚的各大都市中，还有本国教会所办的学堂。到这些本国教会的学堂中去读书的人，都是教会管理机关所选拔的牧师、神父等，他们所研究的便是神学和古代的土话。僧侣们也就在这学堂中学习阿比西尼亚文字。在若干的修道院中,自己设有学堂,以教养修道僧。但普通的人(农民手工业者)不论在什么地方都是得不到什么教育的。教会把教育的垄断权握在自己的手中,并将这个权力作为剥削和压迫劳动大众的工具。

附二

表一 吉布蒂铁道货物运输吨数(1910—1930年)(单位:吨)

年 份	入 口	出 口
1910	6004	7426
1911	8713	7619
1912	9146	7147
1913	8197	9240
1914	15 060	8363
1915	17 431	10 885
1916	14 579	9011
1917	20 022	14 166
1918	20 770	15 320
1919	15 234	14 796
1920	21 358	11 196
1921	11 535	10 360
1922	14 281	13 490
1923	22 962	15 191
1924	18 693	23 855

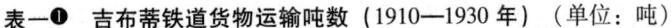

❶ 引自 "Rassegna economica delle colonie" No. 1–2, 1930。关于1929年和1930年的数字引自 "Bolletino di informazioni Commerciali" No. 39. 26. IX, 1931。

续表

年份	入口	出口
1925	25 474	26 571
1926	33 843	24 082
1927	39 466	25 361
1928	47 724	24 416
1929	49 092	21 538
1930	42 162	24 950

表二 经过铁道输入阿比西尼亚的商品 （单位：吨）

时间 货别	1927年	1928年	1929年	1930年
阿布开奇特布	4793	4638	5180	5116
其他布匹	2931	3148	1897	785
煤油	1706	1680	1816	2222
盐	18 240	19 243	21 037	19 314
糖	1630	3363	2023	2113
肥皂	517	507	543	421
啤酒	153	233	301	125
葡萄酒	667	195	272	252
酒精	331	419	705	113
椰子	147	268	175	145
米	292	575	610	297
高粱	29	3503	1223	126
麦粉	230	109	68	230
铁器	591	372	118	221
玻璃器	275	299	411	247
麻袋	459	449	551	446
烟草品	43	125	82	34
香	313	302	328	240
挥发油	—	609	967	628
汽车	—	370	259	284
建筑材料	481	1490	705	1783

续表

时间\货别	1927 年	1928 年	1929 年	1930 年
行李	138	127	9821	7021
金属	—	1459		
其他	—	5246		
合计	39 466	47 724	49 092	42 162

上表中，1927 年、1928 年两年的合计数，跟上列数字的总和略有出入，但原文如此，未做改动。——译者注

表三　经过铁道从阿比西尼亚输出的商品　　（单位：吨）

时间\货别	1927 年	1928 年	1929 年	1930 年
土产肥皂	63	37	22	77
哈拉尔咖啡	7262	5093	—	—
阿比西尼亚咖啡	7090	7658	13 683	14 412
废物	40	22	8	12
蜡	410	317	326	346
象牙	6	7	4	3
干皮革	9474	10 451	7136	8015
高粱	147	84	—	1344
谷	180	249	29	22
番薯	10	9	—	—
木炭	1	19		
菜干	47	43	34	25
麦粉	67	—	—	—
行李	341	308	296	694
其他	223	119		
合计	25 361	24 416	21 538	24 950

农村经济学的对象[*]

农村经济学的研究范围是什么呢？是说农村经济学的对象是什么呢？这问题亦是科学的理论政治经济学与旧的"当道的"各派经济学说相分歧的几个基本问题之一。旧的各派经济学者对于这问题就没有一个明确的统一的定义。他们或者说政治经济学是研究财富的增值，或者说这是研究国民经济的法则……他们的说法虽不同，但他们的理论有一个共同之点，即把政治经济学作为研究人与自然界的关系的一种科学，研究的目的就是探究怎样能够使人类从自然界获取更多的生产品。他们把人类看作一个整的集团，是说在他们看来，直接从事生产而仅靠工资过活的工人与占有生产资料而榨取利润的企业资本家，吃利息的借贷资本家或收租的地主是没有什么区别的。他们以为这些阶级在社会生产过程中，都是平等的分子，在他们之间的关系非常简单，所以不能成为科学研究的对象。然而科学的理论政治经济学的学说却认为：经济学的研究对象恰是横在社会生产过程上的人与人的关系（社会生产关系），而不是人与自然界的关系（人与物的关系）；后者属于自然科学家的研究领域，而不是理论政治经济学者的研究对象。

农村经济学是理论政治经济学的一章，而绝对不是自然科学中的一个独立科目。所以根据科学政治经济学的学说，农村经济

---

[*] 本文原载《中国农村》，1935，1（10）。原题名《农村经济学底对象》。

学的研究对象亦应当是农业生产过程中人与人的关系（农业生产中的社会生产关系），而不是人与自然界（人与土地、机械、肥料等）的关系；后者是农学者（Agriculturist）的研究问题，而不是农村经济学者（Agrarian Economist）的研究问题。

更详细地说，农村经济学的研究对象是：地主与农民间的关系；农业经营者（农业资本家）与雇农（农村雇佣劳动者）间的关系；以及整个农村与都市经济以至于国际市场（对殖民地而言为国际帝国主义）的关系。明言之，农村经济学者所要解答的具体问题是：地主怎样利用了土地私有财产的垄断权（独占权）而从农业经营者手中分得直接生产者所创造的一部分剩余价值（地租）？农业资本家又怎样剥削雇佣劳动而经营他的资本主义式的农场？农民自身又怎样随着商品生产（尤其是资本主义生产）之发展而形成内部分化（一方面形成人数极少而财力极雄厚的富农，它方面形成人数最多的半无产的贫农——他们非靠田间以外的收入不能过活——处在这两个极端阶层之间的中等农民虽有一小部分尚能勉强维持，以至于上升为富农，但大多数是与贫农同一命运的）？贫农之进一步的无产化又怎样形成了富农所需要的乡村雇佣劳动力的来源和都市的产业后备军？都市工业之发展怎样促进农业生产之商品化？怎样促进乡村手工业（农民的副业）之破产？工业资本又怎样利用了自己的大规模的生产机关和坚强的组织（工业垄断组织）来压迫农业生产？最后，国际资本帝国主义又怎样利用了经济的和政治的优越地位来侵略殖民地农村？遇到经济危机时，国际资本帝国主义又怎样间接地和直接地把危机的损害转嫁给殖民地农村？上面所列举的这些问题都是农村经济学研究的中心问题。但从这些问题的内容看来，谁亦可以了解，这些问题都是从人与人的社会生产关系中所发生出来的问题，而不是从人与自然界的关系（人与物的关系）中所发生的问题。同时，谁亦可以了解，这些问题之研究是农村经济学者的任务，而不是农学者的任务。

这里还有一点应当注意的：我们绝不能把理论的农村经济学与农业经营学相混淆。有的人或者以为农业经营学所研究的是农场中的劳力的分配及管理问题，这亦是生产过程中的人与人的相互关系问题，所以亦可以算作理论的农村经济学的研究对象。

但产生这种意见的人完全没有了解经济学中所谓社会生产关系是指什么东西。要知道理论政治经济学以及理论的农村经济学所研究的生产关系是以社会分工（各个独立的企业间的分工）为基础的生产关系，所以我们称其为社会生产关系更为确切；但并不是以各企业内部的技术分工为基础的劳力分配及其管理法等。在商品社会中，每一个商品生产者虽然是各自独立地经营着自己的生产事业，但事实上他们都是为着全社会而生产；在他们之间存在一种严密的社会分工。不过这种分工不是自觉的，不是有组织的。这种分工不是生产者自己的意志所决定的，而是为盲目的社会规律所支配的。

在这种盲目的分工之下的各个独立生产者之间的关系，以至于各个社会阶层之间的相互关系，并不是显明地呈露着的，而是经过各种物品体现出来的。明言之，商品社会中的社会生产关系是不能直接地捉摸到的，而是经过价格、工资、利润、利息、地租等范畴体现出来的。❶ 所以商品社会中的这种社会生产关系及其发展规律需要一种特殊的科学来研究它。这科学便是理论政治经济学。❷ 前面已经说过，农村经济学是理论政治经济学的一章，

---

❶ 这五种范畴各自体现一种特殊的社会生产关系：价格体现一般商品生产者之间的关系；工资体现直接生产者——工人——与全体资本家的关系；利润体现企业资本家对其他资本家和工人的关系；利息体现信贷资本家对企业资本家和工人的关系；地租体现土地所有者对工人和企业资本家的关系等。

❷ 政治经济学如前所述是研究资本主义社会的一般经济法则的理论，所以常被称为理论政治经济学。这名称的本身表示这门科学的研究对象不是以谋利为目的的经济政策或产业经营法等。

所以它所研究的对象亦就是上述这种以社会分工为基础的社会生产关系。理论政治经济学和理论的农村经济学不同的仅是范围之大小而已。换句话说,农村经济学是研究商品资本主义社会的农业部门的社会生产关系和农业与其他部门的联系,而理论政治经济学是研究资本主义社会中的全部生产关系的。

农村经济学的对象

从前面的解释中就可以知道,理论政治经济学——农村经济学亦是如此——是有历史性的一门科学。它随着商品社会之产生而产生,亦将随着商品社会之没落而没落。在商品社会以前,人类已经历过好几种自然经济的社会。这些社会的社会机构虽简陋,生产力虽微弱,但整个社会经济是有组织的,有计划的。每一经济单位(如氏族部落或封建采邑)的生产以至消费都在一个支配者(酋长或封建诸侯)或其代理人的指挥下有计划地进行着。这个经济团体以内的生产力之分配、人力之配置都受这个支配者或其代理人的自觉的意志所决定。这个经济团体对外界很少发生关系,甚至完全不发生关系。所以它的内部的经济法则是很简单而明显的,不需要专门的科学来研究它。人类的未来的理想社会中的经济机构虽比现社会更为宏大,生产力之发展将远非现社会所可比拟;但整个社会经济是一种有组织有计划的经济。全社会的生产在人民共举的经济技术的领导机关(那时候除了经济技术的和文化教育的管理机关外,已无任何政府机关存在)的管理下有秩序地进行着。这社会中的社会经济法则亦是很简单而明显的,也是用不到专门的科学来研究它的。那时候所需要的就是以统计学、机械学、电力学、农学和其他自然科学为基础的工场管理学和农场管理学(事实上,在那时候,工场和农场之间亦已失去今日这样的界限了),而不是研究一般经济法则的理论政治经济学或农村经济学了。

现社会中存在的工场管理学和农场管理学(或经营学)亦就是未来社会中的生产管理学的一种小规模和歪曲的(不合理的)

形式。称之为小规模的,因为在现社会中这管理仅限于各企业的内部而社会仍为盲目的经济法则所支配着;称之为歪曲的不合理的形式,因为这种管理是以剩余价值之榨取为基础,以牟利为目的的。各个资本主义企业内的管理或经营原则与未来社会的生产管理原则不仅不相符合,而且是相反的。二者之间唯一相同的地方就是:二者均不属于社会科学的研究范围。这种工场或农场的管理学(或经营学)与其说是近于理论政治经济学,毋宁说是近于统计学。

理论政治经济学不是工场管理学;而理论的农业经济学,亦不是农场管理学(或农场经营学),更不是农学。这道理在前面已经解释得很清楚。从这解释中谁都可以看出,理论政治经济学以及理论的农村经济学的研究对象是很显明的。但是为什么许多学者先生反不能了解这点简明的理由呢?在这里,主要的倒不是理解力的强弱问题,而是根本出发点的分歧问题。在历史唯物论者看来,资本主义社会仅是人类社会发展史上的一个阶段而已。这社会是从另一社会的崩溃中生长起来的,它自身的发展亦将促成自身之灭亡,且为另一社会所代替。理论政治经济学的研究对象仅是这个一定的社会,研究的目的是要了解这社会的社会生产关系的发展规律和它的起源及崩溃,并在旧社会之崩溃和新社会之产生过程中尽些"送死""接生"的任务。但在一般学者先生们看来,商品资本主义社会是最完善的社会,它将永久地存在。科学的任务仅仅是以此为前提,以便在这范围之内,从功利的立场出发来改善这社会,来增进自己阶级的利益。这是一般的庸俗经济学者所共有的观念。所以,他们在研究农村经济的时候,亦以现社会之永久存在为第一前提。他们并不去研究现社会的农业生产中的特殊的社会生产关系和它的发展规律;他们甚至非常害怕接触到这个基本问题。他们只想在现社会的框子内来改良农业生产。所以他们的研究侧重在人与自然界的关系(侧重技术方面),而疏忽了——甚至放弃了——人与人的社会生产关系。

帝国主义国家要把自己的过剩的生产品向殖民地倾销,所以对于殖民地大众的购买力要有明确的估计。因此,它们的经济学者在研究殖民地农村经济的时候,特别注重农民的生活程度,但是他们对于造成殖民地农民大众的饥饿的生活程度的社会基本原因是不愿知道的(或者是明知而不理)。帝国主义国家需要殖民地的原料,因此它们的经济学者对于殖民地农村经济之研究偏重于种子、肥料、生产成本以及经营面积等调查。农业资本家们需要扩大生产,榨取雇佣劳动力,所以他们的意识代表者很留心农业中技术之应用和劳动力之合理的使用等。但是这些先生们对于农村生产中成本昂贵的主要原因和技术改进以及生产发展的基本障碍是完全不了解的,并且亦不愿意了解的。理论的农村经济学已被这些经济学者庸俗化而成为企业经营学了,成为资本家的发财之道了。

农村经济学的对象

我们对于农村经济学的研究对象已经充分解释过了。末了,我们来检讨一下相反方面的理论。近来,天津《益世报》的《农村周刊》第48期载有王宜昌先生的《农村经济统计应有的方向转换》一文。王先生所主张的"第一方向转换便是在人和人的关系之外,更要充分注意人和自然的关系"。王先生此文发表之后,韩德章先生就在同周刊的第49期中发表《研究农业经济所遇到的技术问题》一文,以响应王宜昌先生。韩先生在这篇文章中,更进一步主张"中国农村经济的研究应当从人和人的关系的注意转换到(本文中的着重号是作者加的)人和自然的关系"。韩先生说道:"没有一种有实用的学术是能离开其他相关的知识而独立的。农业经济自当与农业科学发生密切的关系。一些浅近的地质学、土壤学、作物学、育种学、植物形态学、植物生理学、植物病虫害学、畜牧学、养禽学、饲料学、农业化学、农业工程学等知识对于一个研究农业经济学者可有相当的实惠……"这当然是"有相当的实惠"的。而且我们以为韩先生还没有把科学的名单背诵熟。我们还可以加以许多补充。譬如就重要的而论：近来农业生产中电力之利用已很普遍，且早就有人提倡过农业电器化的主张。根据韩先生的意见电器学当然亦是研究农村经济的应修科目了。此外，近来农业中应用飞机来做运输、除虫、播种等工作的甚为普遍，那么航空学恐怕亦将成为农村经济学者的应修科目了。若再扩而大之，恐怕20世纪时代的科学没有一种不与农村经济学者发生间接的或直接的联系。所以在韩先生的理想中，农村经济学的研究范围将与世界上最详细的大百科全书永远相等。这是多么伟大的一门科学！

其实，我们并不是反对农村经济学者多知道一些农学知识和其他自然科学的知识。我们非但不反对而且极赞成的。一个农村经济学者如果不懂得雨量及气候之差别对各地农作物之影响，不能分别水田经济与旱田经济之差别，不了解每种新的技术发明对农村经济之影响，不能领会大经营对小经营之优势，不具备诸如此类的其他各种基本的自然科学的知识，那就绝不能深刻地了解农村经济。这些知识都可以看作是农村经济学者所必具的常识（虽则这些知识是属于各种完全不同的自然科学范围的），但绝不是理论的农村经济学自身的研究对象。这好比当一个医生必须具有药剂学（Pharmacy）的基本知识，但药剂学不是医生的研究对象。又如做一个工程师必须有高深的数学知识，但数学绝不是工程的研究对象。

倘使王、韩两位先生觉得目前研究农村经济的人太缺乏自然科学的常识了，所以劝大家多读些自然科学的书籍，那么我们绝没有什么反对。但如果要把自然科学的研究对象来充当农村经济学的研究对象，那么我们是绝对不敢赞同的。把药剂学当作医生的研究对象，或把数学当作工程师的研究对象——这可以说仅是一种简单的缺乏常识而已（虽则这样的缺乏常识已经是很可笑了),但把自然科学当作农村经济学者的研究对象,那不是一种简单的缺乏常识,而是把理论的农村经济学庸俗化为农业经营学的一种野心企图。当然,这种企图的真意倒不是想叫农村经济学者改学农业经营学之后,去充当洋行里的农村推销员或农场的管理员。这企图的真意是想遮住大家的眼睛,叫他们不要去探视现社会的农村经济的基本构造(农村经济中的社会生产关系)。因为这一探视之必然的结论是:农村中现存的社会生产关系是带有历史性的,它随着资本主义社会而产生,亦将随着资本主义社会而消失。这结论当然是现社会中许多人所不愿听的。这亦就是理论的农村经济常遭人反对的原因。

王先生的另一个论据是说,我们不应抛开生产力而仅研究生产关系。其实王先生既没有了解生产关系,亦没有懂得生产力。❶生产力是生产资料(也有译作"生产手段"的)和劳动力之总和。生产资料如不与劳动力联结在一起,便不能生产,当然亦就不能发生生产力;这在任何社会中都是相同的原理。但劳动力与生产资料相结合的社会条件却因所处社会之不同而完全相违异。理论政治经济学(以及理论的农村经济学)中所研究的社会生产

---

❶ 王宜昌先生自己已经向读者抱歉过,因为在"自己文章中常夹用经济学术语与会计学术语,又带上一些报章杂志上的模糊影响的名词"。其实,王先生应抱歉的倒不是因为夹用了经济学术语和会计学术语,而是因为夹用了这些术语而没有了解这些术语的意义。因为没有了解这些术语的意义,所以这些术语在他便成了"模糊影响的名词"。例如他对于"生产力"这一术语的含义便不甚清楚(怪不得,他在《农村周刊》第61期发表的《评广东农村生产关系及生产力》一文中要责备人家对"生产力"这名词未加以解释)。他有时把这些名词当"生产技术"讲,有时又把它当作"生产率"讲。又如他爱用"流通过程"这一术语。据他说,这术语"是从《资本论》第2卷而来,意味着资本之变形,回转,与资本之再生产及流通的"(天津《益世报》的《农村周刊》第55期)。如果王先生所谓"流通过程"是意味着这么一回事,那么应把这"流通过程"改为"资本流转"或"资本周转"才对,经济学中所谓流通仅指交换而言,这仅是资本周转过程之一节而已。这两个术语之差别在《资本论》中说得明明白白的,可惜王先生没有读懂。

关系实际上便是指劳动力与生产资料相结合的那个社会条件之总和。所以我们说研究生产关系的时候，自然不是指脱离了生产力而凭空存在的生产关系（世界上就没有这种凭空存在的生产关系）。其实这里的争论问题倒不是"有否注意生产力"的问题，而是"怎样注意生产力"的问题。一方面是站在社会学者和经济学者的立场上来注意生产力，另一方面是站在自然科学者或企业经营者的立场上来注意生产力。一方面是为要研究社会经济构造的规律而去注意生产力，但另一方面却是为规避这种研究而去注意生产力。这就是争论的来源。

末了，我们再重复地说：农村经济学的研究对象是农业生产中的社会生产关系而绝非其他东西。这绝不是"失之偏颇"（王宜昌先生用语）的定义，绝不能容忍任何折中主义的修改。

论农村调查中农户分类方法

天津《益世报》的《农村周刊》第 61 期载有王宜昌先生对广东农村经济调查团的调查报告❶的书评。王先生的书评虽系对于该调查团,特别是该报告书编者的批评,但其中心意见是关于农村经济研究的方法问题的讨论,尤其是关于农户分类法的讨论。书评中所指出的其他许多"错误"和"疏漏"都是以这中心意见为出发点的,亦可以说是拉来陪衬这中心意见的。王先生对于该调查团的调查工作的具体质问,除该调查团的前负责人或报告书的编者以外,别人自不能代答;但对于一般的方法问题是大家都可以参与讨论的。本文所讨论的也就是这一般的方法问题。

王先生在这篇书评中,疑心到报告书的编者是"首先便以富农、中农、贫农等划分去调查农村经济",所以"……陷于以自己的主观图式来硬嵌社会事象"的错误。因此更进一步而怀疑到报告书的编者"只捏造事实与理论",所以在报告书中不敢把"更详细真确的统计材料发表出来"。

王先生所认为是用来"硬嵌社会事象"的"主观图式"是指什么东西呢? 王先生既没有告诉我们具体的事实,而我们在报告书中亦找不出这样的图式来。但王先生的"客观的图式"是怎样的一种东西呢? 王先生在书评中说:"统计学最初并不就质的不

---

* 本文原载《中国农村》,1935,1(10)。

❶ 陈翰笙:《广东农村生产关系与生产力》,中山文化教育馆,1934 年 12 月。

同来划分数量,而只从量变质的观察以后再返而观察此由量变来的质的数量的对比。经济学上所谓富农、中农、贫农等质的差异,只是统计学上农村资本的量的不同而变来的。"

在经济学者和社会学者中间本来有一部分人根本反对把农民划分为富农、中农、贫农三种等级。他们就觉得这是好事者故意捏造出来的事情。在他们面前,全体农民都被"平等"看待。他们并不觉得一个雇有长工的富农经济与一个自身都养不活的贫农家庭在社会意义上有什么差别存在。大概在这种人看来,占有生产工具的资本家与依赖工资过活的工人也是没有什么差别的。与这样的人当然没有什么共同的语言可讲。

王宜昌先生虽不否认这种社会划分之存在,但是对于这种划分的社会意义并未了解。因此在王先生的文章中发生了不少词句含糊和前后矛盾的地方。他在口头上是承认了这种划分,而事实上是否认了这种划分。譬如王先生说:"经济学上所谓富农、中农、贫农等质的差异,只是统计学上由农村资本的量的不同而来的。"根据这定义几乎使我们怀疑到"富农、中农、贫农等质的差异"不是客观地存在的事实,而是统计学者主观地规定的一种计算标准。根据王先生的忠实的统计原则,任何初级统计表都只能有一个项目。若是请王先生来统计某一地方的资本家和工人的人数时,王先生势必先把该地方的全体人民的财产数或其收入量统统登记在一个项目内。然后再根据一个标准数来划分工人或资本家。凡是财产和收入量超过这标准数的都列入资本家一项,不及这标准数的则列入工人一项。因为根据王先生的理论在未统计之前是无从知道资本家和工人之间的质的差别的。但我们所不了解的是王先生将根据什么东西来规定这标准数。王先生既不允许在统计之前发生质的差异,那么将根据什么理由来证明 A 数是划分质的差异的标准数,而 B 数便不足以充任这标准数呢?在这里,我们可以看到标榜着客观的招牌的王先生将陷入何等主观的错误中去。这种"客观的"统计法除了遮蔽客观的事实以外，别无其他作用。

资本家和工人间的"质的差异"是客观地存在的事实。富农、中农、贫农之间的"质的差异"也是如此。但是为什么王先生总不能领会这道理呢！客气些说，就是王先生没有了解这种划分（富农、中农、贫农之划分）的社会意义，否则就是想故意否认这种划分之存在。

当然，我们不能只注意富农、中农和贫农之间的"质的差异"（社会经济意义之不同）而否认了他们之间的"量的差别"（富力之不同）。富农、中农和贫农之间的"质的差异"自然亦包含有"量的差异"，但绝不以这"量的差异"为止。富农的耕地数和成本量一般地说，当然比中农雄厚，而中农又必然比贫农富饶。所以做统计时，我们也可以利用数量来作为表示质量的尺度。我们在研究中国农村时，如果能够仅从生产力的某个因素（如王先生书评中所提及的土地、工作日、农具、肥料等）的数量之多寡来划分农户，那当然是最简捷没有了。伊里奇❶在研究俄罗斯资本主义发展时，便常用马和耕地面积来划分农户。但这里有一点是应当注意的：中国的农村经济在土壤、气候、作物等都比革命前的俄罗斯为复杂。我们不仅如前面所说的不容易找出一个客观的数量来，作为类别农民的标准，而且我们亦不容易找到一个绝对能够充当这种任务的物质因素。

譬如就土地来说，北方的旱田经济与南方的水田经济是全然不同的。在黄河流域，每一农家耕种几十亩以至 100 亩的并不算稀奇，但在江浙一带，每家耕地在 10 亩以下的是普通标准。甚至就江浙一地而言，耕地中也有桑田与稻田的差别。一亩桑田的出产决不能与一亩稻田同等看待。至于广东省的情形更为复杂。广

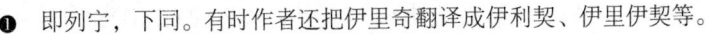

❶ 即列宁，下同。有时作者还把伊里奇翻译成伊利契、伊里伊契等。

东北江和南路一带的每亩田地的生产力决不能与珠江下游和韩江下游的三角洲的田地相比较。甚至以同一番禺县的情形而论，亦有果园经济、稻田经济和杂粮经济之别。种五六亩果园的农家可以雇到两三个长工，每年得数千元的收入；但种十亩稻田的农户，虽老少男女终年不息地劳动着亦只能勉强维持一饱而已。请问在这种场合下，若简单地以耕地亩数来划分农户，则如何可以知道前一家是剥削雇佣劳动的富农，而后一家倒是勉强维持现状的中等农家。

至于以耕畜来划分中国的农户，那是更不可靠了。谁亦知道，在半殖民地式的中国农村中，耕畜的作用是非常微细的。在这里，因于劳动力之低廉，农民被压迫之苛刻，经营面积之狭窄，甚至连耕畜之使用都成为不利的事情了。在中国北部尚有旱田经济的关系，用马耕田的还比较地多，但在江浙一带，以马耕田的固然没有，就是普通作为耕畜使用的水牛亦很少见到。以富饶出名的无锡而论，往往跑了几个村落而见不到一条水牛。在这种场合下，请问如何可用耕畜来划分农户呢。

以耕畜来划分农户，甚至会发生错误的结论。譬如广东番禺县第八区的沙亭岗村和西园村是两个紧相邻接的乡村。沙亭岗村在东北，地形较高，有农户 100 余户，全系广东本地人，西园村在西南，地形较低，有农户 60 余户，全系客家人。在沙亭岗村的南部有一条水量很富的小溪流过。全村田地因赖有这条小溪灌溉，所以大半成为产量很富的水田。西园村的地形虽低，但因为位于小溪的下流，溪水已被沙亭岗村所引用殆尽，田地苦于水量不足，几乎全部成为贫瘠的旱地。沙亭岗村农户每户平均只有 10 亩左右的使用耕地，而西园村的农户却有 20 亩左右，但就每户平均收入计，则前者反远胜于后者。西园村的农民因耕地面积广，人力不足，故多用耕畜帮忙，全村 60 余户中共有牛十四五头，而 100 余户的沙亭岗村反只有耕牛 2 头。请问在这种情形下，如何

可以用耕畜来划分农户呢？（请注意：这种完全相反的情形，是发生在紧相邻接的两个乡村中，其中相隔的距离仅一条田岸而已）

一般地说，农业成本的诸物质因素中，土地和耕畜比较地还是最足以充任农户分类的尺度的。但在中国的实际环境中，其不可靠尚是如此。至于农业成本中的其他因素，如农具、肥料等，更不能担负此重任了。中国农民所使用的农具之简陋是众所周知的事实。而使用的肥料则以人畜的粪和草灰等物为主。要把这些东西统计起来，作为划分农户的尺度显然是不可能的事情。

除上述客观环境的差异以外，我们如今讨论农户分类法的时候，同伊里奇在研究俄罗斯资本主义发展的时候，还有一点不同的地方。列宁在研究俄罗斯资本主义发展时所应用的材料大半是官家所发表的统计。这些统计材料的编制者对于农村中的生产关系当然是不注意的。在他们的统计中自然不会混进半点社会的因素，而只包括一些物品的计算（这便是王先生所认为最客观的统计）。所以伊里奇的农户分类法安知不是要利用官家统计材料时所采取的不得已的办法。但如今我们所讨论的是自己实行调查和自己编制统计时所应采用的农户分类方法。

然则，我们对于中国农村问题研究中的农户分类问题如何解决呢？在这里物质的因素当然还是不能被轻视的，而且它仍旧不失为一个基本的尺度。以中国一般的实际情形而论能充当这尺度的物质因素，当然土地比耕畜要适宜一些，因为耕畜之使用在中国到底太不普遍了。但是根据前述理由，我们绝不能以同一的田亩数作为全国各地的农户分类之共同标准。我们对于各地的农户分类，应该根据各地的不同的土地生产力，规定各种不同的标准。甚至对于同一地方的生产力不同的土地（如水田、旱地、果园等）亦应该根据实际情形而折合为同一单位去计算（如以几亩旱田或以几分果园折合为一亩水田等）。但是除了这个物质的因素的基本尺度外,我们在农户分类时必须更注意些社会生产关系作为参考。在这里,最适当的生产关系便是雇佣关系。因为只有富农经济才能经常地雇佣长工,或雇佣必须忙工数以上的零工;同时亦只有穷得没有办法的贫农才会经常地跑出去充当地主或富农家的散工,以便借工资收入来补充自己的田间收入之不足。当农户分类的物质尺度失去了"灵验"的时候,这种社会的尺度是很好的一种补救方法。不论是谁,只要他能够承认农民的阶级分化是客观地存在的一种事实,而不是统计表上的数字的把戏,那么他就不能否认这种社会因素对于农户分类的意义。我们可以说,这种注重物质因素而又兼顾社会因素的农户分类法是研究复杂错综的现代中国农村经济的最好办法。

我们从《广东农村生产关系与生产力》这篇报告书中可以看出该报告书所采用的农户分类法就是这种双方兼顾的办法。该报告第4—5页明明有一段写道:

"农户的类别最好基于富力而同时参照雇佣关系。当地农家普通一家有几多人口;这样的农家须用几多自田或几多租田才能过活。具有能够过活的中等富力而在雇佣关系上不剥削他人,也不被人剥削的农户,可称为中农。雇佣长工或雇佣散工而超过当地普通农户所必需的忙工人数,如其耕地数超过中农的标准,可称为富农。有些富农所耕的田亩超过中农一倍或一倍以上,那么不再问雇佣关系,也就能断定是富农了。至于贫农,更易分辨。凡所耕亩数不及中农的标准,而耕作之外又往往要借工资或其他收入才能过活的农户,统括地称为贫农。不在家耕种或耕种极微小的一块田地,而主要地靠着出卖劳力替人耕种以过活;换言之,几乎纯粹地在雇佣关系上被人剥削的都是雇农。"

在上面这段说明中,报告书编者已经把该报告书中所应用的农户分类法说得很清楚了。但王先生还说:"不知道报告书编者用何种观察法已经划分了富农、中农、贫农等由量变化来的性质了?"我们疑心王先生写那篇书评的时候,还没有读完报告书的全文。

话到这里,本来已经说完了。不过在王先生的书评中曾拉了许多话来陪衬他对于农户分类的中心意见,在王先生那篇书评中,这些意见本来就是处于"陪客"地位的;我们为了解王先生的全部意见起见不妨请这些"陪客"再来陪一陪。

首先,王先生责备报告书编者没有把初级统计表发表出来,所以说报告书中那些高级统计表的数字都是捏造事实。但笔者把报告书读完之后,见报告书中所引用的数字均是以附录中的初级统计表为根据的。王先生对于该报告书既已写了一篇书评,则对于报告书后面的20页附录中的统计表当然是知道。所以王先生所说的初级统计表当系别有所指。王先生在书评中说:"读者所需要的是:(一)各家所有土地,使用土地及所租进土地的面积,各农户家族人数,各家雇工人数及各家负债额等等就数量上划分级组的统计。"如此说来,王先生所谓初级统计表是指不分阶级的统计表。这种初级统计表没有多大意义,在这里我们似乎不必再多说了。

其次,王先生在书评中说:"报告书中有许多名词,如'生产力''租田''自田''富力'等均未加说明。不知其确切内容如何。""生产力"和"富力"是经济学上最初步的术语,"租田"和"自田"又是普通农民所常用的名称。王先生是研究"科学的经济学"的,而对于农村问题又是很关心的,若说对于这几个名词都"不知其确切内容"那么未免使人不敢相信(虽则世界上常会发生使人不相信的事情),或者这是王先生为了一般读者而操心吧。然而一般的读者倒不至于如此没有常识。若是依王先生这种要求,在每本著作或每篇论文中对这种普通名词都加一番详细解释,那么任何出版品都得增加一倍篇幅,这倒是印刷店的好生意,却是读者的苦事情。

此外王先生说："报告书在事实上不过描写一些静止的状态，而不知道他的运动的根本趋向。"但报告书中对于重要统计都以1928年及1933年两种数字对照参考的。如果为要了解动的趋势，那么这是最好的表示方法了。王先生说，报告书中对于"使用田亩中佃进地所占地位"没有详细解释。但报告书中附录（6）、（7）之各类农户自田、租田统计表，附录（8）之各类农户租进土地比较表，附录（9）关于各类农户所有田地统计及附录（13）关于各类农户使用田亩之统计都足以表示农民的使用田地中佃进田的地位的。不知道王先生对于这许多统计表怎么完全没有注意到。在这里，王先生或者是因为报告书编者应用了"租田"这名词，而不用"佃进田"或"佃出田"的名词，所以批评报告书中所用名词"没有清晰的概念"，并要求编者加以解释吧？"租田"这名词固然没有"佃进田"或"佃出田"这两个名词的意义确定，但我们如果说，"某个农民有自田3亩和租田5亩"的时候，当然是指自有田3亩及佃进田5亩，而绝不是指共有自田8亩，其中5亩已经佃出去的意思。我们想王先生亦不至于发生如此的误解吧。

王先生又说"报告书中完全未述及广东都市经济与农村经济的关系"。但报告书中曾特别提及华侨资本与广东农村经济的关系，并有专章论及广东乡村中的"税捐的繁重""商业资本和高利贷资本的剥削"和"壮丁的离村"。王先生一定说编者完全未注意到都市及农村的关系，并加以"没有注意整个资本经济"的批评，那亦未免太抹杀事实。

最后，王先生在书评中曾提出典田的问题，他批评编者道："关于自田和租田没有详细解释，则典当来的土地将不知属于何者。"中国的小地主和农民常由于氏族的传统观念，不愿把祖遗的田产出卖，而把它典当出去。这种典当田地的办法亦可以说是小土地所有者对自己地位之最后的绝望中的挣扎。所谓典当田地就是田主把自有田地以较低价格出售他人，而自己仍保留一个回赎的权利；普通亦称这种田权移转为活卖。但事实上，小土地所有者的这种回赎的幻想是很少能实现的。所以典出田地人在名义上虽保留着田主的法律地位，而在经济意义上，这块田已经完全不属于他了。因此在统计时，对于被典当的田地应该把它算作典入者的产业，而不作典出者的产业。想来报告书的编者对于被典田地也只能如此处置，不过在报告书中对于这问题似乎没有加以详细说明。这虽则可以说是编者的疏漏处，但无论如何与"自田""租田"之释明是无关的。

总之，王宜昌先生的这篇书评的主要意见是对于广东农村经济调查团报告书中农户分类法的批评。但事实上他对于该报告书恐怕就没有仔细读过。所以他对于对方的方法，不能给予正面的理论上的反驳，而只是随便拉一些话来搪塞而已。这样的批评，不论是对于一般读者的理论的研究也好，对于被批评者所编著的报告也好，都不能给予任何积极的贡献。

论农村调查中农户分类方法

财政资本的统治与前资本主义的生产关系*

一、矛盾的合一

中国是国际财政资本统治下的一个半殖民地国家,它的任何哪一方面的生活都和统治发生异常密切的联系。离开了这联系绝不能解答中国近百年来的社会经济发展。所以在每次讨论中国社会经济结构问题的时候,国际财政资本统治的影响,总是成了论争的中心问题之一。这问题的重要性已为一般人所注意到。但是对于这问题常发生各种错误的见解。这些错误的见解有一个共同的倾向,这就是过分夸张财政资本统治的进步作用,而忽视统治的反动性。许多人把财政资本统治看作是殖民地半殖民地国家中创立资本主义生产关系的急先锋,而不知道它亦是这些地方的封建残余势力的维持者。

对于财政资本的这种片面的认识,三四年前,所谓"中国社会史的论战"时代便已存在。当时严灵峰先生在所著《中国经济问题研究》一书中就认为国际财政资本的统治"在整个方面是推动资本主义的经济成分前进"。❶ 同时严先生认为,东三省和上海资本主义发展所以能够远胜于四川、甘肃等边陲省份,正因为

---

* 本文原载《中国农村》,1935,1(12)。原题名《财政资本底统治与前资本主义的生产关系》。

❶ 严灵峰:《中国经济问题研究》,第67页。

"像甘肃和四川那样的省份所受帝国主义经济势力的影响并不比东三省和上海那些地方所受帝国主义经济势力的影响那样厉害"。❶ 严先生认为："帝国主义本身是代表高度的资本主义势力，它对于封建的经济制度完全处于不可调和的矛盾地位。"❷ 所以在财政资本所统治的地方是绝不会存在封建的经济结构，退一步说，"即使在某些落后地方还有新生的微弱的封建势力"，亦"只是起了消极的抵抗作用，而日趋于衰落"。❸

严先生的这种理论在当时曾引起许多人的批评。但直到今日，仍旧还有人根据同样的理论来否认中国社会经济结构中的前资本主义的关系。最近王景波先生在第 10 期《中国农村》上所发表的《关于中国农村问题的研究之试述》一文便是这种理论的代表者。

王先生在这篇文章里说："中国身受国际资本的支配，那就是资本主义生产方式之在中国已经占了优势。"❹ 最妙的是，王先生甚至并不否认中国社会本身内部是存在封建剥削甚至奴隶的剥削。他说："外国资本的支配……是否要维持一切野蛮的剥削呢；无疑地，不仅维持而且要加重，因为这就是金融资本榨取殖民地之特色。只要恰当地使用字句我们可以说'封建的剥削'甚至奴隶的剥削。"❺ 但王先生认为这种封建的甚至奴隶的剥削是"附体的"东西，而不是"主体的"东西。王先生所认为是"主体的"东西当然是指国际财政资本的统治了。

在主张"帝国主义统治即资本主义生产方式占优势"的理论中，王先生的这种说法可以算是最彻头彻尾的一种。因为王先生

---

❶ 严灵峰：《追击与反攻》，第 149 页。（在严先生的理想中，如果中国能够脱离帝国主义的羁绊而独立发展的时候，甘肃和上海大概是站在同一水准上发展的。）

❷ 严灵峰：《中国经济问题研究》，第 124 页。

❸ 严灵峰：《中国经济问题研究》，第 124 页。（着重号系本文作者所加）

❹ 《中国农村》，1935（10），第 60、63 页。

❺ 《中国农村》，1935（10），第 60、63 页。

认为：在殖民地半殖民地国家内，尽可存在封建的以至于奴隶的剥削，甚至这种剥削且因国际财政资本之维护而更加重了，但只要是已经接受了财政资本的支配，那么这种封建的，以至于奴隶的剥削便都成为资本主义经济结构的基础了。这"理论"，再进一步可以演绎为下列的简单公式：

帝国主义＝最高阶段的资本主义

现时代＝帝国主义时代

所以，现时代没有非资本主义的关系（或者除了苏联以外）。

在这公式之下，现时代所存在的一切落后的经济结构——南洋和非洲的奴隶制种植场，埃及、印度等地的封建王公的经济，阿拉伯诸国、阿富汗、波斯和我国西藏等边陲地方所存在的民族部落经济（这中间有许多还在过着游牧生活）——都将"高升"为资本主义制度。因为这许多民族早已在外国资本的支配下，在殖民地史上，他们还是大中华民族的老前辈呢！

但事实没有如此简单。资本主义征服前资本主义经济形态的过程，包含有相矛盾的两方面，这过程是辩证法式的。从大体上说来，资本主义发展的基本方针是在于排斥其他前资本主义的经济形态。但这个发展过程在各个不同的时代，经过各种不同的形态，并且在世界经济舞台的各个不同的场所造成了各种不同的社会经济结果。

国际财政资本为追求超额利润而侵入殖民地半殖民地国家；这些经济落后国家的廉价劳力和这劳力所生产的廉价原料便是这超额利润的来源。❶ 但廉价原料和廉价劳力都是前资本主义的、封建剥削关系下的产物。殖民地的经济落后和劳动大众的贫困化都是宗主国的经济繁荣的另一面。财政资本为攫取超额利润起

---

❶ "日本在中国企业的红利，大半是由不受劳工法约束的廉劳工资里得来的，这是一件不能掩饰的事实。"（见金治井谷著：《日本对华投资》，第77页，《中国太平洋国际学会丛书》）

见，自然先要保持殖民地和半殖民地的前资本主义的社会经济关系。所以，欧、美资本主义破坏了东方各国的自然经济体系，把后者拉进了世界商品流通的洪流，但不曾成为这许多国家的普遍的自由的资本主义发展的发动者，反而成了封建落后关系的维护者。这是辩证法的"矛盾的合一"：财政资本的统治和前资本主义关系的结合。所以《资本论》作者在致安年谷夫❶的信中写道："直接的奴隶制度和机器、信用制度等同样地成了我们现代的工业制度的基础。没有奴隶制度便没有棉花，没有棉花便没有现代的工业。奴隶制使殖民地成了值钱的东西，殖民地引起了世界贸易，而世界贸易是大规模的机器工业的必要条件。所以在黑奴买卖未发生之前，殖民地所给予旧大陆的生产品非常之少，而且对于一般世界形势所影响也是非常微弱的。所以奴隶制是非常重要的一个经济范畴。现代各民族只会在自己国内虚饰奴隶制度而把它公开地输入新大陆去。"❷

从上面所引证的这一段文字中可以看到：在《资本论》作者看来，资本对殖民地的统治和殖民地自身的前资本主义的生产关系非但不相矛盾，而且后者简直是造成资本主义生产的重要基础之一。所以我们绝不能把财政资本在殖民地半殖民地的政治的经济的统治地位，与殖民地半殖民地自身的经济结构之资本主义化混为一谈。同时承认财政资本的统治，又承认殖民地半殖民地的前资本主义的生产关系，——这非但不相抵触，而且是相互补充的。只看到财政资本的统治，而不进一步去分析被统治国家的自身的社会结构，便以为后者已经资本主义化了，这诚如陶直夫先生所谓只见到了"一般"，而没有见到"一般中的特殊"。这等于承认了20世纪是帝国主义时代，便否认现代世界中存在任何前资

---

❶ 即安年科夫。

❷ 参见《马克思恩格斯全集》，第27卷，第484页，北京，人民出版社，1972。

本主义社会秩序一样，是一种粗暴的武断，而不是科学的分析。

以国际财政资本之支配来证明资本主义生产方式占优势的一般的理由是说：殖民地半殖民地国家既然被国际财政资本所支配，那么自然就要被拉进世界资本主义的商品流转的范围中去，因此这些国家的经济结构之本身亦就资本主义化了。

这亦是一种形式逻辑的说法。关于这问题，我们又可以引证《资本论》中一段话来解释。"在自己的流转过程中……工业资本的周转——不论它以货币资本（的形式）出场也好，抑是以商品资本（的形式）出场亦好，——将与各种各样的社会生产方式所生产出来的商品之流通相交接，只要（后面）这许多生产已经是成了商品生产的话。不论（这些）商品是奴隶制生产的生产品，抑是农夫（中国人，印度的小农）的生产品，公社生产（荷属东印度）的生产品，国家生产（如在早期的俄罗斯历史上所见到的，建立在农奴制束缚之上的生产）的生产品，抑是半野蛮的狩猎民族的生产品等——总之是一样的：它们（指上述这些不同的生产方式所生产的商品）总以商品和货币的形式与工业资本所体现的货币和商品相对峙，并且加入了后者的周转中，（又加入了）商品资本所包含的剩余价值的周转中，因为这剩余价值又以进款的资格而被消费了——即是说加入了商品资本的流转的两大支派。产生这些商品的那个生产过程的性质是没有什么意义的。它们（指这些商品）仅以商品的资格在市场上活动，又以商品的资格加入了工业资本的周转，并且加入了这中间所包含的剩余价值的流转。所以，这些商品的出身的多方面性，世界市场之存在——这便是工业资本的流转过程的特殊之点"。❶

从上述这一段文字中，我们可以看到：殖民地半殖民地国家的前资本主义生产关系之存在并不妨碍这些国家的生产品参加世

---

❶ 《资本论》，第2卷，第1篇，第4章。（参见《马克思恩格斯全集》，第24卷，第126—127页，北京，人民出版社，1972）

界市场的商品流通。甚至我们不以落后的殖民地国家来说，而以革命前俄罗斯历史上的事实为例，亦足以证明《资本论》作者的上述这段分析是完全正确的。

在1836年时，俄罗斯的对外粮食输出已达2555万卢布，两年后复增为5300万卢布，❶ 以当时国际贸易的一般的规模而论，这数目不可谓小，当时俄罗斯农业生产与世界商品流通之关系不可谓不深。但大家知道这时候的俄罗斯还是一个典型的农奴制国家，再要经过了20余年的长期发展才发生了大家所知道的"农奴解放"（1861年）。甚至到了世界大战的前一年（1913年）俄罗斯的农业收获已占世界第二位（仅次于美国），俄罗斯的小麦出口量已占世界总出口量的1/4，裸麦出口量占1/2，❷ 当时的俄罗斯自身已经是一个施行殖民地侵略的帝国主义国家，它已经有了自己资本主义的都市及其相当发展的重工业；但当时俄罗斯的先进政党仍旧认为当时俄罗斯的社会运动是资产阶级民主主义性质的，认为当时农村中的中心问题是土地问题。但是现在居然有许多研究中国农村问题的理论家们在经济发展远不如当时的俄罗斯，且处在国际财政资本统治下的半殖民地的中国宣言道：这里"所要推翻的不是封建剥削"，这里已经没有土地问题了。❸

二、资本主义发展的三个阶段和殖民地经济

塔尔汗诺甫在所著《殖民地运动中的土地问题》那本书里，把资本主义对殖民地的影响分成三个时代——商业资本时代、工业资本时代和财政资本时代——来观察。我们为了解现代国际财政资本在殖民地半殖民地的统治机构和它的历史发展起见，亦不

---

❶ 博克洛夫斯基：《俄罗斯史》，第4卷。
❷ 博克洛夫斯基：《俄罗斯撮要》。
❸ 《中国农村》，1935（7）。

妨袭用塔尔汗诺甫的方法。

在商业资本时代，资本主义的生产刚在宗主国开始发展，它仅以商业资本的形式在殖民地出场。在宗主国方面，殖民地贸易集中在商业资本家的掌握中，这贸易成了原始资本积累的来源之一。在殖民地方面，封建诸侯，或享有特权的专卖商人成了商业资本的对手；他们把从直接生产者那里所榨取来的（以贡税或地租的形式）一部分剩余生产品去交换舶来的奢侈品，所以特产物和奢侈品成了当时殖民地贸易的主要项目，一般农民并没有与这贸易发生直接关系。

在这时候，资本的势力只限于殖民地的商品流转的范围，而没有接触到生产的范围。殖民地的生产仍以封建社会的特权阶级所统治下的手工业者和农民的劳动为基础。但封建特权阶级自从卷进了欧洲各国的殖民地贸易的洪流之后，自己的生活日益奢侈，欲望亦愈加增强，因此对直接生产者的榨取亦愈加苛刻。这种加重的剥削和外来的殖民地侵略者的直接的掠夺行为只是促成殖民地半殖民地国度的旧的生产方式之崩溃，但并不曾促成新的资本主义的社会经济结构之创立。大体上说，殖民地农村仍旧保持着自然经济的本来面目。

到工业资本主义时代，资本主义的生产方式在宗主国内，已经有了根深蒂固的基础。工业资本家已代替商业资本家而成了殖民地贸易的组织者。宗主国输入殖民地的商品已经不是贵重的奢侈品，而是廉价的工业生产品；同时从殖民地输入的商品中，粮食和原料已成了大宗货物。在规模上说，这时候的殖民地贸易已远非往昔所可比拟。工业资本把殖民地看作是原料的来源和自己的工业生产品的销售市场，殖民地的小生产者，一方面成了工业资本的商品购买者，另一方面又是自己的农业生产品的出卖者。商品货币关系已经冲破了殖民地农村的自然经济的屏障。

但是仅靠这些事实还不足以证明殖民地农村经济之资本主义化。我们在前面已经说过，生产品之参与资本主义的商品流通和生产本身之非资本主义性是并不矛盾的。仅靠商业的发展还不足以过渡为资本主义的生产方式。"世界市场之骤然的扩大，流通中的商品数量的倍增……这都很有力地促成了封建的生产构造之崩溃。但现代生产方式之发展在自己的初起的时代，即手工业工场时代，仅限于某些地方，即在中世纪时代便早已具备了这种发展条件的地方"。❶可见《资本论》作者虽则认为商业之发展足以促成旧的封建的生产方式之破坏，但新的资本主义生产方式之能否成立须要由别的条件来决定。《资本论》作者曾以葡萄牙和荷兰两国的历史发展的事实来释明这一点。这两个国度同样地参加了中世纪的世界贸易。但只有荷兰能从封建生产方式转为资本主义生产方式；因为在这里，渔业、手工业工场和农业中的生产基础已足以适应资本主义的发展了。"所以不是商业使工业革命，而是工业不断地使商业革命化。"❷《资本论》作者在分析英国殖民地贸易对印度的影响的时候，曾说过："在这里，他们（英国人）的贸易对于生产方式的革命化的影响仅以廉价商品破坏手工的纺纱和织布为限……但就是在这里，他们的破坏工作亦进行得非常迟缓。"❸他们这工作在中国进行得更迟缓。

"殖民地和欧洲诸民族——至少是后者之大部分——之间的经济的差异在于：殖民地仅被牵入商品交换，但没有被牵入资本主义生产。帝国主义改变了这情形。帝国主义同时亦就是资本输出。资本主义的生产加速度地移植到殖民地去。要把它们从欧洲

---

❶ 《资本论》，第3卷，第4篇，第20章。（参见《马克思恩格斯全集》，第25卷，第272—273页，北京，人民出版社，1974）

❷ 《资本论》，第3卷，第4篇，第20章。（参见《马克思恩格斯全集》，第25卷，第272—273页，北京，人民出版社，1974）

❸ 《资本论》，第3卷，第4篇，第20章。（参见《马克思恩格斯全集》，第25卷，第272—273页，北京，人民出版社，1974）

财政资本束缚关系中割裂开来是不可以的。"❶

所以，财政资本时代是殖民地经济的一个转变时代。在这时代以前，资本仅统治了殖民地的商品流通，到了这时代以后，资本就开始直接统治殖民地的生产。宗主国依照最新的技术在殖民地半殖民地国度开辟矿山，建筑铁道，开设大规模的工厂等。日本资本在上海所办的纺织工厂，不论在技术上，抑是在规模上，绝不劣于日本本国的同种工厂。所谓殖民地半殖民地的民族工业亦就是在这时代生长出来的。但从这个事实中，绝不能就做出一个结论，以为财政资本已经把殖民地半殖民地国度依照宗主国的模型，改造成为道地的资本主义国度了，已经把所有的前资本主义关系完全消灭了。

伊里伊契对于财政资本主义统治给了最正确而完全的分析，他清楚地指出资本输出是财政资本时代的重要特点之一，但是他同时亦屡次告诉我们：财政资本是常与殖民地的封建制度相结合起来，"强制地移栽入东方诸民族的外国帝国主义，无疑异地麻痹了它们（东方诸民族）的社会的和经济的发展"。他为了这问题曾和苏谷尔尼谷夫争论过，因为前者认为财政资本的世界垄断组合仅是统治了资本主义式地组织成的生产。伊里伊契说："所谓'资本主义式地组织成的生产'这种说法，在理论上是成问题的。仅是资本主义式地组织成的生产而已呢？不是的，这说得太软弱了，就是显然非资本主义式地组织的生产，——如殖民地中的棉花小生产者、农民、小手工业者等亦陷入于银行的统治势力下，即陷入于一般财政资本的统治势力下。"❷ 资本输出虽把资本主义的生产移植进了落后国度，但并不曾使全世界的经济发展都与宗主国的水准"向右看

---

❶ 《伊里伊契全集》，俄文第3版，第19卷，第254—255页（着重号系本文作者所加）。(参见《列宁全集》第22卷，第332页，北京，人民出版社，1958)

❷ 《伊里伊契全集》，俄文第3版，第21卷，第308页。(参见《列宁全集》，第26卷，第145页，北京，人民出版社，1958)

齐"。有人"以为财政资本的统治是削弱了全世界经济内部的不平衡性和矛盾,但事实上却是加强了这些不平衡性和矛盾"。❶ 资本主义的不平衡的发展使"在一端集中了一切资本主义的技术进步,而在另一端维持了许多最野蛮的、奴隶制的和农奴制的榨取方式和榨取方法"。❷ 一般殖民地经济的乐观论者把资本输出看作是旧式的官吏上任一样,一到差以后便把从科长起到门房为止的一切"肥缺"统统位置了自己的私人;但事实上,财政资本倒是很开通的新官僚,它用人是以能力为原则的,它将尽量利用旧的人员,以资熟手;它将尽量维持旧的统治机关,以便继续原有的封建剥削,造成自己的超额利润。这些乐观论者的错误来源是在于没有了解财政资本统治下的殖民地经济发展的特性。

财政资本的统治与前资本主义的生产关系

在这里我们首先应该指出的是:资本输出固然是财政资本时代的特点,但宗主国输出的资本并不是完全用以开发殖民地半殖民地的生产事业的;反之,用在这一方面资本只占输出总额之极小一部分。根据贝舍的计算,英国对印度投资中,只有5%是用于农村经济和矿山等生产事业的,英国对华投资中,只有9%是用在工商业中的。日本在中国的资本只有6%是放置在工业和农业方面的。投放在菲律宾的全体外国资本中,农村经济和工业只占有15%。最近法国议院所通过的大规模的殖民地公债中只有15%用于直接生产的目的。❸ 列强对华投资以英国为最多,据调查所得之18899.5万英镑总投资额中,地产投资占7000万英镑,再加上住宅投资428.8万英镑,共计7428.8万英镑,占总额39%;政府借款有4211.8万英镑,占总额22.4%。❹ 地产和住宅投资是一种投机性的非生产投资;

---

❶ 列宁:《帝国主义论》,第7章。(参见《列宁全集》,第22卷,第264页,北京,人民出版社,1958)

❷ 塔汗尔诺甫:《土地问题》,第15页。

❸ 塔汗尔诺甫:《土地问题》,第15页。

❹ 刘大钧:《外人在华投资统计》,中国太平洋学会出版。

政府借款大半用之于政费、内战、还债等，即非但不是用之于生产的，且往往是用之于破坏生产事业的。列强输出殖民地半殖民地的资本大半投资于这两项非生产事业中的，这在我们估计近代资本输出之意义时是不可不注意的。

三、资本输出和殖民地半殖民地的工业发展

"……资本主义的发展在欧洲，不论处在任何政治条件下，甚至处在政治分割的条件下，亦总比殖民地要有保障一些……"❶

"……资本主义在波兰、芬兰、乌克兰、爱尔萨斯等地方发展生产力，毫无疑义地比在印度、土耳克斯坦、埃及和其他纯粹殖民地式的国度，要有力而迅速一些，且较有独立性些。在商品生产的社会中，如果没有了资本，那么不论是独立的发展亦好，抑是任何一般的发展亦好，都是不可能的。欧洲的不独立民族还拥有自己的资本，且很容易在各种各样的条件下获得这种资本。在殖民地没有自己的资本，或者几乎没有这种资本；在财政资本的环境下，殖民地要获得这种资本，除了接受政治屈服的条件以外，是不可能的"。❷

殖民地半殖民地国度的微弱的近代资本主义工业的最重要部分，是在这种政治屈服的条件下输入的外国资本所建立的；虽则如我们已经所指出的一样，这一部分生产投资在输入外资总额中仅占极小一部分。纯粹独立的民族资本工业所占的地位是非常可怜的。所以要了解这里的经济结构而把它"从欧洲财政资本的束缚关系中割裂开来是不可以的"。

---

❶ 《伊里伊契全集》，俄文第 3 版，第 19 卷，第 255 页。（参见《列宁全集》，第 22 卷，第 332 页，北京，人民出版社，1958）

❷ 《伊里伊契全集》，俄文第 3 版，第 19 卷，第 255 页（着重号系本文作者所加）。（参见《列宁全集》，第 22 卷，第 332 页，北京，人民出版社，1958）

有人以为帝国主义国家在殖民地开设的企业和殖民地本国的民族资本工业之间,"仅仅存在数量的差别,而不存在质量的差别……两者之间的排挤倾轧很类似于大企业和小企业的关系"。❶这种观察对不对呢?在答复这问题之前,我们不妨先引证伊里伊契对财政资本时代一般的大、小企业(垄断组合与普通资本企业)间的争斗的估计,以资对照。伊里伊契说道:"摆在我们面前的已经不是大企业与小企业之争,已经不是技术落后的企业与技术先进的企业之间的争斗。摆在我们面前的是,——垄断资本家对于那些不服从垄断,不甘心于它(垄断)的压迫和它的放恣行为的企业所施行的一种致死的制裁。""统治关系以及随着而发生的暴力行为——这就是'资本主义最发展阶级'中的典型现象,这就是万能的经济垄断形成之后所必然发生的,且已发生了的必然现象。"❷ 所以"在工商业界时常可以听到反对银行的'恐怖政策'的呼声"。❸

在伊里伊契看来,在财政资本主义时代,就是垄断资本企业与非垄断企业之间的争斗,亦不能与前一时代中普通、大小企业间的斗争同等看待,但我们的理论家居然说,殖民地的外国企业与民族工业之关系是大、小企业间的倾轧而已。这简直是完全抹杀了殖民地半殖民地国度的政治的经济的不独立性。大概我们的理论家在外滩散步时,只见到庄严宏大的汇丰银行的大厦和陈旧矮小的中国银行的建筑;只见到这一点差别而忘记了前者更有外交部所保存的、一个世纪以来两国政府所签订的不平等条约做根据,有对面江心中所停泊的军舰做后援,而且忘记了这两个银行

财政资本的统治与前资本主义的生产关系

---

❶ 严灵峰:《追击与反攻》,第138页。

❷ 列宁:《帝国主义论》,第1章。(参见《列宁全集》,第22卷,第198、199页,北京,人民出版社,1958)

❸ 列宁:《帝国主义论》,第2章。(参见《列宁全集》,第22卷,第215页,北京,人民出版社,1958)

都是建筑在大英帝国管辖下的公共租界的。

当然，国际财政资本和殖民地半殖民地的民族资本之间的最显然的——最表面的❶——差别是在资本势力之大小。但就在这一点上面说，这差别亦已经超过了普通的大小企业之差，而近于垄断企业与非垄断企业之差。因为外国资本操纵殖民地国度的财政，占有殖民地工业资本的大部，垄断了殖民地的水陆运输机关，所以国际财政资本与殖民地民族资本相竞争的时候，前者可以采用伊里伊契在《帝国主义论》一书中所列举的，垄断企业对非垄断企业所采取的各种暴力政策，❷但如果我们把国际财政资本和殖民地民族资本的差别，仅仅看作是普通垄断企业与非垄断企业间的差别，那也是错误的，因为这种观察仍旧没有注意到宗主国和殖民地的不平等地位。

殖民地半殖民地国度中，外国资本的发展和民族资本的发展代表完全不同的社会经济意义。

第一，一般地说，资本主义工业之发展当然与一切前资本主义关系是势不两立的，如前者愈发展，则后者愈衰退。但是因为国际财政资本在殖民地半殖民地享受种种特权，有不平等条约、租界、治外法权等作为依靠，所以成了一种超然势力。许多落后的社会政治关系，可以成为民族资本工业发展的桎梏，但并不能拘束外资工业的行动。即使后者受到相当束缚，但不如前者（民族工业）所感受的那样苛重。外国工厂的商品可以跳过殖民地半

---

❶ 仅以资本的规模大而言，日本的资本不如英、美。但日本是独立国，所以日本资本的发展未受英美各国资本之牵制，且成了后者的劲敌。可见中国民族工业不发达的基本原因绝不在资本之弱小。

❷ 列宁在《帝国主义论》第1章列举垄断组织制裁非垄断企业所取手段有下列各种：（1）封锁原料；（2）封锁劳力；（3）封锁运输机关；（4）封锁销路；（5）与购买者订立合同，禁止后者向垄断组织以外的企业购买商品；（6）贬价倾销，甚至把价格跌到生产费之下，以压倒竞争者；（7）信用封锁；（8）同盟绝交。

殖民地的封建割据的壁垒，在纳税方面长期享受种种特权，容易摆脱各种苛捐杂税的负担。在内战时，外资办的轮船等交通机关，不怕被扣留，所以成了战时的唯一交通机关，而战区及其衔接的地方便成了外国商品的垄断市场。所以外资工业之发展非但不急于要求取消这些前资本主义关系的残余和封建割据的局面，而且很愿意维持这些关系以打击自己的竞争者——民族工业。

第二，"在殖民地，被输出的资本并不促成全国之工业化，它非但不促进而且反阻碍全国生产力之多方面的发展，它从经济上和财政上征服了全国，它握有殖民地经济的主要命脉的支配权，它把殖民地的经济发展引向宗主国所需要的方向走去。"❶ 在财政资本时代宗主国仍旧把殖民地半殖民地看作是食粮和原料的来源，仍旧把后者看作是自国工业经济的附属物。所以在农业方面，促成了殖民地半殖民地的单一经济（满洲的大豆，埃及的棉花，古巴和爪哇的糖，澳洲的羊毛，南洋的橡皮，巴西的咖啡等），在工业方面，仅发展了矿业和不能离开原料出产地的改制业（如制糖业）以及若干轻工业（主要纺织业）而已。

经济部门	1913年	1927年	增减
铁道和公路	61.4	25.1	-36.3
银行、保险、财政	2.5	23.3	+20.8
煤、铁、钢、机器	2.0	0.4	-1.6
电气、瓦斯、自来水	2.5	2.9	+0.4
造船、船坞	1.1	2.3	+1.2
电报、电话	1.4	1.4	—
煤矿、油田、橡皮、茶、咖啡	9.2	23.3	+14.1
商业	19.9	21.3	+1.4

我们在前面已经说过，在输出资本中用之于生产事业的仅占极小的一部分，而在这极小一部分之中，又以农业、矿业和农矿

---

❶ 塔尔汗诺甫：《土地问题》，第17页。（着重号系本文作者所加）

生产品的改制工业为主。在1924—1929年5年之间，法国在安南的生产投资有：34.7%属于农业，8.9%属于矿业，20.9%属于改制农产品的工业，3.8%属于矿产品改制业，7.8%属于公共事业，4.9%属于运输业，18.9%属于商业和银行等。所以，2/3的投资是用于农业和改制农产品的工业的。❶

至于英国殖民地投资的分配情形则如上表（百分比）所示。

从上表可以看出，原料生产和银行这两方面的投资最为发展。但殖民地银行的资本主要是为输出贸易服务的，即是说银行投资亦与获得原料有直接关系的。

资本输出并没有促成殖民地半殖民地的重工业发展。生产资料之生产在殖民地半殖民地几乎没有。日本资本在中国开采铁矿，但钢铁生产之中心却不在中国而在日本。宗主国的资本非但不愿意造成殖民地半殖民地的重工业，而且就是轻工业投资亦只是限于某一部分范围内。为压倒中国民族资本所经营的纺织工业，并与英国的兰开夏（英国纺织工业中心）竞争起见，日本纺织业资本家把自己的一部分纺纱厂移入中国境内，以便榨取中国纺纱女工的廉价劳力。日本投在中国纺织业方面的资本达2.1亿元，共有43个工厂，占有中国全国锭子数的39%。但日本的染织工业（在世界市场上压倒了英国资本的日本布匹生产）并没有移向中国。因为日本资本家认为在这工业部门内，比较地不怕中国廉价劳力之竞争。

但是在日本资本家的队伍中就是对于在华纺纱业投资，亦有人起来反对。在宗主国的资本家看来，殖民地和半殖民地应该永久成为农产品和原料的供给者，成为宗主国工业的农业附属地。他们深怕殖民地半殖民地的工业发达之后将成为自己的强有力的竞争者。

---

❶ 根据支那印度经济情报，No.203，见塔尔汗诺甫：《土地问题》，第20页。

法国国会议员伐林曾在议会中愤慨地宣称:"我们时常让我们的殖民地去发展某些工业生产品之生产,这些生产品之生产非但不能补充法国本国的生产,而且常与后者相竞争。"❶

第三,输往殖民地半殖民地的资本中,投放于铁道事业的亦占很重要的一部分,如在前引英国殖民地投资统计中可以看出,铁道和公路投资虽自 1913—1927 年已从投资总额的 61.4% 减为 25.1% 了,但在各项投资中仍不失为最重要的一项。许多人亦以此作为殖民地资本主义经济发展的证据。但殖民地半殖民地国度中,铁道事业之建设大半不是以促进全国生产力发展为目的,而是其他动机所促成的:(1)军事战术的动机——为镇服殖民地或侵入与该殖民地相邻接的其他国度;(2)运输原料和矿产的目的,殖民地半殖民地的铁道是宗主国的海上航线的延长;(3)宗主国钢铁资本家的策动(为获得铁道用品之购买订单)。所以,许多铁道从经济的立场看来完全是不必要的。殖民地政府常要花费很多金钱去维持铁道,去担保宗主国的铁道投资者的收入。在墨西哥,许多外国的铁道会社为了从内地把原料运往港埠而建筑铁道,所以对于墨西哥本国的经济发展的需要并没有注意到,在本国的工业区域和农业区域之间并没有铁道连络,以致本国的农业区把自己的农产物输往外国去,而本国的工业区反要购买外国粮食来吃。又如中国广东省每年要花千百万元的大洋去购买洋米,但邻省的湖南却有无数食米找不到买主。前数年西北各省大饥饿时,饿死的人民何止千万,但其他各省的农民却因农产品无处销售和价格跌落而陷于破产,同时政府却以极不利的条件向美国赊进小麦(所谓棉麦借款)。

殖民地铁道的高贵的运费亦足以阻碍经济发展。据日本某杂志发表,在近年来国际市场上大豆价格惨落之情形下,南满路大

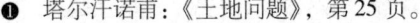

❶ 塔尔汗诺甫:《土地问题》,第 25 页。

豆运费竟高出原产地价格的二三倍。农民因为把大豆运到市场上去出卖负担太重,所以只好把它留在家里当燃料用了。在许多殖民地国度,国内的货物运费非常高昂,但出口货的运费却非常低廉。这就是说殖民地铁道是为出口贸易服务,而不是为本国经济服务的。换言之,殖民地的人民应该为宗主国资本家担任一部分原料的运费。

《资本论》作者曾经说过:"铁道对于国外贸易之发展当然给了很大的推动力,但在原料成为主要输出品的国度,这种贸易只增加了大众的贫困和灾害而已。"❶ 最后我们亦不要忘记:近年来在殖民地半殖民地国度,铁道事业虽很发展,但铁道长度与全国人口面积之比率尚不及资本主义先进诸国的十之一二呢!

第四,殖民地投资所得的利润当然比较宗主国本国的投资要丰厚。但这丰厚的超额利润之大部分并不留在殖民地作为扩张生产之用,它成了宗主国的无形出超的收入,造成了宗主国内部的一大批吃利息者的奢侈生活。所以宗主国对殖民地半殖民地的投资仅是吸收丰厚的超额利润的一个唧筒而已。劳动大众的血汗经过了这唧筒如洪水一般流入宗主国资本家的荷包中去。如果有人把这唧筒当作是营养殖民地半殖民地经济的泉源,那真是大错而特错了。

最后,我们讲到资本输出对殖民地经济的影响的时候,更不能不指出大战以后资本输出的两种新趋势:第一种趋势是资本主义总危机时代的具体的历史条件所决定的。如今整个国际财政资本政治的机体已根本动摇。地球1/6的面积已从这个体系中割裂开来。其余的部分亦处在朝不保夕的情况下。所以现代资本主义的腐化程度更为深重。资本家对于自己将来已经失去了信心,他们都愿意把自己的资本去做高利贷的投机经营。在1929年纽约市

---

❶ 马克思1879年4月10日致达尼爱尔松信(《致尼·弗·丹尼尔逊》)。(参见《马克思恩格斯全集》,第34卷,第348页,北京,人民出版社,1972)

的交易所大破产中，可以看出：现代的交易所投机事业虽与生产本身不发生任何关系，但成了吸收社会游资的中心势力。资本家愿意以最短的时间、最捷径的方法获得最大的利润，所以交易所投机便成了他们的活动的中心舞台。尤其在殖民地民族运动勃发的今日，欧美资本所有者已不敢冒险把自己的金钱从事殖民地经济的长期的生产投资。战后资本主义的高利贷投机狂使殖民地想利用外资以开发本国经济的可能性更为狭窄了。

第二种趋势是资本的运动规律本身的特性所决定的。我们知道资本为追逐超额利润起见常从技术发达的部门流入技术落后的部门去。因为技术愈发达，资本有机构成愈高，利润率愈低落；反之，则利润率愈高。欧美资本所以远离祖国而冒险投入殖民地去，亦是因为殖民地的经济落后、技术幼稚、资本有机构成低下、利润丰厚的缘故。同时愈是在落后的封建社会关系下，劳动力价格也愈是低廉，因而利润也愈丰厚。由于这两种情形，一方面造成了国际财政资本家在殖民地半殖民地的反动政策——维持殖民地半殖民地的落后的封建社会关系和不愿意充分发展当地的生产力；在另一方面造成了输出资本逐渐由经济较发达的殖民地流向落后区域去的趋势。在大战前，向亚洲输出的资本中有 3/4 是分配在印度、中国和锡兰的。剩下的 1/4 投放在较落后的殖民地国度。但如今发生了相反的情形。南非联邦在战前吸收了输入资本的 2/3，但最近 4 年间只占到 1/4 了。剩下的 3/4 的投资已经被其余的非洲殖民地所吸收去。在英国所输出的资本中，中国所占地位日益减小。在近年来，不论是美国也好，或是英国也好，都没有为埃及发行什么公债，但是对马来群岛和罗得西亚所发行的公债比对印度所发行的还多。现今，尼日利亚和怯尼亚成了不列颠帝国的对外投资的中心地域。❶

---

❶ 塔尔汗诺甫：《土地问题》，第 20 页。

从上述分析中，我们已经可以得出一个简单的结论，这就是说：在殖民地半殖民地的条件下，工业——尤其是重工业——的自由发展是绝对不可能的，但工业如果不发展，那么整个国民经济亦不能向前发展，同时一切前资本主义的剥削关系亦不能根本消灭。到今日为止殖民地半殖民地国度仍旧是建筑在农业生产的基础之上的，70%～80%以上的人民仍旧直接或间接地依赖着农业而生活。所以我们为了解殖民地半殖民地的社会经济结构之本身便不能不进一步来分析殖民地农村的社会生产关系。

四、种植场经济

我们现在以殖民地半殖民地的具体的实例来释明财政资本统治与前资本主义关系的结合。殖民地半殖民地的农村经济可以划分为两种基本的形式：（1）殖民地侵略者和一部分土著地主或买办商业资本家所直接经营的大规模的种植场；（2）地主的封建剥削制度下的小农经济。

但"殖民地经济的这两种形式——大经营和小经营——和殖民地乡村中的全体社会关系的总和一样，都应该把它看作是帝国主义支配前资本主义生产方式的两种手段；亦可以把它看作是帝国主义利用前资本主义的剥削形式以建立资本主义再生产的物质前提并获取超额利润的两种手段。"❶

财政资本统治某一殖民地的农村经济时采用大规模种植场形式，而在另一殖民地则采用小农经济形式。有人以为种植场是殖民地的农业经营形式，小农经济是半殖民地的农业经营形式。其实这种观念是不对的。大家知道，殖民地印度农村经济是以小农经营为主，但是在南美洲的许多"独立的"共和国中，大规模的

---

❶ 塔尔汗诺甫：《土地问题》，第34页。

种植场经济却很流行。据塔尔汗诺甫的分析，财政资本统治殖民地农村经济所采用的形式主要是由下列两种经济的和历史的条件所决定的。

1. 每个殖民地或半殖民地在宗主国的整个经济系统中所占的地位。如果宗主国把某一个殖民地或半殖民地国度看作是某种原料之供给者，那么宗主国便极力提高这个国度的农村经济商品化的程度，使它专门从事该项原料之生产；并且以投资、税捐等经济的政治的手段来促进这种生产之发展。这是促成种植场经济之成立的最适宜的条件。反之，如果宗主国把这一个殖民地半殖民地看作是自己的销货市场和财政投机事业的场所，那么宗主国只是使殖民地农村经济参加了商品流转，破坏了它的自然经济的闭塞性，局部地以商业高利贷分子代替了旧的封建领主，但宗主国仍旧完全维持并利用原有的封建剥削系统。这便是英国人对印度、中国所行使的政策，橡胶业发展以前法国人在安南的政策。

2. 宗主国侵入以前，殖民地半殖民地国度的商品关系的发展程度。如果宗主国侵入以前，殖民地半殖民地的农村还是以氏族或公社的农业经营为基础的自然经济，那么宗主国的殖民地侵略者便直接以武力夺取了土著人民的土地，彻底消灭了他们的自然经济，把他们完全变成商品生产者。在这种场合下，或者是人工地造成了土著人民中特权分子的封建的土地私有制，或者便造成了白种人的种植场。法属非洲殖民地的农村经济便是如此形成的。反之，如在印度、中国等地，当宗主国侵入时，商品经济已经发展到了相当的程度，所以宗主国可以先从输入商品着手，然后复以税务和币制政策把殖民地乡村变成商品的购买者和原料的出售者，同时复以全力维持殖民地的一切封建的社会经济制度。

许多人认为种植场经济是最进步的一种经营形式。在这种经济形式下，可以把现代一切农业技术和科学的劳动组织应用于殖民地半殖民地经济中。总之，这是现代资本主义文明的代表者。

但事实上这种经济形式到底是否能够"无愧心"地担当这种"称呼"呢?甚至连 North American Review 杂志(1931年3月号)都承认:"热带地方的灾祸就是18世纪遗留到20世纪来的残余。热带民族的经济机构,同19世纪以前全世界所存在的一切情形相像……这些条件亦就是如今热带各国所统治着的条件,亦就是这些国度政治不安的来源。"然则,很显然的,19世纪以前在全世界所统治的条件绝不是资本主义文明的代表者。

种植场经营之产生总是与宗主国的殖民地侵略者的土地掠夺政策有直接关系的,卢森堡曾说:"所有欧洲的殖民地开拓者向来总喜欢捏造一种故事:说什么殖民地的一切土地是属于政治统治者的财产。"所以,他们侵入殖民地并且成了那里的最高的统治者以后,便可以根据自己所捏造的传说去侵占土地。

1905年时德属东非洲殖民地的土人因反对德国人侵占土地而掀起了一次大暴动。结果被直接屠杀或因被驱逐至沙漠区域后无法谋生而饿毙的土人达12万人之多。

在肯尼亚(Kenya,英属东非殖民地)地方,英国殖民地政府为了少数欧洲的种植场经营者(1900人)圈割了311万多公顷土地,但273.65万个土著人民都被驱逐在1000万公顷的地质最劣的"保留地"(Reservation)区域。所以,每一个欧洲人占有1636公顷肥田,而每个土人只分到3公顷强的瘠地。但在欧洲人所占领的土地中,真的自己去经营的田地,连牧场在内,只有8.11%,所以一方面,土人遭受着极大的土地饥荒,但欧洲人空占着广大的土地而不去利用。欧洲人把这些空地分租给土人。在租契上,限制土人不准栽种欧洲人所栽种的作物,并规定土人们每年应该以极低廉的工资在白种人的种植场上做180天工。欧洲人占领这些土地为的是限制土著人民的竞争,并获取廉价劳

动力。❶

比属刚果的殖民地政府把所有空地收为政府的财产，实际上除土人住宅附近的土地以外，都被算作空地而充公了。在法属刚果，44家法比公司属有50万平方英里的土地。

在南非联邦有2.3亿英亩土地握在白人手中，但全体白种人只有150万人左右。其余550万的黑人只占有0.27亿亩土地。全人口4/5的土人只享用7%的耕地。土人因土地缺乏而饿毙。但白种人只耕种了所占土地之5%。

1913年，南非政府颁布了一个新法令，禁止黑人在"保留地"以外购买或租种土地。这就是说，土人们如果不甘心做种植场主人的奴隶，那么他们就得活活地饿死。❷

法国的殖民地拓殖者在突尼斯地方同土人酋长勾结着侵占了所有的公社土地。这些酋长被委任为收税官吏，享受各种特权。在这些酋长帮助之下，使2 719个白种人获得80万公顷最好的土地，但250万土人只享有200万公顷土地。自1927年法国人镇服了摩洛哥人民的骚动之后，白种人每年总要从土著人民夺去四五万公顷的土地。

所以，种植场经营完全是以武力占领为基础的，以超经济的——非资本主义的——力量造成的。但种植场经济的本身的构造又是怎样的呢？

在有些地方，新的经营并没有建立现代式的大规模生产，而只是形成了一种"采集式"的经营（Sammelwirtschaft）。但不论是这种"采集式"的经营亦好，抑是直接从事于生产的种植场经营亦好，劳动力之获得是很难解决的问题。同时劳动组织亦就是表示这种种植场经营的社会性质的唯一特征。随着侵略者之大批的土地占领，无数的大规模种植场在极短的时期中兴发起来。这

---

❶ 塔尔汗诺甫：《土地问题》，第40页。
❷ 塔尔汗诺甫：《土地问题》，第40页。

些种植场马上需要大批的劳动者，它来不及等待到农村内部自身社会分化后所造成的雇佣劳动者的供应。同时，土人们亦并不愿意跑到白人的种植场上去当奴隶。在这种情形下，种植场经营者只有两条路可走：或者放弃种植场经营的计划，或者采用不自由的强迫劳动制。他们当然采用了后一种办法。例如，美国的飞斯登种植会社曾与利比里亚（非洲西南沿海的一个小共和国）政府订立了一个条约，根据这种条约，利比里亚应该以 100 万英亩土地分让与公司，并负责代募农场劳动者 30 万~35 万人。但该共和国全国人口仅有 150 万！试问在此种情形下，除了采用强迫劳动制以外，还有什么办法。

种植场招收强迫劳动者的办法在各地并不相同。如在印度，有乡村的人口过剩做基础，招工比较容易，故一种"包身制式"的招工办法极为流行。种植场主经过"招工头"以现款贷与做工志愿者或其家族，这工人便照所订条约在种植场做若干年的工作。这是一种标本式的负债劳役。❶

但在非洲，劳动供给问题之解决比较困难，所以劳动的强迫性和奴隶制形式更为露骨。比属刚果的殖民地政府规定了一种徭役制的纳税办法，所以土人们被迫着要到丛林中去采取野生的树胶和象牙。如土人不缴税则以武力压迫，比国的军官甚至允许管辖下的食人民族的士兵吞食不纳税的土人。在最残酷的剥削下，刚果的黑种人自 4000 万而减为 850 万，但比国对刚果的贸易已自 1895 年之 0.91 万美金而增为 1924 年之 4450 万美金。不用说，在殖民地统治者看来，后一种数字要比前一种重要万倍。至于法属刚果的情形亦与此不相上下。

在肯尼亚地方，殖民地政府对土人的农业经营课非常苛重的

---

❶ 这种包身制的劳动在中国许多纱厂中亦存在。详见孙宝山在 1932 年 9 月 24 日出版的《华年》第 24 期上发表的文章：《上海纺织厂中的包身制工人（下）》。

税（共达75万金镑），同时禁止他们栽植某几种最有利的商品作物。普通的土人要纳两种税——户籍税和人头税，而且都用现金缴纳。政府为惩罚不纳税的土人起见，常烧毁土人的草屋。土人既不能自己经营农业，又没有现钱去纳税，当他们的草屋又被烧毁了以后，他们的唯一出路便是到白人的种植场上去当苦工了。因此政府的收税人和种植场的招工头总是在同一时间出发。土人与招工头订立做工合同，合同期限至少要半年，每月工资仅5先令。在合同期间内，工人不能与家族发生关系，他们完全在种植场主人的支配下，后者可以任意鞭打他们。

在南非洲亦采用上述种种方式把土人驱逐到白人的农场上去做工。白人农场上做工的土人分三种：（1）仆人；（2）佃工；（3）临时佃户。仆人是纯粹的奴隶。佃工从主人处租得小块的土地之后，每年要在主人农场上做180日工，此外还要缴纳人头税。临时佃户所缴地租有钱租、物租、力租三种，除此以外亦须缴纳人头税。我们可以看到，这里的佃工，是一种典型的赋役制劳动。这些佃工和仆人如擅自离开种植场，他们就会被拘留起来。至于劳动条件之残酷和苛刻是不用说了。在1927年时，赤道农场公司的每1000个工人中死了477人，即达半数左右。但这些种植场企业之利润之丰厚几乎是欧洲的企业主所梦想不到的。例如，印度支那树胶公司在1925年时所付红利达到90%之数。

虽则为法律所公认的奴隶制只在阿比西尼亚存在，但事实上奴隶劳动是非洲各殖民地中最普遍的劳动形式。在法属赤道非洲，奴隶买卖已正式废止，但并不禁止把奴隶与牛或其他商品相交换。奴隶被改称为"洼洛属"——小舍中出身的人。在苏丹，每一个自由人平均有15个"洼洛属"。法国政府在事实上，亦是承认了这种变相奴隶制之存在，因为所有法院对于因"洼洛属"交换而发生的诉讼案件并不拒绝受理。此外，所有的殖民地法院都把被拘获的强迫劳动者交还原主收管，这亦是等于正式承认了强迫劳动制之存在。前荷兰财政大臣脱莱乌勃曾正式宣称:"荷属东印度的劳动稳定状态(强迫劳动制)不仅是种植场经营的主要因素,亦是全荷属殖民地,甚至全欧洲或全世界经济的主要因素。"国联奴隶制调查委员会的主席,比利时的殖民地部长郭尔向委员会所提议的草案中曾说:"委员会认为大多数文明落后的国度中所实施的家庭奴隶制和农业奴隶制是与这里的文化状况相适应的,是奴隶和主人双方的繁荣和幸福的保障……这是一种无产者的形式……所以,如果把现在的情形突然加以废除,那将成为各种重大灾害的来源。"

由此可见,世界文明各国的奴隶所有主对于殖民地半殖民地的奴隶制的存在是正式承认了。

上述这些徭役制、包身制、赋役制和奴隶制的劳动在南美各国亦很流行,我们为简略起见,可不必再举实例来证明了。总括起来说,现代的种植场经营是以两种因素为基础的:(1)殖民地侵略者对土地的超经济的垄断;(2)强迫劳动。关于强迫劳动的定义,我们可以引用伊里伊契对负债劳役的解释来说明:

"什么是负债劳役制?这就是金钱的所有主对于被迫着为市场而工作的,自有生产资料的主人们的束缚关系。不论这种束缚关系所表现的形式是如何不同(或系高利贷资本的形式,或系垄断销售市场的收货商人的资本),它的结果总是相同的:即劳动生产品之极大部分将不为生产者所得,而为货币所有者所得。所以这种束缚关系的实质完全是资本主义的,而它的全部特征在于:这个初期的萌芽时代的资本主义关系的形式完全被过去的农奴制关系所纠缠包围住了:在这里没有自由的条约,只有强制的契约(有时为'长官'的命令所强制,有时为维持经济的意志所强制,有时为旧债所强制等);这里,生产者被束缚在一定的地方和一定的剥削者之下,这与纯资本主义关系所特有的不以人为单位的商品契约的特性是相反对的:这里的契约一定带有'救

济''慈善'等以人为单位的性质,但这一种性质的契约必然要使生产者陷入个人的半农奴式的被束缚地位。"❶

虽则种植场的劳动者大半已经不是上面所说的自有生产资料的主人,但同样亦是被束缚在一定的地方和一定的剥削者之下的不自由的劳动者。在另一方面,这里的剥削者已不是简单的金钱所有者,而且是武力占领者和主要劳动条件——土地——的唯一垄断者,这里的契约已不是戴着"救济""慈善"等假面具的契约,而是刀枪大炮等威胁下所强迫造成的奴隶契约。所以这里的关系,往往已经不是半农奴制的束缚关系,而是纯农奴制的、纯奴隶制的束缚关系了。

所以,现代财政资本统治所一手造成的这种种植场经济非但不能算作资本主义的经济形态,而且是现代最落后、最反动的一种经济形式。

五、小农的零细经营和地主的土地私有制

殖民地半殖民地农业经济的主要形态不是大规模的种植场经济,而是租种地主土地的零细佃农和零细自耕农。甚至在好些国度中,种植场经济在产量上已经占有重要地位,在农产品出口中已经成为垄断者了,但大多数农民往往仍旧从事于零细的个人经营。中国、印度、土耳其、波斯、埃及、高丽等国的农村经济都属于这一类经济形态。

中国农村可以算是这一类经济形态的代表者。少数封建的和高利贷商业资本的分子垄断了全国大多数的土地。这些大的土地私有者便是财政资本统治和无数零细的直接生产者之间的联络者,他们是财政资本统治殖民地半殖民地的农村经济的支持者;

---

❶《伊里伊契全集》,俄文第3版,第1卷,第344页。(参见《列宁全集》,第1卷,第459—460页,北京,人民出版社,1955)

财政资本在自己的政治统治不能直接到达的半殖民地国度，所依赖于他们的地方更为重要。往往有人因为现代许多殖民地半殖民地国度中，没有典型的封建时代所存在过的、在法律上享有特种权力且为社会特殊等级的封建地主，又因为地主的土地没有封建时代西欧地主的所有地那么多，所以便否认殖民地半殖民地的农村经济的封建性。其实，地主的法律地位仅是属于上层建筑方面的一种现象。我们绝不能单靠这一点来判断生产方式的内容。

同时，我们根据许多统计数字，亦可以知道，近代殖民地半殖民地地主的所有地面积亦并不如许多人所想象的那样少。据无锡20个村1035农家调查，占户口5.7%地主有耕地47.3%；在浙江平湖，地主以3%的人口占有80%的耕地；在河北保定，地主以3.7%的人口占有13.4%的耕地。❶ 在广东省，佃户占农户户数70%～80%甚为普遍；同时根据番禺10个村1209户调查，完全没有自田的农户要占到户口总数的52%。❷ 读了上述几个简单的数字，绝不允许我们否认中国农村中地权集中的事实。在英国财政资本直接统治下的印度，地权集中的情形更为显然。我们从印度的实例中，更可以知道，财政资本在自己直接统治的殖民地不仅努力维持原有的封建关系，而且往往人工地去培植这种关系。英国人把印度的土地所有分成三种法定的形式：固定的"扎明大尔"（Zemindar），临时的"扎明大尔"和"雷以奥特瓦"（Rayotwar）；但同时仍旧保存着原有的封建性的土地所有，后者以700个土著的王公为代表，共占有全国1/3的领土，即174万平方公里。

英国人把印度许多地方的包税人变成了实际的土地所有者。这便是所谓的"扎明大尔"制，即《资本论》作者所说的"英国

---

❶ 陈翰笙：《现代中国的土地问题》。
❷ 陈翰笙：《广东农村生产关系与生产力》，第2页，南京，中山文化教育馆，1934。

的大土地所有制的滑稽写真"。固定的"扎明大尔"制占耕地的20%，这些新的地主同时侵占了英国人所未占领的一切森林、草地、牧场等；他们不断地增高了农民的税贡负担。临时"扎明大尔"制占耕地的32%。在这种临时"扎明大尔"制之下，政府可以常常改订包税人（新地主）的税率，因此英国人和土著剥削者在瓜分农民的剩余劳动的时候，前者可以不断地增收自己的一部分，而减少对方的那一部分。"雷侬奥特瓦"制占有耕地之48%，但只包括21%的人口，在这种制度下，政府在形式上已经把土地所有权交给直接生产者，即建立了《资本论》作者所说的"零细田产制的滑稽写真"。但事实上由于商人高利贷者收买农民田地的结果，亦形成了大规模的土地所有制。目前，地主的土地所有在孟买占耕地之70%；在旁遮普占50%；在印度，每户经营面积平均在5英亩以下，但地主产业的平均面积为228英亩。❶

根据1927年土耳其全国调查的统计，有25%的农家是完全没有土地的，有47%的农家所有地在2公顷以下，但在司坦蒲耳、安哥拉、勃鲁萨、阿达等大地主最发达的地方，地主的产业往往在200公顷或2000公顷以上。在波斯有80%的耕地在地主手里。印度支那的耕地的半数以上是在交趾支那，但这里的土地亦有80%是在白人种植场主或土著地主手中，事实上有80%~90%农民是完全没有土地的。在埃及92.5%的土地所有者只占有21.03%的耕地；有64%的小私有者的所有地在1"汛达"之下（每1"汛达"为4/10公顷）。

总之，诸殖民地半殖民地国度中，地权集中和大多数直接生产者的土地饥荒是不可否认的事情。但这些国度的农村并不以这种大土地所有制为基础而建立起资本主义式的农业生产。这里的农村大半仍旧保持着古老的小农经济的形态。大地主们徒然拥有

❶ 塔尔汗诺甫：《土地问题》，第71—72页。

大批田地，但并不自己耕种；他们只把这些田地分租给佃农，以地租形式实行他们的封建剥削。

租种这些土地的农民并不是为获得利润而经营农业的资本家企业主，他们之中大半是破产的手工业者和失去了土地的贫农。在工业不发达和经济一般衰落的状况下，殖民地半殖民地的都市当然容纳不了这样大批的空闲劳动者。他们只好仍旧留在乡村中。土地是容纳这些空闲劳动者的唯一地盘。但土地都集中在地主手里，同时需要土地的人又是那么众多；这使地主可以尽量提高他们的租佃条件。佃户如不愿接受这苛刻的条件，他们的劳动力便会永远空闲起来，他们的肚子便永远要挨饿。殖民地半殖民地国度中，租额之高亦就是这个缘故。

根据国民政府主计处统计，中国22省的平均租额如下（百分比）：

	上等水田	中等水田	下等水田	上等旱田	中等旱田	下等旱田
分租占产量（%）	51.5	48.2	44.9	47.8	45.3	43.7
定租占产量（%）	46.3	46.1	46.2	45.4	44.6	44.3
钱租占地价（%）	10.3	11.3	12.0	10.3	11.0	11.5

根据这统计，征收钱租的地主在八九年之间就可以把买田时所付出的田价完全收还来了（在大战以前的欧洲，所谓田租的购买年，总在25年左右）。据张心一先生的调查，在个别省份中，田租高度更甚于上表所列：在广东省，上等水田的物租占产量之59.4%，旱地占49.3%；四川为66.7%，福建为60.5%，陕西为64%。❶

在印度分租制最为流行，地主与农民分配农产的比例普通为7∶3或6∶4；在5∶5以下的简直非常稀少。采用分租制的印度

---

❶ X. Y. Zhang, A Statistical Study of Farm Tenancy in China, *The China Critic*, 25, 9, 1930.

地主，所取自农民的租额虽是这样高，但对于农民是并不供给任何生产成本的。贝哈尔省（Bihar）的官家报告中曾说："地主的所得部分要占到收获量的9/16；除此之外，还要加上所赊欠的种子、农具等的利息，还要加上农民所缴总数之1/9的捐款，这捐款称为'查巴利'。租税的总数共占收获量之13/16。"

在土耳其，农民除了缴纳收获的1/2的田租以外，还要代地主完纳田赋。在波斯，佃户所纳地租占收获之3/5或11/15，如地主供给种子、肥料则占收获之19/20。❶

殖民地半殖民地的农民在终年劳动之后，所得收入（除去成本）只是收获中的极可怜的一部分。有人以为租额之高低和剥削之轻重仅是一个简单的量的问题，不能影响到租的社会性质。❷其实，这完全是错误的一种见解，错误的来源由于没有了解资本主义地租的来源，和它与前资本主义地租之差别。❸

现代资本主义地租是超出于平均利润以上的额外的剩余价值；所以现代资本主义地租是以平均利润为自身的界限的。反之前资本主义的地租——不论其为力租、物租或钱租——是"剩余价值的通例的形式"，或更明白一些说，它是剩余劳动的主要的甚至是唯一的形式。"倘使我们用一种错误的假设，把生产者自

---

❶ 塔尔汗诺甫：《土地问题》，第74、78、83页。

❷ 严灵峰：《追击与反攻》，第64—67页。

❸ 严灵峰先生认为要了解社会经济结构只有研究生产关系，他认为用"剥削关系来判别经济结构是不科学的"（见《追击与反攻》，64页）。但严先生不了解，在阶级社会中，整个生产关系便是一阶级剥削另一阶级的关系。所以《资本论》第3卷下册关于资本主义地租起源的一章中曾说："从直接生产者榨取无偿的剩余劳动的那种特殊经济形式决定了统治和隶属的关系。"这里岂不是说明，剩余劳动的榨取形式（剥削形式或剥削关系）决定了统治和隶属的关系吗？严先生在自己的书里（《追击与反攻》，61页），亦曾引证过《资本论》中上述这一段文字（而且把这一段以下的全节统统引证了出来）。但是我们从严先生反对剥削关系的态度和他的译文的字句看来，严先生是否完全了解这一段文字的真意是很可怀疑的。

己所占有的，自己劳动中超过于必需劳动以上的那个剩余部分称之为利润，那么这利润非但不足以影响到物租，甚至这利润自身还是在物租的背后生长起来的，而且物租的量成了它的自然界限。物租有时达到了那么高的额数，甚至成了劳动条件和生产资料自身再生产的严重威胁，即使生产之扩大成为不可能的事情，并且使直接生产者的生活资料降至生理上的最低限度。这尤其是在征服者的商业民族——如英吉利人之在印度——碰到这种地租形态已经现成地存在着了，且开始利用这地租形态的场合中，更为显然"。❶ 从实物地租直接蜕化出来的货币地租，从本质上说来，同样亦是前资本主义的地租形式。

因为这种货币地租（或钱租）仍旧是"剩余价值的通例的形态"，它亦如早先的力租和物租一样"仍旧是那个胚胎中的利润的通例的界线"。❷ 总之，"这仅是名义上的地租而已，但不是与工资、利润相对峙的，成为一种独立范畴的地租"。❸

从上面的叙述中，我们可以相信，今天殖民地半殖民地农村中所存在的地租，完全是《资本论》的资本主义地租起源那一章中所分析的各种前资本主义地租。这种地租非但包括了资本主义社会中所称为利润的那一部分剩余劳动，而且往往要侵蚀到直接生产者的必要劳动。研究殖民地半殖民地农村而忽视了这个前资本主义的高额地租，实际便是忘记了研究中心问题。

其次是关于地租的形式问题。力役地租（力租）是显然的非资本主义的地租形态，对于这一点想是没有人质疑的了。但大多数的殖民地半殖民地国度（除前述若干种植场经济的国度以外）

---

❶ 《资本论》，第 3 卷，第 47 章，《物租》。（参见《马克思恩格斯全集》，第 25 卷，第 897 页，北京，人民出版社，1972）（着重号系本文作者所加）

❷ 《资本论》，第 3 卷，第 47 章，《钱租》。（参见《马克思恩格斯全集》，第 25 卷，第 899 页，北京，人民出版社，1972）

❸ 《资本论》，第 3 卷，第 47 章。（参见《马克思恩格斯全集》，第 25 卷，第 913 页，北京，人民出版社，1972）

中，最盛行的不是力役地租而是实物地租。在前面我们已经说过，印度所流行的租佃制是分益制（所谓"柏泰伊"制），所以不用说，租的形式亦以物租为最流行了。在中国，广东省是商品经济比较发达的地方，但全省还是以物租为最通行。番禺县是华南第一大都会的所在地，商品作物亦甚发达，但纳物租的还占到耕地之39.2%，纯稻作区且占52.1%。❶ 无锡是中国有数的民族工业中心，但物租仍占主要地位，甚至连商品作物性的桑田亦有用生产物（谷）缴纳的。其余商品经济不甚发达的内地，更不用说是谷租占主要形式了。

当然，决定地租的社会性质绝不能单以地租的形式为定，而且还要看它的内容如何。如果这地租是为平均利润所决定的，那么这就可以算资本主义的地租，否则虽具有货币地租的形式，亦只能算作前资本主义的地租。但一般地说，物租是商品经济未发达时代的产物。如前述番禺调查的4个稻作村中纳物租的占52.1%，但4个商品作物中，纳物租的仅3.6%。❷ 又如农户阶级分别而言，据番禺10个代表村的调查，富农阶层中只有16.9%是纳谷租的，但贫农阶层中则有50.7%是纳谷租的。这亦是因为富农经济的商品化的程度是高过于贫农经济的缘故。

资本主义是商品经济的最高形态，所以实物地租当然是不能代表资本主义经济的。此外实物地租本身是与资本主义的内容不相调和的。因为"实际上，如果实物地租不仅是名义上的地租，而且是事实上的地租，那么这地租完全应该以生产品价格超过于生产价格的余额所决定的"。但生产品（实物地租）是使用价值，而生产品价格和生产价格是交换价值。"从20万尺棉布中减去了

---

❶ 陈翰笙：《广东农村生产关系与生产力》，第29—31页，南京，中山文化教育馆，1934。

❷ 陈翰笙：《广东农村生产关系与生产力》，第29—31页，南京，中山文化教育馆，1934。

这棉布的生产价格，把剩余的棉布作为地租。譬如从20万尺棉布中减去1万英镑的棉布生产价格，同时又不知道这棉布的卖价；从棉布中减去货币；从使用价值之本身减去交换价值，然后再规定棉布尺数超过于英镑数的余额，——这真是一种很幼稚的观念。这比'圆形的平方'还可笑的观念……"同时，资本主义地租是超过于平均利润以上的一种余额。但"如果契约所规定的实物地租超过了价格所决定的这个余额，那么这已经不是地租，而是从利润中扣除下来的东西。实物地租是不与生产品价格相呼应的，即是说它可以多过或少于实际的地租，因此它不仅可以是利润中扣除出来的东西，而且亦可以是恢复资本的诸因素中扣除出来的东西；仅由于这一点可能性，实物地租是一种古老的地租形态"。"它（实物地租）仅是过去的生产方式中遗留下来的，在后者的废墟上苟延残喘的残余而已，它与资本主义生产方式的矛盾表现在下列事实中：即它将在私的契约中自然地消失，同时在法律可以直接干涉的场合下，如对于英国的教会什一税等，它将被当作不合理的事情而被强制地取消。"❶ 或者有人以资本主义发达的美国亦存在物租为理由来否认物租的前资本主义性，这理由亦是不成立的。美国的资本主义发展并不曾使伊里伊契否认美国南部各州的黑人经营是"真正俄罗斯式的力役制度"。❷ 发达的资本主义生产方式并不能完全消灭"过去的生产方式中遗留下来的残余"。

除了地主土地上的零细佃农的经营以外，还有零细的自耕农经营。这种小自耕农虽不身受地主的封建剥削，但他们的经济同样亦不能算作资本主义的经营。零细农购买土地，仅仅因为土地

---

❶ 《资本论》，第3卷，第47章。（参见《马克思恩格斯全集》，第25卷，第880—889页，北京，人民出版社，1972）（着重号系本文作者所加）

❷ 《伊里伊契全集》，俄文第3版，第17卷，第582页。（参见《列宁全集》，第22卷，第12页，北京，人民出版社，1958）

是自己的劳动力的唯一的活动场所。"所以要使零细农能够耕种自己的土地，或者使他们购买土地耕种，并不一定要使农产品的市场价格高涨到能够产生平均利润，更没有必要使这价格高涨到能够产生超过平均利润以上的余额，——固定为地租形式的余额。所以没有必要使农民生产品的市场价格高涨到价值或生产价格之水准。这便是零细田产占优势的国度里，粮食价格所以低于资本主义生产方式诸国度的原因……"❶

"农民的这种自由的零细的土地所有形态及其自己的经营成为统治的通例的形态的时候，一方面成了古代希腊罗马的最隆昌期的社会的经济基础，而另一方面，我们在现代诸民族中亦可遇到这种形态，它已是封建的土地所有制崩溃中所产生的诸形态之一"。❷

事实上，如果这种自己经营的零细所有主非但不以获得地租为自己购买田产的目的，且不以获得利润为自己经营生产的目的，那么这种经济形态已经失去了资本主义生产的中心目标。只有不了解政治经济学的 A、B、C 的人们才会把这种经济形态算作资本主义的生产方式。

王景波先生与周彬先生论战时曾说道："在受资本主义的侵入已垂一世纪的今日的中国。还是以简单的商品经济占优势，周先生这种说法不能不令人惊异！"❸ 其实王先生所以会感觉惊异，亦完全是因为没有懂得政治经济学的 A、B、C 的缘故。在没有说明今日中国的农村生产是简单的商品生产抑是资本主义的商品生产之前，我们且先来说一说这两种经济形态的基本特征。

---

❶ 《资本论》，第 3 卷，第 47 章。（参见《马克思恩格斯全集》，第 25 卷，第 895 页，第 908—909 页，北京，人民出版社，1972）

❷ 《资本论》，第 3 卷，第 47 章。（参见《马克思恩格斯全集》，第 25 卷，第 909 页，北京，人民出版社，1972）

❸ 《中国农村》，1935，1（10），第 56 页。

在简单的商品社会中，商品流转的公式是：商品—货币—商品。农民卖出了自己生产的粮食，再以所得货币去购买衣服。在这里，交换的目的是为获得使用价值。在资本主义的商品社会中，资本的流转公式是：货币—商品′—货币′；把这公式扩大起来看便是：货币—商品—生产—商品——货币。资本家以货币去换得商品；经过了生产过程的改造，这商品便变为商品′。把这商品′卖去便获得货币′。在商品—货币—商品的公式中，前一商品和后一商品之间只有质（使用价值）的差异，但没有量（交换价值）的差异。这个质（使用价值）的差异亦便是简单商品生产的最终目的。在货币—商品—货币的公式中，前一货币和后一货币之间绝没有质的差别，但有量的差别。所以，在这里，最后的货币在数量上应该多于起先的货币，所以它成了货币′，或货币＋（小货币）。若没有了这个数量上的增加，整个流转变成了无意义的事情，或者将被认为是失败的行为。因为绝没有人想把100元大洋经过了许多周折去交换同样的100元大洋的。这里，在资本流转终点所增加起来的货币便是利润，亦是资本流转的最终目的，即资本主义商品生产的最终目的。

在殖民地半殖民地的农村中，除了种植场经济和少数的地主，高利贷商业资本家所经营的农场以外，最大多数的零细佃农在地主的封建剥削下，被剥夺了全部的剩余劳动，甚至被侵夺了一部分的必要劳动；同样，少数的零细自耕农非但不能以土地所有者的资格获得地租，或以资本所有者的资格获得利润，甚至连普通直接生产者所应得的工资亦常以税捐或高利贷利息的形式被剥夺去。他们——不论是佃农或自耕农——天天在饥饿线上打滚。为获得利润而经营的资本主义生产，在他们看来，好像是梦中的"乐园"。如今，许多理论家们硬要把他们推入"乐园"中去在他们看来真是受宠若惊了。

六、结 论

殖民地半殖民地经济并没有因为国际财政资本的统治而变为资本主义经济；反之残余的封建生产关系正因为财政资本的支持而能改头换面地在那里继续它的生命。但是这并不是完全否认了资本主义生产关系之存在，并不是否认了殖民地半殖民地国家中，自从国际资本主义势力侵入后所发生的新的因素之存在。反之正因为我们承认资本主义生产关系的发展，承认资本主义的各种基本因素之存在，所以我们才能提出今日中国、印度等殖民地半殖民地国度的社会运动中，无产者的领导权问题。但资本主义因素绝非今日殖民地半殖民地社会的全面。资本主义关系的胚芽早已产生了，若在正常的条件下，它将能日益强大，且消灭了旧的生产关系而建立起健全的资本主义社会。但是在这里，资本主义生产关系在自己的发展道路上，遇到了国际帝国主义和当地封建势力的联合反攻。在这两个劲敌的合力摧残下，便形成了今日殖民地半殖民地的畸形的社会经济结构，即资本主义已开始发展但苦于不能痛快发展的半封建社会。

许多否认中国社会的半封建性的人们，常以伊里伊契所著《俄罗斯资本主义发展》一书作为论争的武器，并以"民粹派"这罪名加之于论争的对方。但可惜他们把这武器用得不适当，结果是火药走了火，非但没有击中他们的敌人，反而炸伤了自己的手。我们知道，伊里伊契写《俄罗斯资本主义发展》这一部书的动机是为反驳"民粹派"的反动理论。当时"民粹派"曾以俄国乡村中存在"密尔"的组织为理由否认俄国资本主义发展的前途。但伊里伊契证明俄国的"密尔"是地主统治农民的一种变相组织，并不是"民粹派"理想中的社会主义因素，同时俄国非但不能越过资本主义的发展阶段，而且资本主义制度的基本要素已

在俄国的都市和乡村中生了根。伊里伊契在《俄罗斯资本主义发展》一书中以事实和理论证明了农奴制崩溃和资本主义发展的必然性。但同时伊里伊契就在该书第二章（中译本第三章）"赋役制经济和资本主义经济的结合"那一节中，证明在当时的俄国，虽则典型的农奴制经济（赋役制）已在崩溃，新的资本主义发展的诸要素已经存在，但是还没有转变为成熟的资本主义社会。"地主可以用雇役制的形态把旧的经济制度继续下去。'超经济强制'的可能性仍旧继续存在着，这就是：'短期义务劳役'的状态，连保制的纳税办法，农民的体刑，以公共劳役惩罚农民等。"

"所以，资本主义的经济不能马上生长起来，而赋役经济亦不能马上消灭。因此，惟（唯）一可能的经济制度便是一种过渡的制度，即赋役经济制度的诸特征和资本主义制度相结合的一种制度。"这过渡形式便是雇役制经济。

我们再引证伊里伊契的另一段话，在那里，他把俄罗斯的农业经营称为负债劳役制的经济，"即金钱的所有主对于被迫着为市场而工作的，自有生产资料的主人们的束缚关系。——这种束缚关系的实质完全是资本主义的，而它的全部特征在于：这个初期的、胚芽形式的资本主义关系完全被过去的农奴制关系所纠缠包围住了；在这里没有自由的契约而有强制的契约；这里生产者束缚在一定的地方和一定的剥削者之下，这与纯资本主义关系所特有的、不以人为单位的商品契约的特性是相反对的，——这一种性质的契约必然要使生产者陷于个人的半农奴式的束缚地位"。❶ 但俄罗斯的富农和商人高利贷"已经（经过了商业流转和银行）与势力雄厚的大工业资本家发生了联系，这就是告诉我们：这种负债劳役制的代表者仅是资产阶级的统一的不可分离的队伍中的一批战斗员而已"。所以不论是上述的雇役劳动制亦好，

---

❶ 着重号系本文作者所加。

抑是负债劳役制亦好，都只是典型农奴制经济转入资本主义经济的一种过渡形式而已。但在殖民地半殖民地的条件下，前资本主义关系因国际财政资本的维持而更巩固了，雇役制和负债劳役制的束缚关系更为寿长，转入资本主义社会的前途亦更为渺茫。

王景波先生说："我们看先辈研究资本主义发展时先着手于国内市场。而国内市场之形成是以社会劳动的分工，工业与农业分离，农民的分化与转徙，小生产者的破产及雇佣劳动之成立等为条件。我们看这些条件在中国是不是具备呢？无疑的是具备了。"❶

不错，这些条件是具备了。但第一，伊里伊契虽则第一个用科学的方法证明俄罗斯已经具备了这些条件，然而并没有否认当时俄罗斯的资本主义关系的初期的胚芽是被过去的农奴制关系所纠缠包围着的。第二，同一种事情发生在不同的环境中，未必产生同一的结果。《资本论》作者致《祖国纪事》杂志的编辑的信中曾说，欧洲中古时代的自由农民破产之后变成了雇佣劳动者，但"古罗马的无产者并没有成为雇佣工人，而成为一批游手好闲的'贱民'；同样，随之而产生的亦不是资本主义生产方式，而是奴隶制生产方式。所以事件是非常类似的，但发生在不同的历史环境中，便造成了完全不同的结果。把这些进化过程个别地研究一番，并把它们互相比较一下之后，便可以找到解答这些现象的钥匙"。

在经济独立的国家，分工发展和农产品专门化即相等于资本主义的胜利；但在殖民地，仅为外国资本造市场，仅能加强帝国主义对殖民地农村的支配。雇佣劳动是资本主义的主要象征；但在殖民地农村中，主要的劳动形式不是自由的雇工，而是公开或非公开的奴隶劳动（如在种植场经济）和自有生产资料的"负债

财政资本的统治与前资本主义的生产关系

---

❶ 《中国农村》，1935，1（10），第67页。

劳役"式的雇工。不能为生产事业所吸收的破产的农民手工业者造成了全中国200余万的雇佣军队，乡村中的土棍地痞和大都市中的"流氓王国"的基本群众。富农本是乡村中的资本家，但在殖民地，他们主要的倒不是资本主义生产的组织者而是高利贷盘剥者。资本主义国家的富农是向地主租进土地来经营生产，但我们的富农往往跟地主们一样把土地租出去以从事半封建式的剥削。我们在前面曾说，殖民地半殖民地国度缺乏自己的资本。但这话是相对的。在广东乡村（沙田区）中，存在很多的富农，他们的资本有的在二三万以上（他们的资本有的是从谷行借来的，后者当然又经过了本地的钱庄银行再去与香港外国银行发生关系）。他们从大地主处承租了大批土地（数千亩或数万亩）来，再分租给农民耕种，他们自己或者完全不耕种，或者只耕种极小一部分。这种人被称为二路田主（在二路田主之下尚有三路、四路田主等）。在印度亦流行这种转租制，转租层次有达12~16层者（甚至有达21层的）。不久前，江苏吴江的围田风潮便是利用资本做非资本主义剥削的又一例。❶ 围田的建筑开始很早，但我在这里所讲的仅是1928—1929年的一段历史。当时孙传芳的军队被解散以后，有一批"失业的"下级军官便带了部下的一部分无家可归的士兵到吴江太湖边去筑围田。每个军官带着十数个到数十个士兵，数百元或数千元资本。筑围和装置排水设备的资本全由这些军官垫出。筑成后把田地分给士兵耕种。在起初一二年，军官更供给士兵们食宿和农本。此后士兵们除缴租以外便须逐年偿还这些垫出的资本。这当然是一种典型的负债劳役制，不过比普通所存在的是更苛刻些，因为围田内一切都是照"军法"办理的。当然我曾问那位告诉我这故事的亲戚："这些军官为什么不招请长工来自己经营呢？"他回答道："如果他们自己经营非得马

---

❶ 关于吴江围田的详细情形，请参考本期本刊"农村通讯"栏目。

上破产不可。现在米价便宜，肥料（豆饼）贵。请长工要付工资，每天要吃三餐，一餐要吃三大碗饭。而且农闲时亦得供饭付工资。若一家请3个长工，可以连人家都被他们吃光了。"这答复最清楚没有了：出租田地所以有利，因为佃户自己不拿工资，每餐没有吃满三碗饭，农闲时没有休息。

我们许多经济学理论家们说：中国的农村病症是没有资本，没有机器。我们可以告诉他们说：资本不是绝对没有，但都用到非生产事业上去了。同时，因为人力已战胜了耕畜，锄头和铁耙已战胜了犁耙，所以代表现代文明的机器亦只能退避三舍了。近年来许多想利用新的技术来组织资本主义式的大农场的计划（如江北的盐垦公司）所以会遭到失败，亦就是这原因。

在以前，常有人把商业高利贷资本的发展当作资本主义生产关系看待。现今再坚持这种主张的人似乎已经没有了（？）⁽¹⁾。大概一般人已经了解这种"洪荒前的资本形式"——商业高利贷资本——"只是剥削了某个生产方式，但没有创造生产方式"。高利贷资本具有资本所特有的剥削方式，但不具有资本所特有的生产方式。❶ "帝国主义侵入中国垂一世纪之久"，"商品经济发展已有2000年的历史"等，正和"四年的精神文明"一样，只是阿Q们用以解嘲的说法而已。资本主义的种子既然在二年前就已经萌芽了，先进国家的资本主义势力既然在一世纪前就已经侵入了，可是为什么这嫩芽没有能够成长呢？这正足以证明这种子是散布在不大适宜的土壤中，或更确切些说，这土壤还没有完全改造到适宜于这种子发育的程度。商业高利贷资本不能作为资本主义经济的代表，但它是国家财政资本在殖民地半殖民地乡村中销售商品和收买原料的代理人。所以1926—1927年中国农运最高潮

（1）　原文如此。——编者注

❶　《资本论》第3卷，第36章。（参见《马克思恩格斯全集》，第25卷，第689、676页，北京，人民出版社，1972）

时，各外国报纸曾大嚷农运破坏了各洋行的下层的商业网。

总括起来说，财政资本统治殖民地半殖民地的结果，一方面促进农民手工业者的破产，造成乡村的人口过剩，另一方面阻止了土著民族工业的发展；在都市中找不到出路的失业者都向土地上"挤压"，在生产中找不到应用的资本便转向地产公债等投机事业活动，并促成商业高利贷的发展；这样使一切旧的生产关系又继续着再生产下去。高额地租和零细经营是这种生产关系的必然产物，同时亦就是此种生产关系能如此根深蒂固的另一原因。在这种条件下产生的任何东西，都将变为一种畸形的怪胎。这里的"财政资本"实际上是地产公债的投机资本和官僚资本结合成的怪胎。这里的民族工业资本或者是变相的买办资本，或者成了本国银行资本的奴隶。中国唯一的民族纺织业资本家早已成了中外银行的"外账房"了，这是众所周知的事情。《子夜》中的火柴厂老板周仲伟便是中国民族资本家的典型人物。

财政资本统治和前资本主义生产关系之结合不仅是出于双方主观的动机，而且是客观的必然性所促成的。英国人在印度曾采用种种政治手段企图把现在的收租地主变成资本主义的经营者，但结果这些计划完全失败了。英国人为了这目的在1927年时颁行一条"关于孟买省的小田产的法令"，但到1928年就被废弛了。所以殖民地半殖民地国度中推翻财政资本的统治和消灭前资本主义的残余亦是两件不可分离的工作。王景波先生在一方面既承认中国的生产关系已经因财政资本的统治而资本主义化了，但在另一方面又不敢直截了当地否认土地问题之存在，但说这土地问题不是"中国农村生产关系彻底改造的核心问题"。试问在生产关系已经资本主义化的国度中，王先生所说的土地问题的内容是什么东西。在王先生的观念中，今日中国的土地问题大概与今日英美等资本主义发达的国度中的"土地问题"是同样性质。换言之，王景波先生在事实上，亦如王宜昌先生一样完全否认了中国土地问题之存在；但前一位王先生却大不如后一位王先生爽快，他还不敢公开宣言，"土地问题在1927年便过去了，现在只有资本分配问题才是重要的"（如今日、英、美等资本主义国度的农村问题一样）。

但如果王景波先生认为财政资本的统治能够促进殖民地的资本主义发展，那么连王先生所认为是构成"中国农村生产关系的彻底改造的核心问题"的民族问题亦是不成立的。在这一点上，王景波先生大不如考茨基彻底。1928年8月，第二国际不鲁舍尔（现译"布鲁塞尔"，下同）大会所通过的决议案中曾说："资本主义因殖民地政策之帮助，得能普及于全地球。殖民地政策开发了落后国度的自然富源，它发展了这些国度的生产和最新的交通机关，因此大规模地扩大了世界经济的原料基础并促进了国际分工的发展。"考茨基根据这决议案做了下列结论："当资本主义生产与落后的生产方式做斗争的时候，我们不能够，而且亦不应当在这条路上去阻碍它。"这是完全对的。如果财政资本的统治能够在殖民地半殖民地建立资本主义的生产秩序，那么我们为什么要去妨碍它做这个进步工作呢（与前资本主义的生产关系相比较，资本主义生产方式当然是代表较进步的社会形态）？我们非但不应该去妨碍它，而且应该去帮助它，去把它从上海和东三省等通商大埠引到甘肃、新疆等地去开发资本主义！

不过，慕索里尼（现译，"墨索里尼"，下同）更比考茨基彻底了，他说：意大利把数十万大军和无数飞机大炮运到非洲去，为的是去开化野蛮民族，并完成白人文明的历史使命！

一封讨论生产力和生产关系的来信*

承一位友人老远地寄来《中国经济》（第3卷第7期）一册。我心里想，这里面大概有什么有趣的东西载着呢。拆开一看，便发现了两个很熟的论题，这便是张志澄和王毓铨二先生关于农村经济研究方法的论文。

张、王二位的论文的中心问题可总括为：（1）帝国主义统治对殖民地农村经济的影响；（2）中国农村经济的性质；（3）农村经济学的对象问题（生产力和生产关系问题）。这两篇论文都是以中国农村社的余、薛、钱三先生的著作为对象的批评文字。关于前两个问题的意见，我想把它各自写一篇独立的文章。关于第3个问题，我已有《农村经济学的对象》一文在第10期《中国农村》上发表。那篇文章的要旨可与概括如下：农村经济学的对象是某个社会形态中（当然这是与社会生产力发展之某个阶段相适应的某个社会形态）横在农业生产过程之上的社会生产关系，而不是生产力之本身，更不是脱离了生产关系而被孤立地观察的生产力。这是我对本问题的中心意见。我的这个意见现在仍旧没有动摇，而且亦不会被动摇的，因为这是科学的理论经济学的基本原则。不过因为张、王二位引经据典地对于"农村经济学研究社会生产关系"这定义又下了总攻击令，所以我觉得对本问题尚有补说几句之必要；尤其是因为他们从科学社会主义学说的几部古

---

* 本文原载《中国农村》，1935，1（12）。

典著作中断章取义地引了许多论据来作为自己的辩护，所以对此亦有加以说明之必要。这便是我写这封信的动机。

余霖先生在《中国农村》第8期中曾说了这么一句话："什么是经济结构？经济结构就是生产诸关系的总和；分开来讲就是生产关系，合起来讲就是经济结构，这里并无先后主从之分。"在我们看来这句话是完全正确的；这几乎是科学理论之基本原则了。例如马克思在《雇佣劳动和资本》一书中曾说过完全相似的话。他说："随着物质的生产资料之变动和发展，社会生产关系同时亦发生了变动。诸生产关系之总和构成了所谓的社会关系，构成了历史发展的一定阶段中的社会和该社会所独有的特性。古代社会，资产阶级社会亦就是各种不同的生产关系的总和，每个这样的社会便是人类历史上的一个特殊的发展阶段。"❶ 加尔❷说，诸生产关系的总和构成了社会关系，构成了所谓社会；余霖先生说，诸生产关系的总和就是经济结构，这里有什么不同呢？难道这里加尔所说的社会不是指经济结构吗？所说的社会关系不是指那些构成经济结构的诸关系，而是指那些属于上层建筑的政治法律关系吗？张志澄先生既以固守"科学派"的阵营自负，想来不至于因为读了《雇佣劳动和资本》一书中上述一段文字，而责备科学社会主义的鼻祖忘记了"生产力"之重要吧！但是他读了余霖先生对于生产关系的解释以后，居然会"猛吃一惊"，而且认为余霖先生在这一段"大模大样的"（！?）解释中，是露出了忽视生产力的"马脚"。他为捉住这只"马脚"起见，便引了蒲列哈诺夫（现译"普列汉诺夫"，下同）所著《基本问题》一书中的下面一段文字：

"我们已经知道'公民社会的解剖学'为经济结构所决定。

一封讨论生产力和生产关系的来信

---

❶ 参见《马克思恩格斯选集》，第1卷，第363页，北京，人民出版社，1972。

❷ 即卡尔·马尔克司，现译卡尔·马克思。

但经济结构的本身又被什么东西所决定的呢?"

"马克思的答复如下:'人们在其所营的社会生产中,进入于有定的,不被他们的意志所决定的诸关系——即和一定的物质的生产力之发展阶段相适应的诸生产关系。这些生产关系之总和,形成社会的经济结构,即一种法律的和政治的上层建筑所赖以存立之真实的基础'。"

"马克思的答复便这样把整个经济结构发展的问题,化为决定社会生产力发展的诸原因的问题。"❶(最后这一句译文似成问题,因手头没有原文,姑照录如上)

接着张志澄先生又引证了蒲列哈诺夫对于社会的下层基础和上层建筑的次序所排列的公式:

(1) 诸生产力的情状;

(2) 以这些生产力为条件的诸经济关系;

(3) 建立在某一经济基础上的政治社会制度;

(4) 社会中人的心理,一部分为诸经济状况所直接决定,另一部分则为建立在经济基础上的整个政治社会制度所决定;

(5) 反映着这种心理的各种意识形态。

蒲列哈诺夫对这公式的解释如下❷:

"这个公式很足够概括一切的历史发展形态,同时它和折中主义完全不同,因为后者不能超脱各种社会势力间的交互作用的观念,而不明白这个诸势力间的交互作用并不能解决它们的根源问题。我们的公式是一元论的公式,而这一元论的公式中又含有唯物论的种子。"

张志澄先生引证了上面这几段文字之后,自以为是完全胜利了,以为真理便在自己掌握中了。他的得意扬扬的神气似乎是说:"你们的农村经济学只知道研究生产关系,但是忘记了决定

---

❶ 《中国经济》,第 3 卷,第 7 期,张志澄论文,第 2 页。

❷ 《中国经济》,第 3 卷,第 7 期,张志澄论文,第 3 页。

生产关系的生产力。你们只住在二层楼上，但忘记了你们的房子是没有宅基的。当心你们的房子塌下来啊！"但请张先生少操心吧！我们且来看一看，到底是这房子没有宅基，还是张、王两位先生的近视（王毓铨先生的意见与张先生的完全相同，所引证的论据亦多雷同处，但对本问题以张志澄先生的意见较详细，所以我把他的文章做讨论主题）。

大家知道蒲列哈诺夫所著的上述那本《基本问题》是叙述辩证唯物论的诸原理的一部哲学著作。在这书里面所讨论的问题便是"物质"和"意识"这两种东西何者为基本的问题。所以他的结论说："我们的公式是一元论的公式，而这一元论的公式中又含有唯物论的种子。"但我们现在所讨论的不是这个基本的哲学问题，而是政治经济学的对象问题（农村经济学的对象问题与政治经济学的对象问题仅是范围大小不同，但性质是一样的）。我们现在要把"生产力决定生产关系"的这个辩证唯物论的基本原则作为我们的立脚基础，再进一步去分析生产力发展的不同的阶段中所发生的各个社会形态，即各种经济结构的具体内容。可是我们的张志澄先生和王毓铨先生等还是乱嚷着："社会经济结构是被生产力所决定的呀！大家快去研究生产力啊！"人家已经安排好了宅基而要盖房子了，而他们偏是老喊着"注意宅基啊！注意宅基啊！"

我们要释明人类社会的整个发展过程，要释明各种经济结构的生产和崩溃，当然非用生产力之发展来解释不可。这是辩证唯物论的基本原则，但是对于生产力发展的某个一定阶段上所发生的社会经济结构（生产关系的总和）之解释，却非得更进一步来分析这社会的生产关系之本身不可。譬如说，我们已经知道手工业生产之进化为机器生产，曾促成了封建社会之崩溃和资本主义社会的产生；已经知道资本主义社会是受机器生产所决定的。但是仅知道这一点，我们能否了解资本主义社会的全貌呢？当然是不可能的。我们要了解机器生产所创立的这个资本主义社会的经济结构（生产关系的总和）以及建立在这个经济结构之上的法律的和政治的上层建筑，我们必须进一步来分析资本主义社会的经济结构之本身。

《资本论》的作者在他的许多哲学著作中，说明了辩证唯物论的基本原理，他创立了"以生产力的发展去解释社会发展史的科学方法"。但是他在《资本论》中，则仅就资本主义社会的经济结构之本身加以释明。资本主义社会的经济结构便成了《资本论》的研究对象。《资本论》中所分析的每一个范畴，都是体现资本主义社会的某一部分生产关系。❶ 所以政治学❷的研究对象是横在资本主义生产过程之上的生产关系，而不是物质生产或生产力之本身（《资本论》中分析物质生产的时候，是为要释明这上面的生产关系，所以它不是研究的对象）。而《资本论》作者亦没有在释明每种经济范畴——体现某种生产关系的经济范畴——之后，再声明一句：这经济范畴是被更基本的生产力所决定的，因为他绝没有预料到半世纪以后的张志澄、王毓铨先生会因此而责备人家露出了"忽视生产力"的"马脚"，且因此而受到"愿意投入'科学派'阵营，但对'科学派'的主要文献似乎尚少涉猎"的冷嘲。

王毓铨先生认为："以'社会关系'或曰'生产关系'去解释某一社会的经济性质，是大不可能的事情。"❸ 张志澄先生则说："要明白这种'被决定的'情形（指社会经济结构。——作者注）非透过生产力来说明不可。"❹ 若是这样说法，那么全部《资本论》对于资本主义生产关系的直接分析，都是徒劳无益的

---

❶ 《中国农村》，第10期，《农村经济学的对象》，1935年。
❷ 这里的"政治学"应是政治经济学。
❸ 《中国经济》，第3卷，第7期，王毓铨论文，第7页。
❹ 《中国经济》，第3卷，第7期，张志澄论文，第2页。

事情。这真要叫人"猛吃一惊"了。

其实正因为张、王二位只懂得"生产力决定一切的"死原则。而不会更进一步地直接去分析生产力发展的各个阶段所决定的各种社会经济结构，所以他们亦绝不会了解各种社会经济结构的实质。正是因为他们只知道机器生产造成资本主义社会的经济结构，但不肯离开那部"机器"，直接去透视这机器生产所造成的资本主义社会的经济结构，所以他们亦永远不会了解资本主义社会的实质，所以他们（以及和他们站在同一立场的王景波先生之流）会"像蒙森先生一样在任何货币经济中都发现资本主义生产方式"❶，甚至会把帝国主义统治当作资本主义生产方式统治。

张、王二位对于"生产力决定生产关系"这一点，既然如此重视，那么我们以为他们对于生产力影响社会经济结构的具体事实总应该是很清楚的了。可是实际上并不如我们所期望的一样。

例如张志澄先生在前述那篇大作中，曾引证了《哲学的贫困》一书中的"用手推的磨子产生了封建领主的社会，用蒸汽机的磨子产生了资本主义的社会"那句名言。但是他在分析手工业工场时代和今日苏联的生产技术的时候，他又觉得这句话有些讲不通，因而把这句名言之解释加了某种限制（实际等于取消了这句名言）。张志澄先生把资本主义社会之发展分为两个阶段：前一阶段为手工业工场时代，后一阶段为机器工业时代。他认为前述"用蒸汽机的磨子产生了资本主义的社会"的那句话是针对资本主义社会的后一阶段而说的。在资本主义社会的前一阶段中，即手工业工场生产时代，"生产技术之提高不一定表现于工具之变为机器"，而是表现于"同样工具之不同的编配"。同样，今日苏联的社会与资本主义社会之不同亦不在所应用的机器之不同，

---

❶ 《资本论》，第3卷，第47章。（参见《马克思恩格斯全集》，第25卷，第886—887页，北京，人民出版社，1972）

而"在于同样的机器之不同的使用"❶。

我们在没有批评张先生的这一段高论之前,先要纠正张先生在本场合中所应用的"生产技术"这一术语之错误。张先生在这里所说的,在同一种生产工具下,仅因工具之不同的编配和不同的使用而促成的生产效率之增加,只能说是劳动生产率之提高,而决不能称作"生产技术之提高"。世界上绝没有在改良生产工具之外发展生产技术,或在生产技术之外发展生产技术的事情。经济学上所称的生产技术只是生产工具之本身而已。所以我们应该承认张先生在本场合中所用"生产技术"一语当是一种笔误。

如今我们再来分析张先生这一段高论之本身。这里我们首先应该指出:张先生把资本主义社会分成两个平立的发展阶段——手工业工场时代和机器工业时代——是不正确的。典型的资本主义社会,就是以大规模的机器生产为基础的现代社会。手工业工场仅是近代典型的资本主义生产方式的雏形,仅是前资本主义社会的母胎中的一个资本主义社会的胚胎,而不是与成熟的资本主义社会相并立的同胞弟兄。《资本论》作者在第1卷,第4篇,第12章,第1节(手工业工场的两种起源)的开首便写道:"以分工为基础的合作,在手工业工场中建立了自己的典型形式。成为资本主义生产过程的特征形式的它(它即指那个以分工为基础的合作)流行于所谓的手工业作坊时代,即差不多是从16世纪中叶起至18世纪的最后的1/3为止。"❷ 我们在这段文字中可以看到,《资本论》作者仅把手工业工场作为资本主义生产过程的一种特征形式,但并没有把它看作资本主义生产方式之全面。他只说手工业工场时代,但并没有说这个手工业时代便是资本主义

---

❶ 《中国经济》,第3卷,第7期,张志澄论文,第6页。(着重号系本文作者所加)

❷ 参见《马克思恩格斯全集》,第23卷,第373页,北京,人民出版社,1972。

社会时代。并且他确定的这个手工业工场的年代是16世纪中叶起至18世纪最后的1/3为止。我们知道，工业革命是划分封建社会和资本主义社会的一个历史事变，可是这工业革命是发生在18世纪之末期，即恰在《资本论》作者所说的手工业工场时代终了之后。任何雄辩总不能胜过上述这个历史事实吧！

其次，我们应该指出：张志澄先生认为人类社会从手工业生产或家庭手工业生产进化为手工业工场生产的时候，在生产工具之本身并没有发生什么变化，即是说，生产技术并没有进步。这里的变化仅是"工具之不同的编配"或工具之"不同的使用"而已。我们认为这句话亦是不正确的。固然，我们不能否认手工业工场的生产，和以前的手工业生产和家庭手工业生产都是建立在同一种技术基础上的，即都是以手工业工具为基础的。生产技术在质的方面并没有发生什么变化。手工业工场的生产工具虽然仍旧是手工业工具，但这已经是较发达的、较高级的一种手工业工具。手工业工场的生产确不会发生于手工业生产的初期，而发生在手工业生产的最后阶段。在这两种场合之下的技术水准虽然都以手工业工具为基础，虽然没有质的差别，但已经包含着量的差异。如果忽视了这一点量的差异，就不会正确地懂得手工业生产或家庭手工业生产转变为手工业工场的这个过程。唯其这里的技术水准之差异仅及于量的方面，而未波及质的方面，唯其因为"在手工业工场中，生产方式的改革的出发点是劳动力，但在大工业中则为劳动资料"❶。所以前面所说的那个成为"资本主义生产过程的特征形式"的"以分工为基础的合作"，在手工业工场时代还没有获得巩固的基础；所以当时的手工业工场主的代表者"在整个手工业工场时代，总是不绝地埋怨工人们不守纪律"；所

---

❶《资本论》，第1卷，第4篇，第13章，《机器的发展》（着重号系本文作者所加）。（参见《马克思恩格斯全集》，第23卷，第408页，北京，人民出版社，1972）

以"一直从16世纪起直到大工业之产生为止，资本未曾能够使手工业工场的工人们所有的劳动时间完全受自己的支配，且手工业工场的寿命自身亦是不长久的，它常时随着工人的乔迁而从这一个国度移到另一国度去"；因此"手工业工场既不能包罗到社会生产的全面，又不能把它（指社会生产）放在它自己的基础上使它改造"。❶ 这些论据该是最清楚亦没有了吧！《资本论》的作者告诉我们：手工业工场非但不能包罗到当时社会生产的全面，非但不使整个社会生产在原来的基础上改造起来，而且连手工业工场自身内部都不能完全受资本之自由支配，甚至连它自己的存在都是不牢靠的——它常时因为工人之对外乔迁而在这一国消失，又因工人之对内乔迁而在另一国生长起来。但我们的张志澄先生竟要把这脆弱的资本主义生产方式的胚胎硬立为资本主义社会的一个独立阶段，这是何等不量力的企图呀！

如今我们来解答另一个问题，即人类社会从资本主义制度而发展为更进步的一个阶段的时候，社会的技术水准（生产工具），是否亦已发生变化。我们在前面已经知道，张先生根据苏联的实例，关于这问题亦给了否定的答复。他认为这里的差别亦不在生产技术——生产工具（机器）——之不同，而在于"同样机器之不同的使用"。其实这种观察是不完全正确的。

大家知道，资本主义社会发展到了19世纪之末和20世纪之初，便进入了所谓的帝国主义阶段。这是资本主义的最后阶段，是它的烂熟期，亦便是它的崩溃时期。新社会制度的代表者苏联就出生在这时代。在这时代中（差不多与资本主义制度的烂熟程度之发展同时地），在人类的生产技术方面，发生了一次大改革。这改革我们几乎可以称为第二次产业革命。这便是电气之发明及

---

❶ 《资本论》，第1卷，第4篇，第12章，《手工业工场的资本主义性质》（着重号系本文作者所加）。(参见《马克思恩格斯全集》，第23卷，第407页，北京，人民出版社，1972)

其大规模的工业应用。一个发电站的电力可以供给全区域中所有生产事业之应用。换言之，全区域中所有生产机关因电力而联合起来了，生产规模之扩大达到了空前的规模；它不仅打破了地方的界限，而且越过了国家的境界。这样重大的一次新的产业革命的动力，完全发源自电气为中心的近代技术进步。凡是稍稍懂得一些辩证唯物论的基本原理的人都能了解这半世纪以来的政治社会变革（资本主义之崩溃和新社会之产生）和这次新的产业革命之间的联系。但我们的张志澄先生在这个伟大的事变中所新发现的，仅是"同这机器之不同的使用"而已。这样的短视真要叫人"猛吃一惊"（借用张先生自己的用语）呢！

所以，如果说"用手推的磨子产生了封建领主的社会，用蒸汽机的磨子产生了资本主义社会"，那么用电机的磨子便产生了社会主义社会。伊里契在十月事变后所宣示给苏联劳动大众的口号便是"工农专政 + 电气化 = 社会主义社会"。他提出这口号的时候，便早已认定电气化是这新社会的技术基础。

不了解辩证唯物论的方法的机械论者，总觉得苏联之产生始终是一个大疑问。他们觉得新社会之产生既然是技术发展所决定的，那么为什么这个新社会不产生在产业发达的欧美，而发生在经济落后的帝制俄罗斯呢？以今日的苏联而论，生产力之发展速度虽已打破了资本主义的所有纪录，但是电力、钢铁、煤炭、机器等的绝对生产量还远不如资本主义制度的美国呢。这事实如何解释呢？

在这里，我们如果像张志澄、王毓铨二位先生一样只是死守着"生产力决定一切"的原则，而不肯进一步去分析这两个社会的经济结构，不去研究上层建筑的诸条件对这新社会之产生所发生的影响；那么我们一辈子亦不会解答这问题，甚至反而觉得：只有美国才能算作新的进步社会的代表国家，因为仅就生产力之绝对的大小而言，美国在今天仍不失为最发达的国度。但是谁亦了解，这种观点是完全错误的。发生这种错误结论之原因，就在没有真确地领会辩证唯物论的方法。

在资本主义烂熟期的今日，资本主义社会随时都有发生崩溃之可能，新的社会形态随时都有起而代之的可能。这种客观的形势是存在的。这客观形势是生产力发展所决定的。但这种可能性到什么时候会实现呢？这客观的形势到什么时候才演成事实呢？这完全要靠其他许多条件（而且主要是属于上层建筑的各种条件）来决定。伊里契告诉我们：资本主义统治的锁链是从最脆弱的一环破裂起。但是最脆弱的一环不一定是生产力最发达的地方。这就足以解答为什么新的社会形态不先在美国产生，而在俄罗斯产生。美国的经济本来较俄国发达，它的生产力亦较后者雄厚。但是因为在这里新的社会形态还没有确立，资本主义统治的锁链未被冲破，所以如今生产力的发展在这里反而停滞了，代表20世纪的技术进步的那些庞大的生产机关，在这里反而失去了它们的活力。在经济发展本来很落后的俄罗斯，因为社会生产关系已经变更，所以那些庞大的生产机关在这里能以更大的规模更快的速度飞跃般发展起来。这事实证明新的技术和新的生产力在旧社会中虽已存在，但亦只能看作是新社会的一种胚胎，它的完全的发育一定要到新社会成立后才有可能。在这里，我们可以看到，理论与实际是完全相符合的。

我觉得应该说的话已经说完了，本文就在此结束吧。理论的讨论固然重要，但对于抱着成见的人是多余的事情。他们的唯一任务是把理论的政治经济学庸俗化为产业经营学，把理论的农村经济学庸俗化为农场经营学。立场既然不同，讨论当然亦不会得到同一的结论。关于农业经济学的对象问题的讨论，我们亦就此结束吧！

一九三六年度的苏俄文学出版计划

——包含中、日、菲等国革命文学作品

1936年俄罗斯苏维埃联邦社会主义共和国（苏联的一分子）国立文学出版局的出版计划，在规模上和内容上比较1935年的出版计划都有不同的地方。最近国立文学出版局经理哈谷略谷夫（N. N. Hacoriacov）关于这个计划的内容发表谈话如下：

未来的1937年是我们的大诗人普希金（Pushkin）死后百年周年纪念。因此我们预备在1936年把这位大诗人的遗著完全再版，并且预备出几种论述这位诗人的著作。关于这一类的书籍，国立文学出版局总共预备发表500万册。这里面，仅普希金文集（合订一大册，附有插图）就占30万册。其余像：《叶甫盖尼·奥涅金》《别尔金的故事》《女王抒情诗选集》《叙事诗选集》《戏曲集》和《杜白洛甫斯基》等作品，都预备发行单行本，每种至少印20万册。有若干种作品，预备印行100万册。

在论述普希金的著作中，有好几种新著的科学研究的《普希金传》，有专为大众读者写的《普希金略传》，有批评或研究普希金的论文集等。此外预备印行普希金的《小悲剧》的艺术版（附有艺术家A. 克拉符钦谷的木刻插图）和《普希金全集》六卷。

在1936年，国立文学出版局预备出版戈果里（Gogol）全集

---

* 本文署名冶方译，原载《世界知识》第3卷9号，1936，1。

6卷,并且开始发行新版的高尔基全集。除此以外,预备出版的文集有:勃留沙夫(Bryusov)文集3卷;倍林斯基(Belisky)文集3卷;独勃洛留薄夫(Dobrolubov)文集2卷;精装的托尔斯泰文集14卷;谢特灵(Shchedrin)文集5卷;斯丹达尔(Stendha)文集4卷;巴尔扎克(Balzac)文集五卷;歌德文集4卷;莫泊桑文集7卷;佛罗贝尔(Flaubert)文集3卷。同时,我们预备出版的单行本有下列各种:高尔基的选集和他最近脱稿的长篇小说《克里姆·萨姆琴》(共4章);托尔斯泰、戈果里、简洛连科(Korolenko)、屠格夫(Turgeneff)、奥新脱洛夫斯基(Ostrovsky)等人的选集;苏霍伏·高倍林(Sukhovo-Kobylin)的三部曲;孚特(Fot)的抒情诗;莱芒督夫(Lermontoff)的诗和散文;拜命(Byron)的诗;魏尔哈仑(Verhaeren)的戏剧;黑尔凡第斯(Helvetius)的《幸福论》;但丁的《地狱》;狄德罗(Diderot)的《拉穆之侄》(*Le Neveu de Rhmeau*);雪莱(Shelley)、米茨勾维契(Mitskevich)、夫莱利格拉(Freiligrath)等人的诗集;拉伯雷(Rabelais)的《班答拜里爱尔》(*Pantagruel*)和《卡康久》(*Gargantua*)和其他名著等。

总计1936年间,国立文学出版局关于古典作家的著作(连普希金纪念版在内)预备出版1300万册。

国立文学出版局关于现代的文学作品,预备出版560种,共900万余册。

在1936年,新著作的出版也是最为丰富的。以下便是我们预备出版的几种最有兴趣的新著作:伊凡诺夫(Ivanov)的《克立姆尔宫城》;立昂诺夫(Leonov)的《大洋上的道路》;巴符灵谷(Pavlenko)的《战争之命运》;奥立希(Oleshi)的《转变之机器》;比里克(Pyinyak)的《果实之成熟》;唆罗河夫(Sholochov)的《静静的顿河》第四卷和《新垦的处女地》第二卷;维施涅夫斯基(Vishnevsky)的《水手》;拔赫密计叶夫(Bakhmetiev)的《进攻》；阿尔留姆·佛肖留（Arliem Vesielec）的《天上的鹤》；立文（Levin）的《青年》；马卡灵谷（Makarenko）的《教师的诗文》第三卷；马留施金（Malyshkin）的《第三十年》；彼脱洛夫斯基（Petrovsky）的《烧尔司》；巴乌斯督夫斯基（Paustovsky）的《社会主义的故事》；罗曼洛夫（Romanov）的《罗斯》（俄罗斯之古名）第四及第五两卷；赛甫林娜（Seifullina）的《国度》；雪尔拜叶夫·青斯基（SergeevChensky）的《搜索和发见》；法兑耶夫（Fadeeff）《乌德黑人的最后一个》（第三、第四卷）；沙勾娘（Shaginyan）的《热力学的定律》；斗涅谷夫（Tyniacov）的《普希金》；福尔施（Forsh）的《加桑地方的地主太太》；阿列克雪衣·托尔斯泰（Alexei Tol-stoy）的《苦难的经历》的第三卷和《察利津之防御》；费丁（Fedin）的《欧罗巴之劫掠》（第二卷）；怯褒金（Chapytin）的《散步的人们》（第二卷和第三卷）；希施谷夫（Shishkov）的《蒲卡曲夫》（Pugachev是古代俄罗斯农民骚动的首领）；几霍诺夫（Trhonov）的《达吉斯坦的故事》；叔溥立夫（Sobolev）的《重要的修理工程》（第二卷）；卡凡林（Kaverin）的《意志之执行》（第二卷）等。

在诗文方面，我们预备出版极米养·柏特尼侬（Deniyan Bednyi），巴斯吉尔涅克（Pasteruyak），斯维特洛夫（Svedrov），雪尔文斯基（Selvinsky），泼洛高非叶夫（Prokofiev），季洪诺夫和其他作者的新诗集。

"苏联各民族创作"这一部分，也预备出版大批书籍。其计划是想把乌克兰乔治亚、亚美尼亚、白俄罗斯、亚塞尔拜然和其他各民族共和国的优秀著作，译成俄文出版；共计有93种。

在1936年，现代文学作品中最好的70种打算发行再版。

国立文学出版局鉴于苏联社会对于国际作家保卫文化大会和美国革命作家大会极感兴趣，预备把这两个会议的材料加以整理，出版两本书。

"外国文学部"（散文和诗文）也有很多新鲜的东西。

勃莱特尔（Bredle）的《实验》，巴比塞的《火线下》，史曼特莱（Smedley）的《短篇小说选集》，安娜·蔡格可司的《经过二月的道路》，费赫脱横拜尔的《奥崩拜姆的家庭》都预备大批地出版。

此外，在计划中预备出版的美国文学，计有贝尔·卜克（Pear Buck 即赛珍珠）的长篇小说《母亲》，特莱赛（Dreiser）的《关于我自己的书》，果尔德的《短篇小说选集》；W. 福兰克（Waldo Frank）的《十字路口》；汉敏威的《打倒军火》。在英国方面，计有海克司李（A. Huxley）的《古代舞》，福司特的《到印度的道路》和其他等。在德国方面，计有勃莱赫脱（Brecht）的《尖头的和圆头的和穷人的》长篇小说，伐雪曼（Vussirman）的《赵捷甫·盖诺曼的生活》，曼诺姆（Mannom）的《享利四世的少年时代》，泼利甫叶的《阿答化尔地方的惊人事件》；费赫脱横拜的《欧战》和《犹太人横拜》；曼诺母文集的第三卷和第四卷等。

从最近的法兰西文学作品中，我们预备出版下列几种：巴比赛的《史达林格诺》，Guehenno 的《一个四十岁的欧洲人的日记》；尚母逊（Chamson）的《被镇服者的年头》；罗曼·罗兰的文集七卷；马耳洛（Malrtaux）的《煤油》；纪德（Gide）的文集两卷；纪奥诺《幸福是要来的》和其他作品。

此外，我们预备出版的外国文学作品，计有：西班牙作者卜那维台司（Bonavides）的《阿乌斯多利亚》；中国革命文学选集；波兰女作家伐西立夫·斯卡耶（Vasilevskya）的《祖国》；土耳其文坛的诗集；日本革命的农民文学家的选集以及捷克斯拉夫、意大利、丹麦、瑞典、娜威（现译"挪威"，下同）、芬兰、菲列宾（现译"菲律宾"，下同）、荷兰等国的著名作家的作品。

关于文学历史部分，预备出版下列几种：独白留宁的《古代起至十九世纪止的俄罗斯文学史概论》；希立尔的《西欧文学史》第三卷；达尼林的《巴黎公社的艺术政策》和《关于西欧的写实主义的选文选》及朱尔蒙斯基的《俄罗斯文学中的歌德》。同时预备开始出版契尔内蓄夫斯基（Tchernyshevsky）的精装的全集。

在"戏院和剧本"方面，预备出版93种书。这里边有"共和国功勋演员"梅耶荷特的著作；右夫司基关于闸伐特史基剧院的小册子；司维特洛夫、卡高琴、阿芬诺金诺夫等人的新作品。

这是1936年苏俄国立文学出版局的出版计划的大概。以这个计划的规模而论，比1935年的计划扩大了许多。在1935年，我们出版了890种书，共印1766.4万册，在1936年预备出版921种书，共印2300万册。（译自俄文文艺新闻）

拥护不可分割的和平[*]

我的过失在于我把复杂的形势看得太清楚了。然而我仍旧看得出这些形势的复杂性。但是我觉得大家应该把这些形势的重要程度分别清楚。有许多混乱和错误往往是由于情感上失去了平衡而产生起来的。这种平衡失去以后便要使人们对于宝贵东西失去了知觉。

我们是生活在历史上最危急的一个时期中。欧洲——接着便是整个世界——都处在大火灾的前夜。我们已经可以感觉得到战争的气息了。但是我总不觉得这里有什么理由可以使人们失去自主力;而且对于我们法国局势是很确定而明显的,倘使我们对于这种情势能够用坚定而有决断的眼光去注视它。

希特勒的德意志狂热地在准备着进攻。有许多最近从那里回来的,最可靠的目睹者,惊慌地告诉我们许多关于备战狂的消息,而且说,威胁的枪口是对准着法国的。墨索里尼的意大利不管赖伐尔地卑躬屈膝的妥协态度,已经不做法国的同盟者了;如果欧洲发生冲突的时候至多也只能获得它的中立态度而且这也是极不可靠的。但是无论,如何意大利由于对阿比西尼亚冒险战争的结果已经受到了致命的重伤,这将使它在很长的一个时期内,不能在欧洲有所行动。棋盘上的棋子的分布情形既是如此,那么局势是很明显的了。法、英、苏联盟,是自然而然会发生的事

---

[*] 本文署名 Romain Rolland,冶方译。原载《世界知识》4 卷 2 号,1936,1,29。

情。只有这个同盟才能够对于不可避免的危险给予有力的抵抗，而且甚至于可以预防住这个危险。然而为什么还要踌躇和观望呢？

由于非常的局面，使我们国度里两个敌视的潮流，两种不同的政党——民族主义者和国际主义者——相互协调起来。一切爱护法兰西的聪明的爱国者都知道除了希特勒的德意志以外，法国没有再可怕，再渴望着复仇的敌人了。而这一个德意志也是两个国际——社会主义国际和共产国际——的共同的死敌。那么这些政党之联合起来，似乎是毋庸置疑的事情了，如果关于此种接近的思想的本身和关于鼎鼎有名的神圣统一的回忆不使他害怕欺骗的话。

拥护不可分割的和平

但是怎么一回事呢？我们应该毫无隐讳地来讲；我们不用隐讳说它们是倔强地分离着，也不用隐讳说它们是不免要接近起来。难道不共戴天的死敌为要团结自己的力量以抵抗自然的灾祸，如水患和火灾的时候不会讲和妥协过吗？难道保持健全的思想便是放弃自己的信仰吗？

如今我们面对一个类似天灾的可怕的祸患。这好像是妖魔们脱了锁链，他们已经不为政治的思考所节制，而为无知的骄傲以及疯狂和贫困的失望所支配着。而这一切都是希特勒的国家社会主义的基础。不用说，战胜者的协约国对于这些是要负一定的责任。而且负的责任也并不小！关于这一层我们在下面还要讲到的……但是在目前，第一要紧的是防止血的洪流。

因为这个关系，我们就要同我们真正的非战主义者的朋友们发生当面接触了。他们的学说之形成，我们自己是直接帮了忙的。如今他们在责备我们，说我们抛弃了他们，虽则我们是经常在为着公共的和平事业而服务着。我们只是反对那些想为和平服务，但是失去了健全思想和真理的人们，"Usque ad absurdum"（做成蠢事情）。这里，我特别是对这些友人中，我所敬爱的两个朋友讲话。第一位是勇敢而贤能的弗里辛·舍莱——在不久前我们还庆祝过他的,在他的一生中,他的沉着的永不畏缩的精神成了我们的法兰西荣誉。第二位是乔治·米匈,他是最正直的历史学家之一,是最不为妨害真理之探究的一切学派的成见和传统观念所束缚的历史学家。像他们这样的,以拥护和平为共同的主要的职责的老同志,怎么会因为这样明白的问题弄到分手呢?

但是舍莱和米匈所拥护的这个和平,不是什么抽象的东西,不会与健全的思想和事实真理相违背。凡是违背健全的思想和事实的真理的,都要归于毁灭。然而,我的朋友们,当你们说,"为要保护和平,应该信赖那些企图挑起战争和造成破坏的人们的良心"的时候,你们岂不是也违背了健全的思想和事实的真理了吗?

你们否认他们是要战争和破坏,可是我们的一切直接和间接的观察都告诉我们说,他们是在准备战争和破坏,而且以最顽固的态度和最疯狂的情绪准备着!你们是反对明明白白的事实,而去保证"Mein Kampf"(《我的斗争》——希特勒政纲式的著作)的作者的意图纯洁。希特勒是永远不会放弃挑拨人种的仇视和宣传对法复仇的。他以官家的力量,把这部书成千上万份地散发到德意志人的家庭中去。他在这部书里面甚至厚着脸,把自己的计划说了出来:他想以政治的欺骗手段离间协约国,然后再把它们各个击破。❶

米匈!你责备我们不应该断言"希特勒是明天的侵略者",而且说我们"这样便是为法国的军国主义者和法国的产业大王们做辩护,因为他们便是想分散国人对于他们的注视呢……"然则,倘使我们已经证实了"希特勒是明天的侵略者",可是因为

---

❶ 同样也是从自己的不纯洁的心里出发(舍莱和米匈,你们对于这一点是不会不知道的),希特勒曾利用了一切手段,阻止法国人阅读他们的著作的法文译本,但同时又把反对法国并鼓励仇法心理的这部书到处在德国国内散布。

害怕"法国的军国主义和产业大王"要多占了便宜，难道我们就应当把这事实遮掩起来，甚至因此而撒谎吗？我们只应当设法，使这些军国主义者和工业大王不要开心得太长远了；而我们对于这一层毫无疑义是会做到的。然而，难道我们就可以因为不信任和仇视内部的敌人而就去信任外部的敌人吗？（从你们的主张中必然要得出这样的结论来）如果是这样，那是太蠢了。难道在今日狂人般的惊慌失措的混乱局面之下，就不能够在两个极端的、同样不智的决议——向希特勒投降以及向汪德耳、施内德尔❶和他们在法兰西国会中的代理人投降——之间，找一个维持平衡的办法了吗？至于说到我个人，那是我很能够维持这平衡的。我将握着武器反对两面的敌人，我将要把这事情作为我自己的任务，我将如国王尚的儿子在普阿菊地方一样，向着大家喊道："爸，当心着右边！爸，当心着左边！……"反对国内的敌人，同样也反对国外的敌人。

拥护不可分割的和平

在目前主要的敌人是国外的敌人。你们为什么忽视了这敌人呢？

舍莱！如果你们忍住了自己的厌恶心，把自己的纯洁的手伸出去，同那个屠杀克拉乌司和其他几百个劳动者（他们唯一的罪名便是他们忠实于劳动阶级的事业）的凶手们，同那个屠杀苗闸姆和立辛教授的凶手们，同德意志国会的纵火者们，同拷打拘留营里面的囚犯的刽子手们（均指希特勒及其党徒——译者注）去握手，是为了必要——如果你们认为确实有这样必要——是为挽求和平，那么我也就不来责备你们了！我们的伟大的祖先国民会议（法国大革命时——译者注）的政治家们在极端的场合中曾经说过："让我的名誉被毁了吧，只要共和国能够得救！"为了挽救和平，为了保留千百万人的生命，（他们将要作为未来战争的牺

❶ 汪德耳和施内德尔系法国的大军需工业企业家。——译者注

牲者），我们可以牺牲我们的任何一种最高尚的情操，甚至可以牺牲我们的名誉，但无论如何我们不能同意摧毁人权的罪恶。不论如今掌握着德意志的命运的那些人是如何厉害地引起了我们的厌恶心，但是我们，总也不会想要发动战争去推翻他们；为要颠覆这些被厌恶的人而牺牲无数无辜人民的鲜血，那代价是太贵了。我们是亲身经历了前次的"伟大战争"的人，我们从经验中，很好地知道：在现今的社会制度下，人民对于战争是不负责的，他们只是被迫做了战争的工具。德国人民就是在希特勒的压迫下，仍旧是我们的伟大的兄弟民族，只是由于人工造成的纠纷把他们和我们的民族分离了开来，而且使它来反对后者。而我们的最深远的愿望，我们的永不懈怠的努力也就是想利用广大的理智的国际合作，使他们同我们联合起来。就是在这最后一刻钟之内，我们还是不顾一切威胁，促成德意志民族加入全欧各民族集团内，在互助和互不侵犯的公约下大家联合起来。可是问题就在法西斯的领袖们拒绝接受这种提议，他们的拒绝已经充分地证实了他们种种计划的罪恶。他们愿意保持自己行动的自由，而且愿意用局部的条约来巩固这行动的自由权，以便攻击欧洲整个集体的个别部分。也正是这一点，政治上的预见不允许我们答应这事情，因为这是缺乏任何理由的。舍莱！要知道我们所要的不是神奇，而是现实的、充分的和平。为了保证西方的和平，我们甚至于准备同魔鬼订立条约（如那神圣的神父所说的），但是他终于把它"欺骗"了！为的是想用"和平不可分割"的集体条约把它（魔鬼，即指"德国"——译者注）限制着，使它处在欧洲的监视下，不能再来伤害别人。但是，舍莱！我们决不允许你因为害怕那魔鬼有所不满，就同意它反对"不可分割的和平"（这是可以约束签字各国的唯一和平），这样你是落进了这魔鬼的陷阱了，这个陷阱也就是专为我们而设的。这陷阱的内容便是在西方订立局部的暂时的和平，使它在东方可以保持行动自由，以便劫掠并破坏我们最伟大的同盟者！关于这同盟者对于我们是什么，和对于你已经不是什么的问题，我姑且放在一边不讲。舍莱！你因为仇恨、敌意和包围着你的那些人们的错误，已经同这个同盟者隔离得很远了。对于我们，苏联是在未来的进化上，唯一可靠的希望，是我们人类国际的堡垒！我们在这里没有工夫开什么讨论会。我们只要有一个健全的思想便够了。舍莱！我们凭良心说吧，像你这样，为我们的最狠毒的死敌去做火上加油的工作，使它可以破坏我们自己的防御工程，难道不是太无意义吗？你到底是怎么一回事呢？

拥护不可分割的和平

我知道你已经预备用撤退防御的办法来对付目前快要到来的侵略者，这与其说是对于胜利的信仰，毋宁说是斯多噶主义（Stoicism）的绝望的办法："倘使法西斯主义的侵犯要挨到我们头上来了，那么也就让它来吧！我们用消极抵抗一定能够把它阻止住的！"舍莱！你难道真的这样想吗？舍莱！你的消极抵抗主义的人民在哪里呢？即使我们假定在西欧还能找到一个民族准备来把自己牺牲，那么你是不是认真地以为在破坏势力的面前，这办法是公平的呢？甘地曾经预备领导着自己的人民来实行这个英雄的试验。但是甘地在数千年来受着一种特殊的学说熏陶过了的三亿印度人民中，成功的可能性要比较多了许多！自从法西斯进军罗马以后，十二年之内，我们在欧洲见到放肆的法西斯主义的野兽式的凯旋在西方的许多优秀的、未能自卫的人民中所造成的荒凉景象。他们在精神上和肉体上都处于被镇服的地位，他们不仅遭受了暴力的摧残，不仅遭受了侮辱和拷打，而且在道德上都受了打击，在精神上也受了屈辱，以至于抛弃了自己的信仰。然而你难道以为我们的人民倘使投降了以后，倘使失去了自己的领袖，失去了工人和知识分子中所推选起来唯一的领导团体以后，还能抵抗什么吗？精神和肉体的反抗只有在如今是可以抵御侵略者的，若是把这抵抗延到失败之后再来干……那是多愚蠢的事情呀！

"lgnavia est jacere, dum Pssis Surgere"❶

德国和意大利的亡命者目睹着法西斯主义和国家社会主义的野蛮的独裁政治之下所造成的那种荒凉景象，他们在火焰向着我们这边蔓延过来的时候，就喊道"失火了"！可是你因为厌恶战争的缘故就宣布这些亡命者是战争的罪魁祸首——难道你竟不懂得这是最残酷的不公平的行为吗！你总是在责备我们，然而难道你没有看到我们正在以全部精力从事于伟大的任务——我们正在设法不让那个破坏整个人类文明的战争爆发起来，正在建立一个防止战争之进展的唯一的障碍物？难道你不应该来帮助我们完成这工作吗？

不，我们绝不愿意战争！我们愿意战争不发生，而且因为我们是这样希望着，所以我们愿意采用那个能够阻止战争爆发的唯一的手段，我们要采用三个强国共同努力的办法；这三个国家因于不同的动机，都是绝对地必死地需要长期的和平。这三个强国便是：法兰西；不列颠帝国和苏联……唉！我还不能够担保这三个国家的联合努力就能够不让战争爆发，狂人发起性来，人家是没有方法可以阻止得往的！但这样至少就可以使他碰一个头破血流了！

当大火或水灾当前的时候，是不用这样长篇大论来商量的。这时候，需要用全副精力来防止破坏。但是当火已经熄灭了，大水已经退了的时候，我们就应该来研究灾祸的起因，并且应该来消灭这祸根，以免将来的危险。关于希特勒这个祸患的起因，一点都没有什么神秘。在十五年以前，当协约国政府在凡尔赛订立了那个代表可耻的压迫的不公平的条约以后，我们就指出了这个祸患的原因。我们从没有放弃过反对这条约，并要求修改这条约

---

❶ 不中用的人当他能够爬起来的时候是睡倒着的。

的义务。这是公正和荣誉的义务。这是对于法兰西的义务，是对于全人类的义务……我们无条件地要求达到这目的。在整整十五年之间，我们就见到而且指出了凡尔赛的战胜者的非理智的冥顽不灵的政策，推动了一个伟大的民族走向愤慨和反抗的道路上去，这个民族陷于穷困和侮辱的夹攻中，它要求在太阳底下重新占有自己应得的地位！我们曾经预言过（我竟可以说是断言过），这种愤慨和反抗的情绪将会激成一种非理智的事情来，将会被走狗的首领们利用了而造成一个复仇和民族自傲的怪物。但是他们（指战胜国的统治者——译者注）不听我们的警告，他们总去损害德意志共和国，要不是这样，德意志共和国将能忠实地帮助我们调解西欧的两个兄弟冤家的。于是被雇佣的匪徒登台了。德国在他们手中成了一个燃烧着的大火把。如今面对着全欧洲大火灾的威胁的时候，已经适宜讨论修改条约了，因为在暴力强制下的条约修改已经不是公正的行为，而是懦弱的行为了：这种修改对于和平是有损无益的。如今只有先来肃清这个火把周围的地方。等到这火把熄灭以后，法国就应该起来做组织欧洲和平的发起人，把这体系从许多违反健全思想，违反公正原则的种种愚蠢和罪恶之中解放出来，因为如今这种体系完全被这些东西所弄脏了。应该平静地根本地来修改各种条约。

拥护不可分割的和平

　　但是在目前欧洲各国应该手拉着手，共同起来组织一个圆舞队！组织一个和平的圆舞队！谁要侵害它，就请谁吃些苦！德意志呀！我们并不禁止你，而且欢迎你加入这圆舞队。但是我们绝不让你拆散它。

1936 年 1 月 29 日